U0136297

文革史料叢刊第三輯

第四冊(二)

李正中　輯編

　　只有不漠視、不迴避這段歷史,中國才有希望,中華民族才有希望!忘記歷史意味著背叛!

——摘自「文革史料叢刊·前言」

 蘭臺出版社

巴金先生說在文革
受盡火與血磨煉
的人是不會沉默的

八十又
五叟　李正中

著名中國古瓷與歷史學家、教育家。
李正中　簡介

祖籍山東省諸城市，民國十九年（1930）出生於吉林省長春市。
北平中國大學史學系肄業，畢業於華北大學（今中國人民大學）。
歷任：天津教師進修學院教務處長兼歷史系主任（今天津師範大學）。
　　　天津大學冶金分校教務處長兼圖書館長、教授。
　　　天津社會科學院中國文化研究中心主任、研究員。
現任：天津文史研究館館員。
　　　天津市漢語言文學培訓測試中心專家學術委員會主任。
　　　香港世界華文文學家協會首席顧問。
　　　（天津理工大學經濟與文化研究所供稿）
為加強海內外學術交流，應邀赴日本、韓國、香港、臺灣進行講學，
其作品入圍德國法蘭克福國際書展和美國ABA國際書展。

文革五十周年祭

百萬紅衛兵打砸搶燒殺橫掃五千年中華文史精華　可惜

中國知識分子慘遭蹂躪委曲求全寧死不屈有氣節　可敬

國家主席劉少奇無法可護窩窩囊囊死無葬身之地　可歎

內鬥中毛澤東技高一籌讓親密戰友林彪墜地身亡　可悲

2016年李正中於5.16敬祭

前言：忘記歷史意味著背叛

文學巨匠巴金說：

應該把那一切醜惡的、陰暗的、殘酷的、可怕的、血淋淋的東西集中起來，展覽出來，毫不掩飾，讓大家看得清清楚楚，牢牢記住。不能允許再發生那樣的事。不再把我們當牛，首先我們要相信自己不是牛，是人，是一個能夠用自己腦子思考的人！

那些魔法都是從文字遊戲開始的。我們好好地想一想、看一看，那些變化，那些過程，那些謊言，那些騙局，那些血淋淋的慘劇，那些傷心斷腸的悲劇，那些勾心鬥角的醜劇，那些殘酷無情的鬥爭……為了那一切的文字遊戲！……為了那可怕的十年，我們也應該對中華民族子孫後代有一個交代。

要大家牢記那十年中間自己的和別人的一言一行，並不是讓人忘記過去的恩仇。這只是提醒我們要記住自己的責任，對那個給幾代人帶來大災難的「文革」應該負的責任，無論是受害者，或者害人者，無論是上一輩或是下一代，不管有沒有為「文革」舉過手點過頭，無論是造反派、走資派，或者逍遙派，無論是鳳或者是牛馬，讓大家都到這裡來照照鏡子，看看自己為「文革」做過什麼，或者為反對「文革」做過什麼。不這樣，我們怎麼償還對子孫後代欠下的那一筆債，那筆非還不可的債啊！

（摘自巴金《隨想錄》第五冊《無題集·紀念》）

我高舉雙手讚賞、支持前輩巴老的呼籲。這不是一個人的呼籲，而是一個民族對其歷史的反思。一個忘記自己悲慘歷史和命運的民族，就是一個沒有靈魂的民族，沒有希望的民族，沒有前途的民族。中華民族要真正重新崛起於世界之林，實現中華夢，首先必須根除這種漠視和回避自己民族災難的病根，因為那不意味著它的強大，而恰恰意味著軟弱和自欺。這就是我不計後果，一定要搜集、編輯和出版這部書的原因。我想，待巴老呼籲的「文革紀念館」真正建立起來的那一天，我們才可以無愧地向全世界宣告：中華民族真正走上了復興之路……。

當本書即將付梓時刻，使我想到蘭臺出版社出版該書的風險，使我內心感動、感激和感謝！同時也向高雅婷責任編輯對殘缺不全的文革報紙給以精心整理、校對，付出辛勤的勞累致以衷心得感謝！

感謝忘年交、學友南開大學博導張培鋒教授為拙書寫「序言」，這是一篇學者的呼喚、是正義的伸張，作為一個早以欲哭無淚的老者，為之動容，不覺潸然淚下：「一夜思量千年事，人生知己有一人」足矣！

李正中於古月齋

2014年6月1日文革48周年紀念

序言：中國歷史界的大幸，也是國家、民族之大幸

張培鋒

　　李正中先生積三十年之功，編集整理的《文革史料叢刊》即將出版，囑我為序。我生於1963年，在文革後期（1971-1976），我還在讀小學，那時，對世事懵懵懂懂，對於「文革」並不瞭解多少，因此我也並非為此書寫序的合適人選。但李先生堅持讓我寫序，我就從與先生交往以及對他的瞭解談起吧。

　　看到李先生所作「前言」中引述巴金老人的那段話，我頓時回想起當年我們一起購買巴老那套《隨想錄》時的情景。1985年我大學畢業後，分配到天津大學冶金分校文史教研室擔任教學工作，李正中先生當時是教務處長兼教研室主任，我在他的直接領導下工作。記得是工作後的第三年即1987年，天津舉辦過一次大型的圖書展銷會（當時這樣的展銷會很少），李正中先生帶領我們教研室的全體老師前往購書。在書展上，李正中先生一眼看到剛剛出版的《隨想錄》一書，他立刻買了一套，並向我們鄭重推薦：「好好讀一讀巴老這套書，這是對「文革」的控訴和懺悔。」我於是便也買了一套，並認真讀了其中大部分文章。說實話，巴老這套書確實是我對「文革」認識的一次啟蒙，這才對自己剛剛度過的那一個時代有了比較深切的瞭解，所以這件事我一直記憶猶新。我記得在那之後，李正中先生在教研室的活動中，不斷提到他特別讚賞巴金老人提出的建立「文革紀念館」的倡議，並說，如果這個紀念館真的能夠建立，他願意捐出一批文物。他說：「如果不徹底否定「文革」，中國就沒有希望！」我這才知道，從那時起，他就留意收集有關「文革」的文獻。算起來，到現在又三十年過去了，李先生對於「文革」那段歷史「鍾情」不改，現在終於將其衷輯付梓，我想，這是中國歷史界的大幸，也是國家、民族之大幸！

　　前兩年，我有幸讀到李正中先生的回憶錄，對他在「文革」中的遭遇有了更為真切的瞭解。「文革」不僅僅是中國知識分子的受難史，更是整個民族、人民的災難史。正如李先生在「前言」中所說，忘記這段歷史就意味著背叛。李先生是歷史學家，他的話絕非僅僅出於個人感受，而是站在歷史的高度，表現出一個中國知識分子的真正良心。

　　就我個人而言，雖然「文革」對我這一代人的波及遠遠不及李先生那一代人，但自從我對「文革」有了新的認識後，對那段歷史也有所反思。結合我個人現在從事的中國傳統文化教學與研究來看，我覺得「文革」最大的災難在於：它對中華優秀傳統文化做出了一次「史無前例」的摧毀（當時稱之為「破四舊，立新風」，當時究竟是如何做的，我想李先生這套書中一定有非常真實的史料證明），從根本上造成人心

7

的扭曲和敗壞，並由此敗壞了全社會的道德和風氣。「文革」中那層出不窮的事例，無不是對善良人性的摧殘，對人性中那些最邪惡部分的激發。而歷史與現在、與未來是緊緊聯繫在一起的，當代中國社會種種社會問題、人心的問題，其實都可以從「文革」那裡找到根源。比如中國大陸出現的大量的假冒偽劣、坑蒙拐騙、貪汙腐化等現象，很多人責怪說這是市場經濟造成的，但我認為，其根源並不在當下，而可以追溯到四十年前的那場「革命」。而時下一些所謂「左派」們，或別有用心，或昧了良心，仍然在用「文革」那套思維方式，不斷地掩飾和粉飾那個時代，甚至將其稱為中國歷史上最文明、最理想的時代。我現在在高校教學中接觸到的那些八十年代、九十年代後出生的年輕人，他們對於「文革」或者絲毫不瞭解，或者瞭解的是一些經過掩飾和粉飾的假歷史，因而他們對於那個時代的總體認識是模糊甚至是錯誤的。我想，這正是從巴金老人到李正中先生，不斷呼籲不要忘記「文革」那段歷史的深刻含義所在。不要忘記「文革」，既是對歷史負責，更是對未來負責啊！

記得我在上小學的時候，整天不上課，拿著毛筆——我現在感到奇怪，其實就連毛筆不也是我們老祖宗的發明創造嗎？「文革」怎麼就沒把它「革」掉呢？——寫「大字報」，批判「孔老二」，其實不過是從報紙上照抄一些段落而已，我的《論語》啟蒙竟然是在那樣一種可笑的背景下完成的。但是，僅僅過去三十多年，孔子仍然是我們全民族共尊的至聖先師，「文革」中那些「風流人物」們今朝又何在呢？所以我認為，歷史是最公正、最無情的，是不容歪曲，也無法掩飾的，試圖對歷史進行歪曲和掩飾其實是最愚蠢的事。李正中先生將這些「文革」時期的真實史料拿出來，讓那些並沒有經歷過那個時代的人們真正認識和體會一下那場「革命」的真實過程，看一看那所謂「革命」、「理想」造成了怎樣嚴重的後果，這就是最好的歷史、最真實的歷史，這也就是巴老所說的「文革紀念館」的一個重要組成部分啊！我非常讚成李正中先生在「前言」中所說的，只有不漠視、不回避這段歷史，中國才有希望，中華民族才有希望！

是為序。

中華民族最黑暗的年代「文革」48周年紀念於天津聆鍾室
〔注〕張培鋒：現任南開大學文學院教授博士班導師

国营天津印染厂卫东宣传社

第11期　　　1967. 3. 30

毛主席語录

必須善于識别干部。不但要看干部的一时一事，而且要看干部的全部历史和全部工作，这是識别干部的主要方法。

关于李雪峯同志的問題

编者按：目前，天津市出现了反对李雪峰同志的逆流。为了使同志们对此問題有所了解，我们特转发下面一份材料，供大家参攷。

李雪峰同志問題是当前华北局机关文化大革命运动重大问题。关于这了问题，当前有两种根本对立的观点。华北局造反总部认为李雪峰是党内走资本主义道路的当权派，必须打倒。我们认为李雪峰不是党内走资本主义道路当权派，有严重錯误，应当揭发批判。但李雪峰同志对待自己錯误检查的较认真诚恳，願意改正錯误，所以不是打倒对象。

目前述及总部抓的李雪峰的材料是我们过去揭发的，但有些东西他们给夸大了，他们并没有沙材料。过去我们反李雪峰是最早的，当时也是按党内走资本主义道路当权派搞的。但经过半年的斗争，有些事实否定了越打越不像，所以我们改变了观点。主要有四点：

一、李雪峰与彭真的关系问题：一月 日周总理说："李雪峰是反映彭真问题最早的一个，说彭与云岭有距离"。一月廿一日总理又说："李雪峰对彭真不满。李雪峰在中央工作会议上还与彭真进行了斗争"。李雪峰对彭真在四清运动中的修正主义做法是作了抵制的。

二、内蒙古问题：李雪峰对乌兰夫的斗争从一九六0年就开始了。当时李严励地批判了乌兰夫对"五个障命"的诬蔑。一九六四年又狠批了乌兰夫不抓阶级斗争的问题，说内蒙是"一池死水"、"雷打不动"。为了扭转这种局面派去了解恭同志主持召开了内蒙三干会、揭开了内蒙阶级斗争的盖子。一九六六年二、三月以来，又对乌兰夫的民族分裂主义活动展开了斗。

三、河北问题：李雪峰对林铁这个修正主分子在两条路线斗争的问题上，一九六二年就进行过斗争。一九六六年五月前门饭店会议上，在李雪峰的督促下，才把林铁揪出。李雪峰早在一九六四年就批评了万晓塘是"死猪不怕开水烫"

四、山西问题：在很早以前李雪峰就批魏衡（山西省委第一书记、现已被夺权）是"水泼不进"。李雪峰曾到山西两个负责干部、在文化革命运动中均遭残害致死、其中是山西某专区的第一书记、被投入井中。山西夺权时李雪峰律曾写了贺电，而竟有人说是魏衡给通了信、通了的是周总给李雪峰打的电话。

再从周总理的讲话看李雪峰同志问题：

一、华北局造反总部查抄了李雪峰、解学恭周总理很严肃气愤地说："李雪峰同志是中共中央政治局候补委员、他的文件不许动。不许扣留解学恭、马上把他放。"

二、四清单位批判李雪峰时、周总说："北京的四清是过去蒯人搞的、目前是好人办好事、你根本就不应组织这个会。"

三、周恩理在一次接见华北局革命说："李雪峰同志有错误予以揭发、批判。李立三不适于在中央工作，朱理治与习仲勋是一伙。

四，在一次批斗李雪峰的大会上，李卧病认真地做检查，周总理知道后派人将李雪峰从大会接到中南海休息、养病。李雪峰同志的检查都是毛主席审阅的、陈伯达同志修改的。如李雪峰同志原检查报中一句为："参与了资产阶级反动路线的制定"。陈伯达同志改为："执行了资产阶级反动路线。"

李雪峰同志的错误是严重的、概括起来主要是：

一、毛泽东思想伟大红旗举得不高。在某些问题上甚到违背了毛主席的教导。

二、文化大革命中、自觉的执行了刘、邓路线、后果是严重的。

三，在山西问题上有严重错误，

四、在干部政策上有严重错误、使用和信用了一些不好的人。

五、在四清运动中受了刘少奇的影响、犯有形"左"实"右"的错误、需要明的是：在研究开展四清时、李雪峰是不同意刘少奇的意见的，但在后来李雪峰放弃了自己的意见、在一些问题上是按刘少奇的意见办的。

六、骄傲自满家长式领导、一言堂形而上学、烦琐哲学等。

从以上述峰主要问题说明、李雪峰的问题是严重的、但不是党内走资本主义道路当权派。几年来、以李雪峰为首的华北局书记处、主要是抓了阶级斗争这个纲。一九六0年抓了"五个月革命"八届十中全会、特别是杭州会议以后、主要抓了城乡"四清"。在"四清"运动中、李雪峰虽然受了刘少奇的影响、犯有形"左"实"右"的错误、但基本上还是执行了毛主席的革命路线、华北地区"四清"运动的成果还是必须肯定的。

李雪峰在文化革命运动中是执行了资产阶级反动路线、但还是愿意改正的、先后在大的、较大的群众会议上作过十次检查、去年十二月十六日的检查、得到了主席批准。

认为他的检查是"好的、诚恳的"。今年一月毛主席又派他到天津工作，并开始做出了成绩。事实证明，李雪峰是顾意改正错误的、顾意回到毛主席的革命路线上来的，是顾意同资产阶级反动路线划清界限的。

以上是我们对李雪峰问题的基本看法。我们的观点并不强加于人、提出来和同志们商榷。

此外、目前特别应该注意的是，华北局对李雪峰问题出现分歧以后，李立三急、忙"跳出来要站在造反总部一边、并说："宣传一定赶在天津夺权以前、不要出现第二个宋候穷"。梁寒冰的老婆聂元素最近积极地起来揭发李雪峰的问题、很多问题是攻击是造谣。在目前革命群众反对李雪峰劲头不大的情况下、伸出了这几支黑手我们要亏度警惕。华北局造反总部在李雪峰刚到天津之后、就赶到天津大肆宣传李雪峰的所谓罪恶、这是对中央施加压力、破坏天津市文化大革命的行为，我们坚决反对。

中共天津市委机关
革命造反联合委员会 财贸政治部洪流造反队整理
一九六七年三月十四日

注：李文如有出入、以原件为主。

国营天津印染厂卫东宣传社翻印
一九六七年三月二十日

衛东

一九六七年 **12**

最 高 指 示

混进党里、政府里、军队里和各种文化界的资产阶级代表人物，是一批反革命的修正主义分子，一但时机成熟，他们就会要夺取政权，由无产阶级专政变为资产阶级专政。这些人物，有些已被我们识破了，有些则还没有被识破，有些正在受到我们信用，被培养为我们的接班人，例如赫鲁晓夫那样的人物，他们现正睡在我们的身旁，各级党委必须充分注意这一点。

目　　录

17

前　　言

"四海翻腾云水怒，五洲震荡风雷激。"革命大批判运动的洪流正在滚滚向前。在教育战线上，一场彻底批判反革命修正主义教育路线的激战，已经打响了。

十七年来，在教育战线上，两个阶级、两条道路的斗争始终在剧烈地进行着。以刘少奇为代表的资本主义势力要使教育为反革命修正主义政治路线服务，培养资产阶级的接班人；无产阶级则要使教育为无产阶级政治服务，培养无产阶级的接班人。这就是刘少奇的修正主义教育路线与毛主席的无产阶级教育路线的根本分歧，是十七年来教育战线上斗争的焦点。

早在二十年代我们伟大领袖毛主席就指出，苏维埃文化教育的总方针**"在于以共产主义的精神来教育广大的劳苦民众，在于使文化教育为革命战争与阶级斗争服务，在于使教育与劳动联系起来"**。经过了几十年的革命实践，毛主席总结了国内、国际无产阶级专政的经验，指出：**"我们的教育方针，应该使受教育者在德育、智育、体育几方面都得到发展，成为有社会主义觉悟的有文化的劳动者。"**英明地提出了**"教育为无产阶级政治服务，教育与生产劳动相结合"**的教育方针。1966年毛主席又系统地提出了教育革命的伟大纲领：学生要**"以学为主，兼学别样，即不但学文，也要学工、学农、学军，也要批判资产阶级。学制要缩短，教育要革命，资产阶级知识分子统治我们学校的现象，再也不能继续下去了。"**毛主席的这些重要指示，是我国教育事业的根本方向和根本任务，是对马列主义教育理论新的具有划时代意义的伟大发展。

党内最大的走资本主义道路的当权派刘少奇，对毛主席提出的无产阶级革命路线恨得要死，怕得要命。他伙同盘踞在教育阵地上的一小撮反革命修正主义分子，百般抵毁无产阶级的教育路线，顽固推行其修正主义的教育路线。

打着"红旗"反红旗是刘少奇惯用的技俩。他打着强调学习"马列主义"的幌子，抵制学习毛主席著作；打着强调"生产劳动"的幌子，抵制青年进行思想改造，取消阶级斗争；打着强调"业务学习"的幌子，贩卖"两耳不闻窗外事，一心专读圣贤书"的黑货；打着"两种劳动制度，两种教育制度"的幌子，兜售资本主义"双轨制"的黑货；……不管他的旗号怎样千变万化，但万变不离其宗，那就是要使教育为资产阶级的政治服务，为资本主义复辟服务。

这个党内最大的走资本主义道路的当权派所推行的修正主义教育路线，绝不是孤立的，这是他企图篡党、篡军、篡政的罪恶阴谋的一个重要组成部分。

毛主席说："凡是反动的东西，你不打，他就不倒。"我们要高举革命的批判大旗，彻底砸烂刘少奇的修正主义教育路线，肃清其流毒！

林彪同志说："什么东西叫好东西，什么东西叫坏东西，只有对比才能认识。"我们就现有的材料选编了刘少奇十七年来在教育界的一些黑指示、黑话，同时用我们伟大领袖毛主席的英明论述与其针锋相对，供同志们在学习、批判时参考。

毛主席、林副主席的指示
和中央文件

（1）"毛泽东同志是当代最伟大的馬克思
列宁主义者。毛泽东同志天才地、創
造性地、全面地繼承、捍卫和发展了馬
克思列宁主义，把馬克思列宁主义提
高到一个崭新的阶段。"

（林彪：《毛主席語录》再版前言）

"毛泽东思想是当代馬克思列宁主义
的頂峰。"

（林彪同志1960年10月在全軍高級干部会
上的講話）

（2）"毛泽东思想是革命的科学，是經过
长期革命斗爭考驗的无产阶级的真
理，是最現实的馬克思列宁主义，是
全党全軍全国人民的统一的行动綱
領。"

（林彪同志1966年在空軍干部会議上的指
示）

（3）"毛主席比馬克思、恩格斯、列宁、
斯大林高得多，現在世界上沒有哪个
人比得上毛主席的水平。"

（林彪同志1966年9月18日接見高等軍事
学院政治学院和总政治部宣传部負責同
志时的談話）

（4）"我們学习馬克思列宁主义怎样学
呢？我向同志們提議，主要是学习毛

（5）泽东同志的著作。这是学习馬克思列

一、刘少奇恶毒攻击伟大
的毛泽东思想，竭力反对学习
毛主席著作，猖狂反对我们的
伟大领袖毛主席。

（一）恶毒攻击伟大的毛泽东思想，
妄图贬低毛泽东思想的光辉。

（1）"中国党有一极大的弱点，这个弱
点，就是党在思想上的准备，理论上
的修养，是不够的，是比較幼稚的。
……伟大的著作还沒有出来，这是中
国党一个极大的工作。"

（答宋亮同志，1941年）

（2）"马克思列宁主义、毛泽东思想，到
底是'是'还是'非'，要研究一番
才知道，沒有学习，沒有研究，就沒
有发言权。"

（1951年11月4日在政协全国委員会学习
座談会上的談话）

（3）"我们这一部份，比马克思、恩格
斯、列宁、斯大林的那部分，当然小
得多。"

《修养》

（二）打篇学习马列主义的招牌，千
方百计地阻挠学习毛主席著作。

（4）"我想我们不但要学习毛泽东思想，
还要学习马克思列宁主义，因为马克
思列宁主义是毛泽东思想的基础，对

宁主义的捷径。 毛泽东同志全面地、創造性地发展了馬克思列宁主义，綜合了前人的成果，加上了新的内容。要好好学习毛泽东同志的著作。我們学毛泽东同志的著作容易学，学了馬上用，好好学习，是一本万利的事情。

（林彪同志1959年9月在全軍高級干部会議上的講話）

（6）"……做到人人讀毛主席的书，听毛主席的話，照毛主席的指示办事，做毛主席的好战士。"

（林彪：《毛主席語录》再版前言）

"他为了删掉斯大林，恩格斯也被陪綁，恩格斯也被删掉了"。

（《〈修养〉的要害是背叛无产阶級专政》）

（7）"千条万条，用毛泽东思想教育人是第一条。"

（林彪同志1966年关于把学习毛主席著作提高到一个新阶段的指示）

（8）"在馬克思列宁主义的經典著作中，我們要百分之九十九的学习毛泽东著作，这是革命的教科书。"

（林彪同志1966年9月18日接见高等軍事学院、政治学院和总政治部宣传部負責同志时的談話）

马克思列宁主义的理论，如果没有基本的知识，要学习毛泽东思想就相当困难。"

（1951年11月4日在全国政协委員会座談会上的講話）

（5）"初中毕业，高中毕业，只学毛选不行，还要学点马列主义。"

（1965年7月20日在农业部江一貞汇报农业教育工作时的講話）

（6）"……作马克思和列宁的好学生。"

《修养》

（7）1956年6月中宣部开会讨论党校的课程时，刘少奇批示继续讲五门课：中共党史、苏共党史、哲学、政治、经济学、党的建设。根本不提毛主席著作。

1962年12月中央组织部召开组织工作会议时，刘少奇提出对党员干部进行教育的内容是：县委书记以上的党员干部主要学习中央规定的三本书，以及《党章》和他的黑《修养》，其他的党员主要学习《党章》和中组部编写的《做一个好的共产党员》。同样不提学习毛主席著作。

他攻击四清中大学毛主席著作是"用毛主席著作去代替四清运动"。

（8）"学习马列主义就是学习外国的经验，世界各国的经验。有些人认为何必学这些外国的东西，中国的书还读不完，毛主席的书还读不完呢！或者至少先读中国的书，再读外国的书吧！这个说法是不对的。"

（1948年12月14日对馬列学院第一期学員的講話）

(9)"現在我們偉大的祖国，正在出現一个工农兵掌握馬克思列宁主义、毛泽东思想的新时代。毛泽东思想为广大群众所掌握，就会变成无穷无尽的力量，变成威力无比的精神原子弹。"

(林彪：《毛主席語彔》再版前言)

(10)"毛泽东思想是全党、全軍和全国一 | 切工作的指导方针。……为了把毛泽

(12)东思想真正学到手 要反复学习毛主席的許多基本覌点，有些警句最好要背熟，反复学习，反复运用。"

(林彪：《毛主席语录》再版前言)

"不要認为讀书就是教条主义，这是錯誤的。單是讀书而不做事或者不联系实际，才是教条主义。……必須讀馬克思列宁主义的經典著作，特別是讀毛泽东同志的著作。"

(林彪：在中共中央華北局紀念中国共产党誕生二十八周年大会上的講話，1949年7月)

(13)"毛主席的話，水平最高，威信最 | 高，威力最大，句句是真理，一句頂

(14)一万句。"

(林彪同志講話《人民日报》1966年1月25日)

(15)"我們是一个伟大的无产阶級专政的社会主义国家，有七亿人口，需要有一个統一的思想，革命的思想，正确的思想，这就是毛泽东思想。"

(林彪同志1966年给全国工交战綫的信)

(9)"现在学习毛选出现了一种 形式主义，这样搞下去，会弄虚作假，学习毛主席著作，写千万字的读书笔记，千万不要宣传。"

(1964年在一次中央会議上的講話)

(10)"不能把马克思列宁主义的学说当成教条一样，也不能把毛泽东的著作和讲话当成教条，……现在，党内把毛泽东思想当成教条大有人在。"

(1964年9月給江渭淸的信)

(11)"毛主席语录可以读，但不要占过多的时间。"

(1966年8月)

(12)(当革命师生提出"学习毛主席著作情绪很高，但是买不到《毛泽东选集》"时) 刘少奇说："这是纸的问题。纸要分轻重缓急，排个队。教科书一定要保证，一定要用好纸，白纸。"

(对十七届中华全国学生代表大会主席团講話1960年)

(13)"党员课本要通俗一点，不要摘引毛主席的话就当课本上的话说。"

(1962年11月12日接見中組部各中央局組織部正副部长的講話)

(14)"政治课內容要讲比较完全的政治知识，"教材要以"苏联课本为基础。"

(1951年3月对教育部的指导)

(三) 猖狂反对毛主席，否认毛主席是中国人民和全世界人民的伟大领袖。

(15)"这里联系到这样一个原则问题，就是我们应该向谁学习，是向党内和党外群众中一切有真理的人学习，不管他们的职位高低；不是向职位高的人学习。……官越大，真理越少，官做的越大，真理也越少。大官如此，小

(16)"毛主席經歷的事情，比馬克思、恩格斯、列宁都深刻得多。……革命經驗之丰富，沒有哪一个人能超过。"

"毛主席在全國全世界有最高的威望，是最卓越最偉大的人物。"

（林彪同志1966年5月在中央政治局扩大會議上的講話）

(17)"反对个人崇拜的目的，也有兩种：一种是反对不正确的崇拜；一种是反对崇拜別人要求崇拜自己。問題不在个人崇拜，而在于是否真理。是真理就要崇拜，不是真理就是集体領导也不成。我們党在历史上就是強調个人作用和集体領导相結合。"

（毛泽东：在成都会議上講話1958年3月10日）

(18)"十九世紀的天才是馬克思、恩格斯，二十世紀的天才是列宁和毛泽东同志。"

（林彪：在中央政治局扩大会議上的講話1966年5月）

"毛泽东同志是当代最偉大的馬克思列宁主义者。"

（林彪：《毛主席語彔》再版前言）

(19)"毛主席……是我們党的最高領袖，他的話是我們行动的准則。誰反对他，全党共誅之，全国共討之。"

（林彪：在中央政治局扩大会議上的講話1966年5月18日）

官也如此。"

（1964年9月給江渭清的信）

(16)他和邓小平在修改1966年7月1日《人民日报》社论《毛泽东思想万岁》的稿子时，原稿中有"象毛泽东同志经历那样长期、那样复杂、那样激烈、那样多方面的斗争的革命领袖，在历史上是罕见的。因此，毛泽东同志在我国人民中享有最高的威望，在全世界人民中享有最高的威望。"刘邓则别有用心地在"历史上罕见的"一句话前面加上"同马克思、恩格斯、列宁、斯大林一样"的字样。更令人不能容忍地删去了"毛泽东同志在我国人民中享有最高的威望,在全世界人民中享最高的威望"，猖狂反对毛主席。

(17)"中国也要反对个人崇拜，不要喊万岁，不要唱'东方红'。"

（在廬山会議上的講話1959年8月17日）

(18)"马克思、恩格斯、列宁、斯大林、毛主席都犯过许多错误。"

（1963年在哲学社会科学学部的講話）

(19)"反对毛主席只是反对个人。"

（1962年在扩大的中央工作会議上的講話）

(20)"凡是张贴反革命的标语，攻击、污蔑伟大领袖毛主席和他的亲密战友林彪同志的，都是现行反革命行为，应当依法惩办。"

（中共中央、国务院关于公安工作的规定 1967年）

(21)"我們現在擁护毛主席，百年以后，我們也擁护毛主席。毛泽东思想要永远流传下去。"

（林彪：仁中央政治局扩大会議上的講話 1966年5月18日）

(22)"他們或者明目仗胆，或者暗中放箭，采取不同的語言，不同的体裁，
(23)不同的手段恶毒地反对毛主席，反对毛泽东思想。"

（林彪1966年5月講話）

(24)"毛主席这样的天才，全世界几百年，中国几千年才出现一个。毛主席
(25)是世界最大的天才。"

（林彪：关于把活学活用毛主席著作提高到一个新的阶段的指示，1966年9月18日）

(20)"清华有一个学生，写了'拥护党中央，反对毛主席'的标语，……现在看来，说这个学生是反革命的结论，材料不充分。"

（1966年7月29日在人大会堂的报告）

(21)"……自以为是中国的马克思、列宁，装作马克思、列宁的姿态在党内出现，并且毫不知耻地要求我们的党员象尊重马克思、列宁那样去尊重他，拥护他为领袖，报答他以忠心和热情……。"

（1962年《修养》）

(22)"有些人把党当做汽车，他是开汽车的，想爬到党的身上驾驶党。"

（在北京日报的談話，1958年6月30日）

(23)"老的不行嘛！不要占着茅坑不拉屎，要下台，要让位，不能摆老资格。我们不是青红帮。青红帮还很开明吆！上海的大青红帮头子是黄金荣，他的徒弟是蒋介石，黄金荣老了主动地把坐位让给了蒋介石。"

（1963年給薄一波談話）

(24)"领袖不能自封，那得人家承认，自己承认是不算数的。"

（在北京日报的談話，1958年6月30日）

(25)"世界上没有十全十美的领导者，古今中外都没有。如有那就是装腔作势，猪鼻子里插葱装象。"

（在全国土地会議上的結論报告，1947年7月13日）

二、刘少奇疯狂宣扬阶级斗争熄灭论，竭力抹杀意识形态领域的阶级斗争，为资本主义复辟鸣锣开道。

（一）疯狂宣扬阶级斗争熄灭论，鼓吹阶级调和，千方百计为保存和发展资本主义制造舆论。

(26)"社会主义和资本主义之間，誰胜誰負的問題还沒有真正解决。"

（毛泽东：《关于正确处理人民內部矛盾的問題》1957年）

(26)"我国社会主义和资本主义谁胜谁负的问题现在已经解决了。"

（1956年"八大"政治报告）

(27)"千万不要忘記阶级斗争"。

（毛主席1962年在党的八届十中全会上的講話）

(27)"革命是搞得差不多了，敌人已被打倒，……要你们去不是要你们学习这个问题。你们学习的任务是建设，是使国家工业化，克服中国的落后现象。"

（1952年对留苏学生的講話）

(28)"无产阶级和资产阶级之間的阶级斗争，各派政治力量之間的阶级斗争，

(29)无产阶级和资产阶级之間在意識形态方面的阶级斗争，还是长时期的、曲折的，有时甚至是很激烈的。"

（毛泽东：《关于正确处理人民內部矛盾的問題》）

(28)"现在我们已经消灭了阶级。"

（1965年3月1日在全国农村半农半讀教育会議上的談話）

(29)"以后革命斗争也没有了，社会主义改造也没有了，土地改革也没有了，……那就应该在劳动生产中，特别在体力劳动中间，以及人民群众的关系中间，处理人民内部矛盾的关系中来鍛炼我们的干部。"

（1957年4月在上海党員干部会議上的講話）

(30)"……被推翻的地主买办阶级的残余还是存在，资产阶级还是存在，小资

(31)产阶级刚刚在改造。阶级斗争并没有结束。"

（毛泽东：《关于正确处理人民內部矛盾的問題》）

(30)"现在那个阶级斗争已经过去了，那些事情用不着了，那些经验閑起来了，有那个本事也没有用了，英雄无用武之地。现在再也没有地主阶级，资产阶级给我们消灭了，我们的经验閑起来沒有用了。"

（在上海市党員干部大会上的講話，1957年4月27日）

(31)"国內主要的阶级和阶级斗争已经基本上结束了，或者说基本上解决了。现在国內敌人已经基本上被消灭了，地主阶级早已消灭了，资产阶级也基本上消灭了，反革命也基本上消灭了。"

（在上海党員干部会上的講話1957年4月27日）

(32)"帝国主义者和国內反动派决不甘心于他們的失败，他們还要做最后的掙扎。在全国平定以后，他們也还会以各种方式从事破坏和捣乱，他們将每日每时企图在中国复辟。"

（毛泽东：《在中国人民政治协商会議第一屆全体会議的开幕詞》1949年9月22日）

(32)"要知道现在地主阶级已经消灭，反革命已基本肃清，帝国主义也沒有来，因此和敌人的矛盾不再是主要的矛盾了。"

（在石家庄的講話。1957年2月）

(33)"……中国还存在着两种基本矛盾。第一种是国內的，卽工人阶级和资产阶级的矛盾。第二种是国外的，卽中国和帝国主义国家的矛盾。因为这样，工人阶级領导的人民共和国的国家政权，在人民民主革命胜利以后，不是可以削弱，而是必须强化。"

（毛泽东：在中共七屆二中全会上的报告，1949年3月5日）

(33)"阶级斗爭基本结束，反革命分子少了，刑事犯也少了，所以国家专政的机构可以缩小了，……"

（在各省市組織部长会議上講話，1956年12月）

(34)"我們已經在生产资料所有制的改造方面，取得了基本胜利，但是在政治战綫和思想战綫方面，我們还沒有完全取得胜利。"

（毛泽东：《在中国共产党全国宣传工作会議的講話》1957年3月）

(34)"现在在资本主义的社会主义改造方面，在农业、手工业的社会主义改造中已经取得巨大的胜利，可以说，在我国，我們已经在阶级斗爭中取得全面的胜利。"

（同外宾談話，1956年7月13日）

(35)"……他們现在还在公私合营的企业中拿定息，这就是說，他們的剝削根子还沒有脫离。……就是不拿定息，摘掉了资产阶级的帽子，也还需要一

(35)"今天的资本家已是公私合营了的新资本家，"

（在上海市党員干部大会上的講話，1957年4月27日）

个相当的时間繼續进行思想改造"。

（毛泽东：《关于正确处理人民內部矛盾的問題》）

(36)"几十年以来的老的社会民主党和十
| 几年以来的现代修正主义，从来就不
(39)允許无产阶级同资产阶级有什么平
等。他们根本否認几千年的人类历史
是阶级斗争史，根本否認无产阶级对
资产阶级的阶级斗争，根本否認无产
阶级对资产阶级的革命和对资产阶级
的专政。相反，他们是资产阶级、帝
国主义的忠实走狗，同资产阶级、帝
国主义一道，坚持资产阶级压迫、剥
削无产阶级的思想体系和资本主义的
社会制度，反对马克思列宁主义的思
想体系和社会主义的社会制度。"

（中共中央1966年5月16日《通知》）

(36)"资本主义的生产方式，资本主义的
经济生产带有进步性，它也能为人民
服务。"

（51年5月）

(37)"资本主义今天不能消灭，因为今天
是进步的，所以不但不消灭他们的剥
削，而且还发展他们的剥削。"

（1949年天津青代会）

(38)"今天中国的资本主义还是在青年时
代，正是发展他的历史作用，积极作
用，建立功劳的时候，应该赶快努
力，不要错过。今天资本主义剥削是
合法的，愈多愈好，股息应该提高。"

（49年工商业座談会）

(39)"现在是三年准备十年建设的时期，
待十年建设后，中国的面貌焕然一
新，社会主义是将来的事情，现在提
得过早。"

（1951年6月）

(40)"有些糊涂的同志認为不是依靠工人
| 阶级，而是依靠贫民群众。有些更糊
(41)涂的同志認为是依靠资产阶级。……
我们必须批判这些糊涂思想。"

（毛泽东：《在中国共产党第七届中央委
員会第二次全体会議上的报告》
1949年3月5日）

(40)"我们依靠工人阶级、其他劳动群
众、知识分子、自由资产阶级与帝国
主义者、官仔资产阶级、封建阶级作
斗争，……目的是在迅速发展生产，
这是党的总路线。"

（1949年在天津講話）

(41)无产阶级和资产阶级"尚不能互相脱
离，我们可以拖一下，拖十来年，到
无产阶级不需要资产阶级也能活下去
的时候，我们就可搞社会主义了，那
是十多年以后的事情。因此与资产阶
级的关系还不能破裂。""城市讲生
产，资本家的知识比我们多，比工人知
道得多，在城市生产方面，他们占有很
高的地位，我们必须和他们合作。"

（1949年在天津市委扩大会上講話）

2）"无产阶级文化大革命，就是为的要
使人的思想革命化，因而使各项工作
做得更多、更快、更好、更省。……
无产阶级文化大革命是使我国社会生
产力发展的一个强大的推动力。"

（《十六条》）

（43）"我国社会主义和资本主义之间在意
識形态方面的誰胜誰負的斗争，还需
要一个相当长的时间才能解决。这是
因为资产阶级和从旧社会来的知識分
子的影响还要在我国长期存在，作为
阶级的意識形态，还要在我国长期存
在。如果对于这种形势認識不足，或
者根本不認識，那就要犯絶大的錯
誤，就会忽视必要的思想斗争。"

（毛泽东：《关于正确处理人民内部矛盾
的問題》，1957）

（44）"对于我們的国家抱着敌对情绪的知
識分子，是极少数。这种人不喜欢我
們这个无产阶级专政的国家，他們留
恋旧社会。一遇机会，他們就会兴风
作浪，想要推翻共产党，恢复旧中
国。"

（毛泽东：《在中国共产党全国宣传工作
会議上的講話》1957年3月12日）

（45）"知識分子必須繼續改造自己，逐步
地抛棄资产阶级的世界观而树立无产

（47）阶级的共产主义的世界观。世界观的
轉变是一个根本的轉变，现在多数知
識分子还不能說己經完成了这个轉
变。"

（毛泽东：《关于正确处理人民内部矛盾
的問題》）

资产阶级、小资产阶级，他們的思想
意識是一定要反映出来的。一定要在

（42）"实行半工半读，青少年参加劳动，
可以增加生产，也是建立未来社会的
唯一方法。"

（在中央政治局扩大会議討論半工半讀教
育問題的講話。1960年11月15日）

**（二）竭力抹杀意识形态领域的阶级
斗争，反对政治思想战线上的社会主义革
命。**

（43）"如果我们讲到非无产阶级思想，讲
到农民阶级的思想，讲到小资产阶级
的思想，讲到地主阶级的思想，是讲
过去的，是反映了那个阶级存在的时
候。"

（1957年3月在河南干部会上的講話）

（44）"如果旧知识分子反对消灭这三个差
別，就沒有力量。他叫资产阶级知識
分子，沒有多大号召力。我们总是怕
旧知識分子旧教授反对我们。他们反
对消灭三个差別，力量不够。"

（1964年8月22日在广西的講話）

（45）"知识界已经改变了原来的面貌，组
成了一支为社会主义服务的队伍。"

（"八大"政治报告，1966年9月）

政治問題和思想問題上，用各种办法
頑强地表現他們自己。要他們不反映
不表現，是不可能的。"

（毛泽东：《关于正确处理人民内部矛盾
的问题》）

(46) "聘請就是雇佣，大学教授才挣几百
斤米，是无产阶级。而农民、贫农只挣
几十斤米，生活很苦，但不能算无产
阶级，只是半无产阶级而已。"

"大学教授，即令其家中有几百亩田
地，但他主要是靠薪水生活的，可
以加入工会，因其要求与工人很多是
一致的。工程师也可以加入工会。总
之，雇佣劳动者，工薪劳动者都可以
加入工会。"

（1949年天津干部会上講話）

(47) "……我们必须运用资产阶级和小资
产阶级知识分子的力量来建设社会主
义，并且向他们学习。"

（"八大"政治报告1959年9月）

三、刘少奇篡改和反对毛主席制定的教育方针，为资产阶级培养接班人。

（一）篡改毛主席提出的培养目标，鼓吹培养具有技术修养的干部。

(48)
|
(50)

"我們的教育方針，应該使受教育者
在德育、智育、体育几方面都得到发
展，成为有社会主义觉悟的有文化的
劳动者。"

（毛泽东：《关于正确处理人民内部矛盾
的问题》）

(48) "半工半读学校要培养什么人的问
题，毛主席不是已讲过培养有社会主
义觉悟的有文化的劳动者吗？我们
要培养有社会主义觉悟、有文化科学
知识、有技术、有实际操作能力的新
型劳动者。我们的目标应该培养到能
当干部、当技术员、当工程师的水
平。"

（1965年11月6日在中央政治局扩大会議
上講話）

(49) "全中国都有一些新式大学，但那是
不算正规的大学，是带有训练班性
质，是为了破坏旧思想、旧组织，所
以不要学习很久。而我们则要培养具
有技术修养的干部，因此我们现在创

办这样的大学。"

（1950年10月在中国人民大学开学典礼大会上的講話）

（50）"我们的党团员和革命知识分子，都要下苦功夫学习，认眞钻研业务，良好地掌握各种专门技术和科学知识，凡是有条件的都应当努力使自已成为又红又专的红色专家。"

（在10月革命40周年大会上的講話）

（51）"我們要巩固社会主义制度，經济上
｜ 的制度，政治上的制度，就必須提倡
（53）为公的观念，就是要塑造新的人来建設新的社会，塑造共产主义精神的人。"

（林彪：在中央工作会議上的講話1966年10月25日）

（51）"我们有些厂长还没有很好考虑学徒与青年的问题，没有考虑把青年一代培养成有科学文化的人。这样的厂长不能算是好厂长。"

（1958年7月22日对张承先的談話）

（52）"普及教育当前还不是那么紧，当前还是高等教育，还是专家的问题。因工厂有錢，有材料，有工人，缺少的是专家。"

（1956年3月对教育部同志汇报工作时的講話）

（53）"半工半读……训练这么一些技术工人、技师、工程师、文化程度比较高的人，各处地方都需要。"

（关于两种主要的学校教育制度和工厂农村的劳动制度，1958年5月30日）

（二）肆意攻击和割裂毛主席制定的教育方针，否定教育为无产阶级政治服务。

（54）"过去的教育方针、教学目的不明确，要进行批判。"

（1958年6月8日《关于教育工作的指示》）

（54）"我們的教育，路线不錯，方法不
（55）对。我們的方针是正确的。"

（毛主席：在1964年春节座会上对教育工作的指示）

（55）"在一个时期內有方针性错误。相当时期方针不明确。沒有形成社会主义的、无产阶级的、马克思列宁主义的方针路线。"

（1958年6月20日在中央政治局会議上的講話）

(56)"在各类学校中，必须贯彻执行毛泽东同志提出的教育为无产阶级政治服
(57)务、教育与生产劳动相结合的方针，使受教育者在德育、智育、体育几方面都得到发展，成为有社会主义觉悟的有文化的劳动者。"

《中共中央关于无产阶级文化大革命的决定》

(58)"大学、中学都要求加强思想、政治
(59)领导和改进思想、政治教育……，"

（毛主席：給周恩来等同志的一封信，1957年3月17日）

(60)"一个軍事学校，最重要的問題，是选择校长教员和规定教育方针。"

（毛泽东：《中国革命战争的战略問題》1936年）

(61)"学校一切工作都是为了轉变学生的思想，政治教育是中心一环，課目不宜过多，阶级教育、党的教育等工作必须大大加强。"

（中共中央軍事委員会《关于整理抗大問題的指示》1939年7月）

(62)"工农及其子女有享受教育的优先权。苏維埃政权用一切方法提高工农
(65)的文化水平。为了这个目的，給予群众政治上与物質条件上的一切可能的帮助。"

（苏維埃区域的文化敎育1934年）

"培养工人出身的干部要特别着重一些。"

（毛主席：在中央政治局討論敎育工作时的指示1953年5月）

(56)"社会主义的教育制度就是教育与生产劳动相结合。"

（1958年視察河南时的講話）

(57)"什么叫做全面发展呢？首先是脑力劳动和体力劳动的全面发展，脑力和体力全面发展。"

（在广西的講話，1964年8月）

(58)"学校中必须强调教学。"

（1951年3月对中等教育会議的指示）

(59)"劳改归来之反革命也教书，只要他老老实实教书就可以了。"

（1951年在保定地委書記会議上）

(60)"发现优秀教师、校长人材，是领导的主要任务。"

（1965年6月对教育部的指示）

(61)"政治教育没有什么可搞的，可以留些调皮捣蛋的人作反面教员，可以经常搞点人去受政治教育，否则就没事可作了。"

（在汇报大庆矿区建設問題的宣传报告时的插話，1962年2月）

（三）排斥工农子女入学，否定党的阶级路线，极力为剝削阶级开道。

(62)"对招中等技术学校的毕业生和招工厂技术员，要放手不要控制。谁优秀，就培养谁。这是人材观点。这是客观法則。要按客观法則办事。让优秀分子入学。"

（1956年3月9日《对普通教育、师范教育的指示》）

(63)"如果要办就一定招收有培养前途的眞正优秀的工人、老干部，条件要严格一些，能招多少人就招多少人，招不到就不办。"

（1958年6月8日《关于教育工作的指示》中針对举办工农预科的問題）

(66)
(69) "学习有两种态度。一种是教条主义的态度，不管我国情况，适用的和不适用的，一起搬来。这种态度不好。另一种态度，学习的时候用脑筋想一下，学那些和我国情况相适合的东西，即吸取对我們有益的經驗，我們需要的是这样一种态度。"
（毛泽东：关于正确处理人民內部矛盾的問題，1957年2月27日）

"你們管教育，教育部是苏联的教育部还是中国教育部？教材为什么不用老解放区的东西为蓝本。"
（毛主席在党的全国宣传工作会議期间的談話，1957）

(70)
(71) "不可盲目的学，要有分析，要有批判的学，不可以搞成一种偏向，对外国的东西一概照抄，机械搬运。"
（毛泽东：《論十大关系》1956年4月）

(64) "工农速成中学可以暂停招生，三年速成不是实事求是的，学习上不能取巧，也不能降低要求。""统一招考时，对工农加50分录取是不对的。"
（1955年刘少奇参观清华大学时的談話）

(65) "子女上学问题：子女（指资本家子女）上学沒有好多问题，如果有也可提出解决。总而言之，……不论是老病或者有其他的困难问题，国家都负责到底包到底，这一点請各位放心，具体办法还要商议。总之是照顾到底，不要担心。"
（1960年接见民建、工商联常务委员的談話）

（四）排斥毛主席的敎育方针和老解放区的教育传统，鼓吹抄袭苏联，宣扬帝国主义、修正主义敎育制度。

(66) "沒有他们（指苏联）的帮助，我们的大学是办不好的，沒有苏联的教员就得不到这么多的新知识，世界上只有苏联有这些新知识的经验"。
（在中国人民大学开学典礼上的講話1950年10月3日）

(67) "教材要以苏联课本为基础。"
（对教育部指示1951年3月）

(68) "苏联的大学是比中国的办得好。"
（对留苏学生的講話，1952年7月29日）

(69) "应该派一点助教去留苏，将来他们也可以变成教授。"
（参观清华大学的談話，1955年）

(70) 要同苏联搞好团结，学习苏联经验，是坚定不移的。学习社会主义经验，只有苏联一家。
（向楊献珍、候維煜的指示1957年7月）

(71) 全体党员干部都应该认眞地……学习

苏联和其他兄弟国家的社会主义建设经验。

（在庆祝中国共产党成立四十周年大会上的講話1961年）

(72) "过去的大学是按照西欧英、法、美……等的经验来办的，这些大学对提高中国人民的文化水平上是有很大成绩的。"

（在中国人民大学开学典礼上的講話1950年10日）

(73) "中国过去的大学是否有成绩呢？在对于提高中国人民的文化水平、科学水平、认识水平上是有很多成绩的，如果说过去的大学没有成绩，那么也就是否认了大批工作者的努力。"

（1950年10月在中国人民大学开学典礼上的講話）

(74) 一九五七年十一月，刘少奇在《参考资料》上看到这样一则消息："美国大学生中几乎有三分之二是半工半读，……工作的范围极为广泛，有的驾驶出租汽车，有的在餐厅里当侍者，……有十多个学生是救火员，除了食宿赖以解决外，每个月并可得二十元另用……"刘少奇如获至宝，立即批转团中央："此件送团中央一阅。中国是否可个别试办？請你们研究。"

(75) "去年，我要青年团去试验一下勤工俭学，搞了，在历史上是起了作用的。"

（1958年9月7日）

(72)"在中国，有帝国主义文化，这是反
| 映帝国主义在政治上經济上统治或半
(75)统治中国的东西。这一部分文化，除了帝国主义在中国直接办理的文化机关之外，还有一些无耻的中国人也在提倡。"

（新民主主义論，1940）

(76)"政治工作是一切經济工作的生命
　　線。在社会經济制度发生根本变革的
　　时期，尤其是这样。"

（"严重的敎訓"一文的按語）

"要实行政治挂帅，政治統率技术
和业务。"

（林彪：1960年5、6月間視察部队时的
指示）

(77)"紅与专，政治与业务的关系，是两
｜　个对立物的統一，一定要批判不問政
(80)　治的倾向。一方面要反对空头政治
　　家，另一方面又要反对迷失方向的实
　　际家。"

"政治和經济的統一，政治和技术的
統一，这是毫无疑义的。年年如此，
永远如此，这就是又紅又专。"

"将来政治这个名詞还会有的，但是
内容变了，不注意思想和政治，成天
忙于事务，那会成为迷失方向的經济
家和技术家，很危险。思想工作和政
治工作是完成經济工作和技术工作的
保证，它們是为經济基础服务的。思
想和政治是統帅，又是灵魂。只要我
們思想和政治工作稍为一放松，經济
工作和技术工作就一定会走到邪路上
去。"

（毛泽东：《工作方法六十条》1958）

四、刘少奇拼命鼓吹技术
决定一切，反对突出政治，取
消思想革命化。

（一）鼓吹技术决定一切，闭口不谈
革命，宣扬"敎育救国"。

(76)"技术工作是最有前途的，将来把敌
　　人消灭掉，不打仗了，就要以技术工
　　作为中心。如苏联十月革命以后，就
　　提出技术决定一切的口号。"

"我们将来建设新中国，要大家管理
国家，那时技术工作要占首要地位
……到那时技术工作就要决定一
切。"

《組織上和紀律上的修养》

(77)"希望你们到那里后搞好关系，学好
　　一门技术。……只要能学好，花点錢
　　并不算什么。今后搞什么都要会专业
　　知识，专门技术。"

（对1952年暑期留苏学员的講話）

(78)"不管你（指刘允若）将来干什么，
　　我劝你学一门专业，因为学一门专业
　　知识，对于你将来干什么工作都有好
　　处，如果别的工作不能干，可以干自
　　己的专业。而如果沒有一个专业知
　　识，则可能无论什么工作都难于干
　　好。你现在学完（只要五年）你的专
　　业，不独不会妨害你将来干别的工
　　作，相反只会有帮助。"

（1955年一1956年間給刘允若的信）

(79)"为了培养专家，可以不让他们入
　　党，不让他们参加政治活动，……苏
　　联培养李森科就是这样作的。"

（1960年同安子文的一次談話）

(80)"政治学习和业务进修一起搞不行，
　　要分开进行，不要搞在一道。"（对

（81）"无产阶级的文学艺术是无产阶级整
｜个革命事业的一部分，如同列宁所

（82）說，是整个革命机器中的'齿轮和螺
絲釘。'因此，党的文艺工作，在党
的整个革命工作中的位置，是确定了
的，摆好了的，是服从党在一定革命
时期内所规定的革命任务的。反对这
种摆法，一定要走到二元論或多元
論，而其实質就象托洛茨基那样：
'政治——馬克思主义的；艺术——
资产阶级的。'"

（毛泽东《在延安文艺座談会上的講
話》）

（83）"阶级斗争、生产斗争和科学实验，
｜是建設社会主义強大国家的三项伟大

（85）革命运动，是使共产党人免除官僚主
义、避免修正主义和教条主义，永远
立于不败之地的确实保证，是使无产
阶级能夠和广大劳动群众联合起来，
实行民主专政的可靠保证。"

（毛泽东：1963年5月7日《浙江省七个
关于干部参加劳动的活材料》的批語）

"用毛泽东思想武裝工农兵群众、革
命知識分子和广大干部，进一步促进
人的思想革命化，是防止修正主义，
防止资本主义复辟，使我们社会主义
和共产主义事业取得胜利的最可靠、
最根本的保证。"

（1966年党的八届十一中全会公报）

小教进修政治不滿）

（1957年在郑州市师生座談会上的講話）

（81）"我们要大量发展文化教育事业是为
了发展生产，提高人民文化水平。过
去曾有教育救国論，那时救不了国，
現在就需要教育救国了。"

（在青年团一届二中全会上的政治报告）
1952年8月26日

（82）"有人提出'是工业救国还是教育救
国'的问题。这个问题应该这样看：
工业救国与教育救国沒有矛盾。有工
业沒有教育也不行。干部决定一切。
工业救国要有技术干部。要有技术干
部，就要发展高等教育；要发展高等
教育，就要发展中等教育。要发展高
中，就要发展高等师范学校……减少
高等师范和高中招生任务，反过来就
会影响高等教育，也会影响到工业的
发展。"

（1956年3月9日在对普通教育、师范教
育的講話）

（83）"我相信，如果我们的工人百分之七
十到八十是中等技术学校毕业的，农
民有半数是中等技术学校毕业的，还
有一部分是初级技术学校毕业的，那
时官仔主义就搞不成了。"

（在湖北省委扩大会議上的講話）
1964年8月

（84）"最近我们想出一个办法，我们对他
们说，开办半工半读……这样一来，
我们工厂、机关领导要搞官仔主义就
不容易了，如果有个厂长是官仔主
义，工厂中有很多大学生，他们会叫
他下台，因为许多工人都可以而且有
能力当厂长，……要搞贪污也困难
了，工人中有大学生会算帐，这样国
家就会兴旺起来。"

（1963年对柬甫寨副首相宋双的談話）

（85）"你们不是说乡下干部强迫命令吗？将来农村初中高中毕业生多了，强迫命令就少了。"

（1957年在郑州市小学毕业生座談会上的講話）

（二）反对突出政治，宣扬埋头读书，不问政治。

（86）"有同志说，工人现在要学习文化和技术，不愿学政治，这很好，因为目前主要是学习文化，学技术，将来是学政治。"

（1949年4月26日在天津干部会上所解答的問題）

（87）"首先要在国内把俄文准备好，其次还有政治。"

（1950年对留苏学生的講話）

（86）"不論是知識分子，还是青年学生，都应該努力学习。除了学习专业之
（87）外，在思想上要有所进步，在政治上也要有所进步，这就需要学习馬克思主义，学习时事政治。沒有正确的政治观点，就等于沒有灵魂。"

（毛泽东：《关于正确处理人民內部矛盾的問題》）

"凡是政治上落后的人就要迷失方向 就看不到远大的前途，看不清主流和本質，就会把个人摆在不恰当的地位。"

（林彪：1958年5月在全軍高干会議上的講話）

（88）"阶级斗爭是你們的一門主課，……阶级斗爭都不知道，怎么能算大学毕业？你毕业了，我还要给你們安排这一課。"

（毛主席1964年与毛远新的談话）

（89）"这也不能怪你，整个教育制度就是这样，公开号召青年去爭取'五分'，你不要爭那个全优，那样会把你限制死了的。"

（毛主席1964年和毛远新的談话）

（90）"学习馬克思主义，不但要从书本上学，主要地还要通过阶级斗爭、工作实践和接近工农群众，才能真正学到。"

（毛泽东：《在中国共产党全国宣传工作会議上的講話》）

（88）"你们要关心学习，'两耳不闻窗外事，一心只读圣贤书'，窗外事可以闻一闻，但不要因而不安心。"

（1948年12月对馬列学院学员的講話）

（89）"到那里后，要按纪律办事，好好学习，祝你們都以五分毕业回来，让步一点，是四分，三分就不大好了。"

（1952年7月29日对1952暑期留苏学生的講話）

（90）"党员在学校中学习，从事理论研究的时候，主要的任务是理论上的深造与把握，而不是学校生活的鍛炼，这时候学生应当埋头读书，埋头从事理论的研究。"

（答宋亮同志）

(91) "我們現在思想战线上的一个重要任务，就是要开展对于修正主义的批判。"

(同上)

(92) "团结、紧张、严肃、活潑。"

（毛泽东：《为"抗大"制定的校训》）

(93) "掌握思想教育，是团结全党进行伟大政治斗争的中心环节。如果这个任务不解决，党的一切政治任务是不能完成的。"

（毛泽东：《論联合政府》1945）

"政治是最根本的，政治落后，其他方面都会落后。" "一定不要忘记政治，不要忽视政治。"

（林彪："在全军高干会議上的講話" 1958年5月）

(94) "学生也是这样，以学为主，兼学别样，即不但学文，也要学工、学农、

(96) 学军，也要批判资产阶级。学制要缩短，教育要革命，资产阶級知識分子统治我們学校的现象，再也不能繼續下去了。"

(1966年五七批示)

(91) "叫你们到苏联去不是叫你们去搞'外交'的'反修斗爭'，而是叫你们学习技术，你们何必跟人家吵呢？叫得厉害了，不叫你们学习了，不是很糟吗？不是完不成党交给你们的任务了吗？"

（据刘允斌揭发）

(92) "大学吆，就是要他悠哉悠哉，和那么松松垮垮的。"

（1965年关于半工半讀的談话）

(93) "评薪，政治条件不算，我看一般这种规定是对的，……应该按劳取酬，不能因为他政治条件好，就加他的工资，业务不行也加他的工资，……政治教育好，辅导员辅导得好，班主任指挥好，这是业务，不是政治条件，而是他的工作好，劳动好。"

（1957年在郑州市师生座談会上的講話）

五、刘少奇抛出"两种教育制度"黑貨，推行资产阶级教育的双轨制，反对改革旧的教育制度。

(94) "学校分两类，第一类学校和第二类学校，第一类学校是全日制学校，第二类学校是半工半读、业余教育，主要是半工半读，第一类是国家办的，质量要求高，阶级成份好，文化质量要求高，这只能吸收部分人。因此势必要有第二类学校，即半工半读，半工半读有经济目的，个人国家都有经济目的，因为第一类学校吸收不了这么多学生，家庭也供不起，自己又考不取，因此就要不靠家庭，不靠国家靠自己作工读书，优秀的考上第一类，次一些的就进入第二类……"

（在中央政治局扩大会議上的講話，1958年5月）

(95)"大学也可以搞半工半读，比如一个大学有两千学生，可以搞五百个半工半读的学生。招生时就公开说，有一千五百人是全天念书的，有五百人是半天念书半天做工的。"

（在八大二次会議四川小組的一段插話，1958年5月7日）

(96)"全日制学校也是需要的，还得好好办，大概要搞一百年、二百年、三百年"

（1956年6月对教育部的"指示"）

(97)"根本改革过去的教育方針和教育制度。不急之务和不合理的办法，一概废弃。"

（毛泽东：《反对日本进攻的方針、办法和前途》1937）

(97)"现在的全日制的学校，还不能缩小，也不能不办，因为半工半读的学校还不能代替他们，到共产主义是否还要全日制学校还很难说，可能不用要了，也可能办一些全日制的特殊学校，培养特殊人材。"

（1964年7月和1965年11月的講話）

(98)"城市普及初中，还是提全日制和半工半读两条腿走路的方法。城市全日制初中，农村全日制小学，不要停止发展，这一条路不要堵死，……现在我们一方面搞半工半读，全日制有些还要改一部分，有些还可以再发展一点，这事由各地去办……。"

（在中央政治局扩大会議上的講話，1965年11月）

(99)"重点学校有的是办的好的，有的有历史，不要丢掉，积累经验，有資料，不要把尖端突出的成绩搞掉了，只要作到这一点，大的偏差不会有。"

（对教育改革的指示，1966年7月18日）

(100)"为着扫除民族压迫和封建压迫，为着建立新民主主义的国家，需要大批的人民的教育家和教师，人民的科学家、工程师、技师、医生、新聞工作者、著作家、文学家、艺术家和普通

(100)"教师要采取自愿兵的办法，自愿的教半工半读就干，不愿干的就拉倒，让他去教全日制，愿的复加以训练致一些方法，他们会努力去干的，……小学自愿，中学自愿，大学也得

文化工作者。他們必須具有为人民服务的精神，从事艰苦的工作。"

（毛泽东：《論联合政府》1945年）

自愿，不愿拉倒，省得他们去那里搞破坏。"

（1965年4月3日何伟汇报半工（耕）半讀学校工作会議情况时的講話）

六、刘少奇在"半工半读"的招牌下，鼓吹升学至上，推行经济主义，取消教育革命

（一）抽掉半工半读的革命內容，鼓吹升学至上，唯有读书高

(101)"从来的大学問家、大科学家，很
| 多都不是大学出身的。我們党中央
(105)里面的同志，也沒有几个大学毕业的。"

（毛主席：1965年12月21日在杭州的談話）

"我曾給我的孩子說：你下乡去，跟貧下中农說，就說我爸爸說的，讀了几年书，越讀越蠢，請叔叔伯伯姐妹兄弟作老师，向你們学习。"

（同上）

(101)"我建议同学们准备两点：一点是现在加强学习，两耳不闻窗外事，一心只读圣贤书，准备升学，我赞成你们采取这个态度。这样，校长教员以及同学们多帮助准备功课，不去打扰他们，使其升学……如果要我祝贺的话，我就祝贺你们都升学，力求升学，升学最好。但是另外还有一个祝贺，就是祝贺你们参加生产。"

（1957年3月22日在长沙中学生代表座談会上講話）

(102)"要尽量滿足升学的要求，……小学毕业就要升中学，初中毕业了就要升高中，升了高中的不能升大学的还是不滿意，就象有了孩子不让生不行，生下来不让长不行。所以半工（农）半读的制度，就可以充分滿足他们升学的愿望，谁愿意上都行。"

（1965年7月20日关于农业教育的"指示"）

(103)"最近我们想出一个办法。……一年可以读半年，一天可以读半天，这样可以不断升学。一个全日制学校的錢可办四五个半工半读学校，可以比较充分的滿足青年升学的要求。"

（与柬埔寨副首相宋双的談話，1965年8月8日）

（104）"小学毕业要升中学，中学毕业要升大学，这是很自然的。这样，不只贫下中农上不起，包括你们在内，也包括我们在内，如果四五个孩子都要上学，我看你怎么办！所以，不推行半工半读、半农半读这个制度是不行的。"

（召开全国农村半农半讀会議期间对何伟的談話，1965年3月31日）

（105）"如果半工半读的制度能够普遍办起来，那就可能解决很多问题，……这样我们就可以在很短的时间内训练大量有文化的技术工人、技术员，大学毕业生。"

（关于两种主要的学校教育制度和工厂农村的劳动制度，1958年5月30日）

（二）用半工半读代替阶级斗争，取消教育革命，抵制用毛泽东思想武装青年一代。

(106) "学生也是这样，以学为主，兼学别样。卽不但学文，也要学工、学农、学军，也要批判资产阶级。"

（毛主席：《五七批示》1966年5月7日）

(107) "知識分子必须繼續改造自己，逐步地抛棄资产阶级的世界观而树立无
(108) 产阶级的、共产主义的世界观。"

（毛泽东：《关于正确处理人民内部矛盾的問題》）

"……对我们具有重大意义的就是要努力学习，用馬克思列宁主义、毛泽东思想把自己的头脑武裝起来。"

（林彪：在中共中央华中局紀念中国共产党誕生28周年大会上的講話，1949年7月）

(106) "半农半读本身就是阶级斗争。"

（在全国农村半农半讀教育会議期间的談話紀彔，1965年3月）

(107) "实行两种教育制度，举办半工半读学校，本质上就是组织我们的阶级队伍。"

（关于两种教育制度问题的談話1964年8月）

(108) "只要让教师、学生参加生产劳动，他们的思想面貌就会起变化。"

（关于高等学校文科实行半工半讀的指示1964年8月29日）

39

"千条万条，用毛泽东思想教育人是
第一条。"
（林彪：关于把学习毛主席著作提高到一
个新阶段的指示，1966年）

**（三）在半工半读中，推行经济主
义，大搞物质刺激。**

(109)"政治工作是一切經济工作的生
　｜　命綫。在社会經济制度发生根本变革
(112)的时期，尤其是这样。"
（毛泽东：《严重的教訓》一文的按语）

"学生自觉地要求实行半工半讀，这
是好事情，是学校大办工厂的必然趋
势。对这种要求可以批准，并应当给
他们以积极地支持和鼓励。"
（毛主席在1958年9月12日視察武汉大学
的指示）

(109)"半工半读有经济目的，个人国家
都有经济目的，因为第一类学校吸收
不了这么多学生，家庭也供不起，自
己又考不取，因此就要不靠家庭，不
靠国家，靠自己作工读书……"
《在中央政治局扩大会議上的講話》1958
年5日

(110)"为什么算小帐而不算大帐？这些
学生既有劳动技能又有文化知识，既
能劳动又能做技术工作，他们能够提
高劳动生产率，从长远看，工厂是不
会吃亏的，是会賺錢的。"
《和中央学制問題小組的同志談話》1964
年8月21日

(111)"合作社办的学校，富裕的合作社
也可以给教师奖金，用奖金的办法增
加待遇。"
《对普通教育，师范教育的講話》1956年
3月9日

(112)"生活有困难的工人学习，工会可
以补贴，但是他们必须学习得好，否
则不补贴"。
《天津半工半讀座談会上的講話》

(113)"苏維埃文化教育的总方针在什么
　｜　地方呢？在以共产主义的精神来教育
(114)广大的劳苦民众，在于使文化教育
为革命战争和阶级斗争服务，在于使
教育与劳动联合起来，在于使广大中
国民众成为享受文明幸福的人。"
（毛泽东：《在第二次全国苏維埃代表大
会上的講話》1934年1月）

(113)"国营农场完全可以这样办，两个
学生顶一个工人，劳动定额也是这
样，合得来。两个学生顶一个人，实
际上不止顶一个，顶一个多。他文化
高，体力也有。"
《1964年8月22日在广西僮族自治区直屬
机关和地方負責干部会議上的講話》

(114)"这种学校四年、四年半毕业，国

家根本不要拿錢，不賺它的还好
了。""是啊！可以收一点税。"

《1964年8月22日在广西僮族自治区直屬
机关和地方負責干部会議上的講話》

（115）"……上全日制上不起，就得上半
日制，而全日制就那么多，要读书就
只好进半日制学校。"

（1965年3月在全国农村半工半讀教育会
議期間的講話）

（116）"我是搞过半工半读的，我在保定
育德中学搞过一年半工半读。……我
们一班六十人，还能賺錢。"

（1958年5月30日在中央政治局扩大会議
上的講話）

（117）"（半工半读助学金）分两级嘛，
可以两年以內十三元，两年以后十五
至十八元。因为学生学到三、四年，就
能生产好产品，你还是十三元，他就
积极性不够，不好好生产。毕业后当
工人评几级！（答：一般评为二级工，
五十多块錢）比大学生还多啊！"

（1964年7月5日在天津同河北省委負責
人的談話）

"是否一、二年级吃饭不要錢，三、
四年级发点工资。……国家就会对学
生也要有点表示，搞些奖励之类是可
以的。"

（1958年在上海电机制造学校的講話）

（118）"凡是你们学校办在北大荒、青海
的，要经常去慰问一下，看一看。他
们沒有粮食吃，可以补助点粮食。他
们回来时，可以让他们带点东西来。"

（1965年11月关于半工半讀的講話）

（115）"思想和政治是統帥，又是灵魂。
只要我們的思想工作和政治工作稍微
（118）一放松，經济工作和技术工作就一
定会走到邪路上去。"

（毛泽东《工作方法60条》1958年）

"思想工作是动力。人的思想搞好
了，各种困难都可以克服。……我們
过去打仗是靠政治打胜的，……今后
还是要靠政治打胜仗。国民党的軍队
是靠金錢，靠强制、靠升官，我們人
民軍队是靠人的觉悟、靠勇敢、靠政
治挂帅。"

（林彪同志1960年6月講話）

（119）"要造就一大批人，这些人是革命
的先鋒队。这些人具有政治的远见。
（120）这些人充滿着斗争精神与犧牲精
神。这些人是胸怀坦白的，忠誠的，积
极的，与正直的。这些人不謀私利，

（119）"半工半读下乡青年，教点课，津
贴一点，有那么几块錢，就很滿意
了。"

（关于农业敎育工作的指示，1965年7月
20日）

41

唯一的为着民族与社会的解放。这些人不怕困难，在困难面前总是坚定的，勇敢向前的。……中国要有一大群这样的先锋分子，中国革命的任务就能够顺利的解决。"

（毛泽东《在陕北公学成立与开学纪念题词》，）

(121) 毛主席反对搞学位 学衔制，在一九六〇年一月就指示：斯大林奖金我们没有就不要搞了，追逐个人名利地位的事不要搞。我们打了那么多年仗，没有一个上将，还不是把蒋介石那个特级上将打倒了。勋章，博士那些东西不搞了。

(122) "组织中学生和高小毕业生参加合作化的工作，值得特别注意。"
(124) "农村是一个广阔的天地，在那里是可以大有作为的。"

（毛泽东：《工作方法六十条》1958年）

"看一个青年是不是革命的，拿什么做标准呢？拿什么去辨别他呢？只有一个标准，这就是看他愿意不愿意、并且实行不实行和广大的工农群众结合在一块。"

（毛泽东：《青年运动的方向》1939年5月4日）

(120) "半工半读 学习 与生产并重，工资问题也要考虑。是否可以一、二年级吃饭不要錢，三、四年级发点工资。……学生对社会，对国家态度很好，很正确。国家、社会对学生也要有所表示，搞些奖励之类，是可以的。每年吃几次肉，政治上的奖励也要，你们先考虑考虑。正式的办法，要全国统一。"

（视察上海电机制造学校的談話，1958年10月）

(121) （关于 在党校 实行学衔制度问题）
"实行这制度是必要的，既要人家安心工作，学校就要正规化。需要采取这样的一些制度，才能使人们树立起教学理论工作的事业思想。"

（1957年7月关于高級党校工作问题的談話紀要）

七、刘少奇極力宣扬资产阶级名利思想，腐蚀青年，对青年一代进行"和平演变"

（一）把名利思想塞进半工半读，引诱青年追求个人名利

(122) "如果让城市初中毕业生到农村中老是当农民，他们是不太愿意去的，如果下乡以后，仍旧有书读，半工半读或半农半读，他们可能就愿意下乡了。"

（1964年8月2日关于两种教育制度的講話）

(123) "如果说你下乡还可以读书，还可以升学，又种地，又升学，那他就高兴了，这对动员城市青年下乡有帮助。只要他们下乡有地种又有书读，我看大多数城市青年是愿意去的。"

（1964年在广西干部会上的講話）

(125)"我們一切工作干部，不論職位高低，都是人民的勤务员，我們所做的一切，都是为人民服务，……。"

(《毛主席語录》第148頁)

(126)"我們大家要学习他毫无自私自利｜之心的精神。从这点出发，就可以变

(128)为大有利于人民的人。一个人能力有大小，但只要有这点精神，就是一个高尚的人，一个純粹的人，一个有道德的人，一个脱离了低级趣味的人，一个有益于人民的人，"

(毛泽东：《紀念白求恩》1939)

(129)"具备什么条件，才能夠充当无产阶级革命事业的接班人呢？他們必須是真正的馬克思列宁主义者， …他們必須是全心全意为中国和世界的绝大多数人服务的革命者，……他們必須是能夠团结绝大多数人一道工作的无产阶级政治家。……他們必須是党的民主集中制的模范执行者，必須学会'从群众中来，到群众中去'的领导方法，必須养成善于听取群众意見的

(124)"（半工半读）可以办中学，也可以办中等技术学校，一直办到大学，这样工作七八年上十年，他们就大学毕业了。那个时候，他们就有条件转业了，不会闹情绪了。"

(1958年5月30在中央政治局扩大会議上的講話)

(125)"半工半读学校的学生可以当厂长、车间主任、党委书记、市长、县长。因为他们有了这文化水平。"

(1964年8月22日在广西的談話)

(126)"你们下乡种五年地高于上五年大学。十年二十年比一比，不论从知识上、生活待遇上不见得比大学毕业生差多少。"

(1957年在河南許昌学生代表座談会上的講話)

(127)"四小时劳动,四小时读书很舒服。搞四小时劳动滿舒服，我在保定就搞过一年，是很是好的。"

(在全国农村半农半讀会議期间对何伟的談話1965年3月31日)

(128)"你们是中国第一代有文化的农民。第一代要得便宜的，参加革命，我是第一代，现在成为中央委員，第二、三代象这样就不成了。"

(在河南許昌学生代表座談会上的講話1957年)

(129)"有了这三条（吃过苦，种地样样都会；有文化；群众关系好），群众就会拥护你们，到选社长、选乡长、选代表时，都可能选上你们……具备了三条，就有可能当乡干部、县干部、省干部，也可能到中央，那就看每人的本事了。"

(在河南許昌学生代表座談会上的講話1957年)

民主作风。…他们必须謙虛謹慎，戒驕戒躁，富于自我批評精神，勇于改正自己工作中的缺点和錯誤。"

（《毛主席語彔》第240頁）

(130) " 事当前，先替自己打算，然后

(131) 再替别人打算。出了一点力就觉得了不起，喜欢自吹，生怕人家不知道。"

《紀念白求恩》

(132) "这种人的吃亏在于不老实。我想，我們应該是老老实实地办事；在世界上要办成几件事，没有老实态度是根本不行的。"

（《整頓党的作风》1942年2月）

(133) "必須善于識別干部。不但要看干

(134) 部的一时一事，而且要看干部的全部历史和全部工作，这是識別干部的主要方法。"

《中国共产党在民族战争中的地位》1938年10月

（二）对青年一代灌输资产阶级个人主义，宣扬资产阶级生活方式

(130) "现在愿搞工业的多数可以 滿 足，但是工业也是各行各业，机械工业最多，但越是多，大家都干，越不容易出头，比来比去，恰恰是人少了易出名，因为只你一个。"

（1958年8月30日在北京日报的談話）

(131) "你们吃了苦，人家会了解的，会照顾你们的。""你们吃苦在前，得利在后。"

（1957年在北京地質学院毕业生代表会上的講話）

(132) 你们不要怕吃亏，能够吃亏的人，对自己是没有什么坏处的，……你们吃一点亏，在一两年时间内，也不一定能够使人家相信你，要在八年、十年、二十年以后，人家才会知道你是个好人，诚实的人，可靠的人，可信任的人，你们以后能够得到这个好的评价，不是很好吗？如果你总是想得到些小的便宜，……人家就会替你做出结论，这个人是自私自利的。等到得了这个不好的结论以后，你就吃了大亏了，人家就不再相信你了，所以我劝你们，不要怕吃小亏，以后才会占大便宜，如果怕吃小亏，那以后就会吃大亏。"

（1957年对北京地質学院毕业生代表会上講話）

(133) "我劝同学们下乡后不要当干部或搞技术推广一类的特殊工作，找你也不要干，你要老老实实的种地，当普通农民，至少干它三、五年，取得一些在全国最普通、最大量、最直接的农业知识，这对你们讲是最需要

的，有好处的，种了三、五年地以后，第一，讲种地哪一门也不比别人差；第二，讲文化你比一般农民高；第三，和群众关系搞好了，……有了这三个条件，那时就有可能选你们当人民代表、生产队长、公社主任、乡长，你们也就当得下了。"

（1957年3月在长沙中学生代表会上的講話）

(134)"今年十万个高中毕业生大约只有五万下乡种地，他们经过当农民、当社长、当乡长、当县长，这样的发展过程，前途比大学毕业出来做科学研究工作要好点，因为大学一毕业出来做科学研究工作的人，不能当厂长，县长也干不了，所以我看在科学院研究十年，作了一些研究工作，有可能研究一些结果，可是去当个勘探队长就当不了，这些人是不开明的。"

（1957年5月在北京地質学院毕业生代表会上的講）

(135)"他（指赫秃——编者注）不是把工人阶级争取共产主义的斗争，看作
(136)是争取自身和全人类的彻底解放的斗争，而是把它說成是什么为'一盘土豆烧牛肉的好菜'而斗争。"

（《九評》1964年7月）

(135)"在中国讲生活是落后的，……但苏联不同，他们已到了讲生活的时候了，……在苏联已无剥削，谁穿的漂亮又戴宝石戒指，这就说明谁劳动好。"

（1952年对留苏預备生講话）

(136)"苏联的饮食是很好的，它的营养价值比中国的饮食要高得多，大多数到苏联去过的同志，回来时都增加了体重，我最近两次去苏联体重都增加了几公斤。……应习惯去吃苏联的有高度营养价值的饮食。"

（1955年5月給刘允若信）

八、刘少奇疯狂地同毛主席的指示唱对台戏，抵制毛主席关于教育革命的伟大号召。

（137）"现在的学制、课程、教学方法、考试方法都要改。这是摧残人的。"

（毛主席：春节指示1964年3月23日）

（138）"学生负担太重，影响健康，学了也无用。建议从一切活动总量中砍掉三分一。"

（毛主席："七、三"指示1965年）

（139）"学制要缩短，教育要革命，资产｜阶级知识分子统治我們学校的現象，

（140）再也不能繼續下去了。"

（毛主席：《五七批示》1966年）

（141）"教学内容要精簡，要压缩。应該把那些次要的东西坚决砍掉，一定要舍得砍去那些次要的問題。什么都学，结果什么也学不到。"

（林彪在第八次全軍院校工作会議小型会議上的講話1960年8月）

（142）"学校教育要实行两个原則，一要少而精，二要短而少。学制要改革，时間不要太长。"

（林彪在全軍高级干部会議上的講話1960年9月）

（137）"全日制学校的改革也要抓这个問題，毛主席在去年春节就提出来了，还沒解决。請高教部、教育部准备。如何改革，再开一次会。看不准，千万不要瞎指揮。"

（138）教学年限我主张不要規定死为几年，要規定总学时，学完就行，年限可长可短，三年可以，五年也可以，……大学、中学、技术学校到底学多少年就够了，要按学时計算，该几年就几年。

（1965年7月江一眞汇报农业教育工作时的插話）

（139）"三年毕业不行，你们'五、四'学校是三年毕业，我看短了，应该是四年毕业或者是四年半毕业。"

（1964年8月在广西的講話）

（140）"要按学时規定，学不完，时間延长一些，多个一年半年沒有多大关系，按总学时需要学习几年，功課要学完学好。"

（关于农业教育工作的"指示"）

（141）"耕读学校时間可以比全日制学校延长半年或一年，課程不要缩減过多。眞正能学到些东西，才能有威信。"

（农村半工半讀教育会議談話1965年3月）

（142）"我看我们的目标大约就是这样的，从小学毕业、初中毕业，全日制的再学三年，半日制的再学四年或者四年半。突破这一关，大概这个文化水

平、技术水平就相当高。"

（关于两种劳动制度两种教育制度的講話
1964年8月）

(143)"现在学校课程太多，对学生压力
太大，講授又不甚得法，考试方法以
学生为敌人，实行突然龑击。这三项
都是不利于青年們在德、智、体諸方
面生动活潑地、主动地得到发展的。"

（毛主席：对鉄二中的批示1964年）

(143)现在一般高中毕业到大学毕业需要
八年，我们搞半工半读，可以多学一
两年，即到八至十年后，又是工人又
是大学毕业生。

（在河北省委及天津市委座談会上的談話
記录1958年7月）

(144)"现在就是多。課太多了，害死人，
使学生天天处于緊张状态，近视眼成
倍增加。課程門类也太多，学生不能
讀課外讀物，没有娛乐、游泳、运动
时间，怎么能行呢？…我們的課程
要砍掉一半。"

（毛主席：1964年春节指示）

(144)"年限不要定死，四年不够，可以
延长一年，功课要学好，多一年没有
关系，大体上按学时定下来。"

（关于农业教育的講話1965年7月20日）

(145)"学制要縮短，教育要革命，資产
阶級知識分子統治我們学校的現象，
再也不能繼續下去了。"

（毛主席：《五七批示》1966）

(145)"学制要缩短，如何缩短，中小学
各五年，大学五年。……也不能搞得
太紧吧。"

（对教育改革的指示1966年7月）

(146)"土教条，洋教条，都要搞掉。"

（毛主席：《工作方法六十条》）

(146)"教条要学，'圣经'要读，问题
在于运用。"
"历史如没有教材，《资治通鉴》也
可以读。"

（1965年在全国半农半讀教育会議上的
講話）

(147)"所謂教学改革，就是教学内容与
教学方法的改革，因此应改編教材，
編輯教学法。"

（1953年5月在中央政治局討論教育工
作时的指示）

(147)"学校里不学教条，学什么！"

（1957年5月在北京地質学院毕业生代
表座談会上的講話）

(148)"阶級斗争是你們的一門主課，你
們学院应到农村去搞四清，从干部到

(149)学員全部都去。对于你們不僅要参
加五个月的四清，而且要到工厂搞半
年五反，…阶級斗争都不知道，你
怎么能算大学毕业呢？你毕业了，我
还要給你安排这一課。"

（毛主席与毛远新談話紀要）

(148)"参加一期四清，毕业生延长一点，
补起来，当兵二个月可以不当了，不
要因参加四清，学习质量降低。"

（关于农业教育工作的"指示"）

(149)"参加四清躭误了一年，就补它半年
一年，不要硬挤时间，要把課程学
完。"

（1965年在半农半讀教育会議上的講話）

(150)"学习馬克思主义，不但要从书本
　　上学，主要地还要通过阶级斗争、工
(151)作实践和接近工农群众，才能真正
　　学到。"

　　　（在中国共产党全国宣传工作会議上的講
　　　話）

(152)"今天，国家已經建立了散布全国
　　各地的学校网，干部子女除特殊的情
　　况外，可以而且应当就地就近入学，
　　沒有专設干部子女学校的必要。另一
　　方面，事实又証明了办干部子女学校
　　也有它的流弊。"

　　　　　　　　（1955年党中央指示）

(153)"以教育制度来談，我们正在进行
　　改革。……现在要改革还有很大的困
　　难，有許多人就是不赞成。目前赞成
　　新方法的少，不赞成的多。"

　　　（毛主席1964年8月29日接見尼泊尔教
　　　育代表团的談話）

(154)毛主席在1934年，在第二次全国苏
　　｜维埃代表大会上的报告中，提出苏維
(155)埃文化教育的总方針。1937年在为

(150)"党校的训练班，不读书只学政策，
　　这是缺点。党校必须学基本理论。以前
　　是先读书，以后是不读书。现在又要
　　读书，要加强理论学习。"

　　　（1951年5月23日在全国宣传工作会議
　　　上的总结报告）

(151)"联系实际是很复杂的，有很多方
　　法。在村子里是一个方法，但还有更
　　多的方法联系实际，从实际到理论，
　　从理论到实际。马列学院也能联系实
　　际，是要在更大的范围內去联系实
　　际。"

　　　（1948年12月14日对馬列学院第一班
　　　学員的講話）

(152)"这样的学校（指干部子弟学校
　　——编者注）办得很好。""不要怕
　　有人反对，要坚持，要顶住。"

　　　（1954年接見干部子女学校育英小学校
　　　长的談話）

(153)"提高教学质量，在目前最重要的
　　措施，应当是把正常的教学秩序建立
　　起来，使教师能有充分的时间备课和
　　批改作业，使学生能有充分的时间
　　读书。"

　　　（1956年6月刘邓批轉共青团中央《关
　　　于学校进行糾正竞赛和建立教学秩序》
　　　的报告的批语）

九、刘少奇恶毒地取消党对
教育工作的领导，鼓吹专家治
校帝国主义治校，妄想让资产阶
级掌握无产阶级的教育大權。

(154)"毛主席在新民主主义论中解决了
　　民主革命时期的教育问题，社会主义
　　时期的教育问题还沒有解决，你们教

抗大同学会的题词中提出了抗大的教育方针。1957年在《关于正确处理人民内部矛盾的问题》中，又对我们的教育方针，作了光辉的概括。1966年在"五七"批示中又发出了教育革命的伟大指示。

(156)林彪同志在1966年庆祝无产阶级文化大革命群众大会上的講話指出："毛泽东思想……是当代最高水平的馬克思列宁主义，是当代改造人們灵魂的馬克思列宁主义，是无产阶级最強大的思想武器。"同年在中央政局扩大会議上的講話中，又指出："毛主席……是我們党的最高领袖，誰反对他，全党共誅之，全国共討之。"

(157)"既要革命，就要有一个革命党。没有一个革命的党，没有一个按照馬克思列宁主义的革命理論和革命风格建立起来的革命党，就不可能领导工人阶级和广大人民群众战胜帝国主义及其走狗。"

（毛泽东：《全世界革命力量团結起来，反对帝国主义的侵略》1948年11月）

(158)"高等学校应抓住三个东西：一是党的领导，二是群众路线，三是把教
(162)育和生产劳动结合起来。"

（毛主席視察天津大学的指示. 1958年8月13日）

育部是否研究一下。"

《对蔣南翔的談話》（1963年底）轉摘自北师大光日紅战斗队编：《刘少奇反党反社会主义反毛泽东思想言論摘編》

(155)" 如何办教育，我们还不熟悉。我党二十多年，军事学得内行，日本、美军事团、国民党都搞我们不贏，但经济文化我们还办不好，如何办呢？基本上还应按照过去办法，基本照旧，加以若干改良。"

（《在天津教学人員座談会上解答問題》1949年4月）

(156)前几年是"抽象的红，空谈革命、革命。"这是因为"党爬上了领导位置，乱指挥"。"继续这样下去，要下台。""不要欠帐到棺材，生前不还，死后还。"

（1961年7月6日在一次討論科学工作十四条的会議上的講話）

57）"革命不一定要共产党领导，只要是真正革命的人，真正的革命家，革命的方法正确，就会取得胜利，不管他是不是共产党。"

（《同外宾談話》1962年12月）

(158)"党、团行政干部比科学干部好训练……有这样多的讲师和助教，如能加以培养提高，可能比我们派去的好。"

（1956年在高教部汇报时的講話）

(159)"不要希望从外面派干部到学校中去，而是要在学校里建党、建团。要在群众中发展党员，发现优秀教师和

优秀校长，就可以选送一些去训练一下，然后就可以提拔去当教育科长。"

（1956年对普通教育、师范教育的指示）

（160）"一个学校有一个插红旗的人就行了，要他专门做这方面的工作。"

（1958年6月8日）

（161）"教授治校不妥，教授特殊化，不论谁，只要把学校办得好，谁都可……"

《对文教工作的指示》

（162）"学校中必须强调教学，行政工作为教学服务，校长负责制，要肯定向这方面做。"

（1951年3月对教育部的指示）

（163）一切奴化的封建主义的和法西斯主义的文化和教育，应当来取适当的坚决的步骤，加以扫除。"

（《論联合政府》1945年4月24日）

（163）"不论外国人，资本家及一切有錢的人，凡愿拿錢办学校，维持学校都欢迎。……办学校是有功劳的。"

（1949年4月在天津教学人員座談会上解答問題的講話）

（164）"讓那些国内外反动派在我們面前发抖吧，讓他们去說我們这也不行，那也不行吧，中国人民的不屈不挠的努力必将稳步地达到自己的目的。"

（毛泽东《在中国人民政治协商会議第一届全体会議上的开幕詞》1949年9月21日）

（164）"讲革命，你们（指资本家）是第四位，讲经济建设，你们是內行，应该把你们摆在前面。"

（1949在北京干部会上講統一战綫政策时的講話）

十、刘少奇利用半工半读宣扬假共产主义反对社会主义革命

（一）利用半工半读，空谈消灭三大差别，否认阶级斗争。

（165）"在现在世界上，一切文化或文学艺术都是属于一定的阶级，属于一定的政治路线的。"

（毛泽东：在延安文艺座談会上的講話》，1942年5月）

（165）"欧文讲，少年参加劳动，可以增加生产，也是建立未来社会的唯一方法。"

（中央政治局扩大会議記要．1965年11月）

（166）"由社会主义过渡到共产主义是一

（166）"实行这种半工半读，半农半读的

場斗爭，是一個革命。"

（毛泽东：《工作方法六十条》）

（167）"当作国民文化的方针来说，居于指导地位的是共产主义的思想，并且

（168）我們应当努力在工人阶級中宣传社会主义和共产主义，并适当地有步驟地用社会主义教育农民及其他群众。"

（毛泽东：《新民主主义論》1940年）

（169）"所有社会主义国家，离开消除全民所有制和集体所有制的差別、工农

（170）差別、城乡差別、脑力劳动和体力

办法，就能够在不太大增加国家开支的条件下充分滿足青年们的升学要求，并且使我国提前进入共产主义社会。"

（关于农业教育工作的"指示"）

（167）"我觉得这些从中等技术学校毕业的，半工半读毕业出来的，已经是我们的一种新的人，这些人跟我们不一样，跟你们不一样，跟现在的工人也不一样，跟现在的农民也不一样，跟现在的知识分子也不一样，跟地主、资本家当然不一样。那么他们是什么人呢？就是在我们的新社会，在社会主义社会里面重新教育出来的一种新人，他既会脑力劳动，又能体力劳动。这种人就是我们的前途，我们所有人的前途，将来全体工人、全体农民、全体办公室人员，通通要成这个样子。"

（1964年8月22日在广西僮族自治区直屬机关和地方負責干部会議上的講話）

（168）"社会主义要消灭三大差別，然后才能进入共产主义，不消灭不能进入共产主义。……可以设想半个世纪或一个世纪以后，中国的工人有70％至80％工人是半工半读的中等技术学校毕业的学生，农民的50％是中等农业技术学校半农半读毕业的，读完了中等技术学校的课程，进一步学大学就容易了。这些人，既能脑力劳动，又能体力劳动，差別已经沒有多大了中，开始消灭了。"

（向中央各部和北京市党員干部作的关于社会主义教育运动及两种教育制度和两种劳动制度的报告）

（169）"消灭三大差別最重要的是要消灭脑力劳动和体力劳动的差別。如一百年后，工人有70％，农民有50％是从

劳动的差别，……都还很远很远。因此，所有社会主义国家都需要坚持无产阶级专政。"

《九評》

(171) "共产党不靠吓人吃飯，而是靠馬
| 克思列宁主义的真理吃飯，靠实事求
(172) 是吃飯，靠科学吃飯。至于以装腔作势来达到名誉和地位的目的，那更是卑劣的念头，不待說的了。"

（毛泽东：《反对党八股》）

(173) "赫鲁晓夫挂起建設共产主义的招
| 牌，他的真实目的，就是为了掩盖他
(177) 的修正主义的真面目。""科学共产主义有它的确切的含义。根据馬克思列宁主义，共产主义社会是彻底消灭了阶级和阶级差别的社会，是全体人民具有高度的共产主义思想觉悟和道德品質的社会，是全体人民具有高度的劳动积极性和自觉性的社会，是具有极其丰富的社会产品的社会，是实行'各尽所能，按需分配'的原则的社会，是国家消亡了的社会。"

《九評》

半耕（工）半读学校出来的，情况就大为改变，三个差别的消灭就好办了。"

（1964年8月1日的报告）

(170) "我和刘仁同志谈，北京普及大学教育可否用半工半读的方法来实现。……这样，只等创造过渡到共产主义的物質条件。"

（在劳动部关于劳动工作的談话，1958年6月29日）

(171) "对于反对半工半读的人怎么办？要使他们戴这个帽子，这项帽子就是'反对消灭三个差别'。"

（关于抓紧为半工半讀学校培养資師問题的講話，1964年9月3日）

(172) "劳动制度要改革……实在不行，要把厂长换掉。你不通唄，你反对社会主义，共产主义，反对消灭体脑差。"

（談話記彔稿）

（二）挂起假共产主义的招牌，掩盖修正主义的眞面目，反对把社会主义革命进行到底。

(173) "共产主义就是半日劳动，半日学习、文化活动嘛！"

（关于农业教育工作的"指示"）

"实行了两小时劳动，六小时工作，我们就比苏联进步了嘛。正个社会就提高了一步了。到共产主义社会，四小时工作，其余时间不能都玩了，不能全用去跳舞，可以看书，画画，写小说，当部长。"

（在中央政治局討論城市半工半讀教育工作的扩大会議上的发言）

(174) "告诉他们，到共产主义也是这样。至少劳动四小时，其余的时间也可能都去玩。或者管经济，或者画画，或

者唱戏，或者搞研究工作。将来的人可以做研究工作。"

（同河北省負責人的談話，1964年7月5日）

(175)"做半天工，半农半教，轮流值班，就是早进共产主义。共产主义就是半天劳动，半天工作。"

（1965年与江一真談話）

(176)"什么叫人的全面发展呢？首先就是脑力劳动和体力劳动的全面发展。……所以我们体力劳动者，我们的工人农民，大大提高文化技术水平，至少达到中等技术学校毕业的水平。是不是可以设想，将来到了共产主义社会，劳动制度和学校制度将会怎样？……一天只要劳动四、五小时，睡觉也只要八小时，其余时间干什么？通通玩，跳舞，打扑克，打麻将？那样就不得了，那样会闹翻天的。……劳动四、五小时以后干什么？无非是学习的学习，读书的读书。不读书了干什么呢？有的唱戏，有的唱歌，有的画画，有的写小说，有的办党，有的当省长，有的当国家主席，去搞这一套嘛。"

（1964年8月22日在广西僮族自治区直屬机关和地方負責干部会議上的講話）

(177)"不要你多劳动，只劳动半天就共产主义了嘛！"

（1965年在全国农村半农半讀教育会議上的講話）

(178)"共产主义是无产阶级的整个思想｜体系，同时又是一种新的社会制度。

(179)这种思想体系和社会制度，是区别于任何别的思想体系和任何别的社会制度的，是自有人类历史以来，最完全最进步最革命最合理的。"

（毛泽东：《新民主主义論》1940）

(178)"到共产主义，人们工作四小时，其余时间还是学习，共产主义的生活是人人都半工半读。"

（接見共青团三届三中主席团时談話，1957年7月）

(179)"还可以设想到共产主义，劳动制度和学校制度会怎样呢？马克思说，那时四小时劳动就可以了，其余的时间就可以学习，办公、写作、唱歌、演戏或做政府工作，地方工作、没有专业作家、演员、画家、也没有专业的党委书记，省长、市长、都是业余的，国家主席也是业余的。共产主义就是这样。"

（在山东的講話，1964年8月）

十一、刘少奇阴谋篡夺教育战线上的领导権，建立修正主义教育体系，培养资产阶级接班人。

(180)"什么人是不老实的人？托洛斯基、
| 布哈林、陈独秀、张国焘不是大老实
(182)的人，为个人利益为局部利益鬧独立性的人也是不老实的人。一切狡猾的人，不照科学态度办事的人，自以为得計，自以为很聪明，其实都是最蠢的，都是没有好结果的。"

（毛泽东：《整頓党的作风》）

(183)在一九一九年，毛主席就提出 創设
| "岳麓山工读同志会，从事半耕半
(184)讀"的主张。

"现在一面学习，一面生产，将来一面作战，一面生产，这就是抗大的作风，足以战胜从任何敌人的！"

（給抗大出版的《生产战綫上的抗大》的题詞，1939年）

(180)"马克思促进，我也促进，我们是一派。"

（在北京日报社談話，1958年6月30日）

(181)"外国出了马克思，中国为什么不能出个刘克思？"

（在华东党校的講演）

(182)"我的话有时也不错但是少数，毛主席也是这样，很长时间是少数。"

（在人大会堂的講话，1966年7月29）

(183)"我所设想的劳动制度和教育制度，符合马克思的话。列宁也讲了，十月革命后要进行综合技术教育。…我想，列宁讲的也是这种又劳动又读书，半工半读的学校。"

（在湖北省委扩大会議上关于两种劳动制度和两种教育制度問题的講话，1964年8月7日）

(184)"我就搞过一年半工半读。……1958年我到天津，在那里讲了一次，他们那个时候热情很高，呼隆呼隆就办起来了。"

（在广西的一次講話，1964年）

(185)"混进党里、政府里、军队里和各
（186）种文化界的资产阶级代表人物，是一
批反革命的修正主义分子，一旦时
机成熟，他们就会要夺取政权，由无
产阶级专政变为资产阶级专政。这些
人物，有些已被我们识破了，有些则
还没有被识破，有些正在受到我们信
用，被培养为我们的接班人，例如赫
鲁晓夫那样的人物，他们现正睡在我
们的身旁，各级党委必须充分注意这
一点。"

（摘自中共中央1966年5月16《通知》）

(185)"我在天津说过要成立第二教育
厅，专管半工半读学校。如果教育部
门和工业部门不愿管半工半读，就另
外成立教育部和工业部来管这项工
作。将来新设的管半工半读的教育部
将是长命的。"

（在何伟汇报时的講话，1965年3月31日）

(186)"没有山头就没有中华人民共和国，
要是问中华人民共和国哪里来的？回
答是从山头来的，什么山？井冈山、
五台山、大别山……等，山头是谁，
历史就有谁。"

（在北京日报社的談話，1958年6月30日）

衛东

编 辑 者：《卫东》杂 志 编 辑 部

联系地点：天津南开大学卫东红卫兵

批判刘邓陶联络站

电　　话：2·0036转419

１９６７年６月５日出版

> 讀毛主席的书，听毛主席的話，照毛主席的指示办事。
>
> 林彪

第八期 1967.7.3. 内部参考 注意保存

工总司出版系统总联络站《看今朝》编辑组编

《毛主席論党的建設》出版

由中国人民解放军总政治部编印的《毛主席論党的建設》已开始在部队发行。这是革命人民的大喜事，是毛泽东思想的伟大胜利！

宝书共分十七章：一、党的建设是党领导中国革命的法宝；二、党的性质；三、党的指导思想；四、党的綱領路線；五、党的領导作用；六、党的群众路线；七、共产党員；八、党的基层组織；九、党委制；十、党的干部；十一、党的民主集中制；十二、党的紀律；十三、党的团結；十四、党内斗争；十五、党的思想教育；十六、党的整风运动；十七、党的作风。

封面是紅色塑料，裝幀精美。

歡呼《毛主席是我們心中的紅太陽》畫册出版

首都工代会人民美术出版社革命造反团同志，怀着对毛主席无限敬爱的心情，编成《毛主席是我們心中的紅太阳》画册，作为向中国共产党誕生四十六周年节日的献礼。

画册由同名巨型摄影展览会上六十幅毛主席在文化大革命期间所摄照片组成，其中十幅为彩色照片。画册用优质銅版纸印刷，十二开。

上海出版界革命派聯合起來！

· 本刊編輯组 ·

全国人民隆重纪念毛主席的《关于正确处理人民内部矛盾的问题》发表十周年，正紧紧掌握斗争大方向，把革命的大批判、大斗争进一步推向新的高潮。回顾一年多来出版界的革命派为无产阶级文化大革命作出了不少貢献，当前为了进一步开展斗争，我們必須团結起来，联合起来。

毛主席教导我们："国家的统一，人民的团結，国内各民族的团結，这是我们的事业必定要胜利的基本保证"。实现以左派为核心的最广泛的革命大联合，就是无产阶级文化大革命必定要胜利的基本保证。

共同的斗争目标是革命大联合的前提。党内最大的一小撮走资本主义道路的当权派和盘踞在某些地方、某些部門、某些单位的一小撮反革命修正主义分子，他們是广大无产阶级革命派和革命群众的共同敌人。大敌当前，我們应以无产阶级的革命事业为重，把一切可以团結的革命力量都团結起来，联合起来，狠狠打击这一小撮最主要、最危險的敌人。

是不是"观点一致，没有矛盾，才能联合"呢？不是。毛主席教导我們："没有什么事物是不包含矛盾的，没有矛盾就没有世界。"革命群众组織之間，在某些問題上有不同的看法，存在着分歧，是并不奇怪的。我們完全可以通过"团結——批评——团結"的方式，使矛盾逐步地得到解决。并且在这个过程中，使革命的大联合不断巩固，不断发展，不断完善。

革命队伍中的小团体主义，无政府主义，宗派主义，个人主义等非无产阶级思想，是实现以左派为核心的最广泛的革命大联合的主要障碍。必須克服。"拉山头""打内战""搞分裂"等等，必須停止。我們坚信，上海出版系统两大革命群众组織——"版司"和"版联"及所属基层一定能够"求大同、存小异"，在活学活用毛主席著作的基础上，破"私"立"公"，实现革命的大联合，进一步开展斗、批、改，把无产阶级文化大革命进行到底。

[本刊讯] 版联、工司教等十个单位廿七日下午，在文化革命广场召开"庆祝中国共产党誕生四十六周年和纪念毛主席光辉著作《关于正确处理人民内部矛盾的问题》发表十周年大会"会上，由工总司等代表发言，除有关单位参加外，还邀请了"版司"等兄弟革命组织出席大会。

工农兵狠批大毒草《怎样做一个共产党员》

[本刊讯] 由工总司上海人民出版社造反队主办，出版界大批判筹备处、工总司出版系统总联络站(版联)、工总司上钢三厂联络站出版印刷大队、宝山县向阳公社前进大队、工总司版联上海美术印刷厂造反队发起，高举毛泽东思想伟大红旗，彻底批判黑《修养》的翻版——《怎样做一个共产党员》大会于六月廿四日下午在儿童艺术剧场召开，工人、农民、东海舰队、工人作家代表等多人发了言，一致指出该书是黑《修养》翻版，必需痛加批判，肃清其流毒。白彦、罗竹风、丁景唐、宋原放、巢峯等人到会受审。

可憐的民族、何時能清醒！

大毒草連環画《茶花女》是怎么出籠的？

一九五八年，在三面紅旗光輝照耀下，革命群众堅決抵制西方资产阶级没落腐朽的作品，因此两年前开始编绘的《茶花女》停止绘制了，但到了一九六一年，周扬、夏衍制定了黑《文艺八条》，他們肉麻地吹捧十八、九世紀歐洲文艺，为反革命复辟准备舆論，此时，中央歌剧院专程来滬演出大毒草《茶花女》。上海人艺、某沪剧团也不甘落后，也跟着排演。就在这股妖風下，党內走资本主义道路当权派陰謀讓連环画《茶花女》还魂的丑剧开演了，他們以"解剖麻雀"为名，强行組織一般编輯、創作干部进行討論，发言都經他們事先审查，在这次討論会上，旧市委

宣传部、旧出版局党委都派有专人参加。会上，他們在要"走群众路綫"、"集群众意見"的幌子下，当場决定了《茶花女》的出版，並假惺惺規定了"要控制印数，先印三万本"。出版局內的党內走资本主义道路当权派还然有介事的亲带了编輯去与演出《茶花女》的剧团开座談会，真是煞費苦心。旧市委宣传部付部长白彥审查时竟說："只要不露大腿，就可以出版！"大毒草《茶花女》就这样出籠了。这是反革命修正主义文艺黑綫向无产阶级革命文艺路綫猖狂进攻的严重罪行，我們一定要加以清算！

工总司版联人民美术出版社造反队

何厚此薄彼？

——《海瑞罢官》搶先发排、《沙家浜》却打入冷宮

京剧現代戏观摩演出大会閉幕不久，北京出版社编輯同志就提出把《沙家浜》列入选題。一九六五年三、四月間，剧团是上海修改剧本，受到了张春桥同志的热情支持。为及时联系、了解剧本的修改情况，以便最快速度出版，编輯同志又提出派人到上海，可是这都遭到了党內走资本主义道路当权派的拒絕。六月剧团返京，把剧本交给了北京出版社，编輯同志再次提出按急件发排，得到的却是又一次反对。后来这一小撮老爷們干脆下令，不准出版！

但是，这些党內走资本主义道路的当权派，对反共老手吳晗的大毒草《海瑞罢官》却是另一副咀脸。他們刚拿到一小部分原稿就如獲至宝，不等稿件交齐就迫不及待地搶先发排，爭分夺秒，火速出书，大量印行，充斥市場。他們对同羅大汉奸周作人之类的牛鬼蛇神，更是热心，曾亲自奔跑于北京、上海、天津之間。而对于《沙家浜》这样閃燿着毛泽东思想光辉、为广大工农兵所喜爱的革命現代戏，却不准派人去联系，又不准按急件发排，竟然打入冷宮，不准出版！

欲加之罪，何患无辞？他們提出的借口是：一、《沙家浜》印数少；二、戏剧出版社也要出版。問題果真是这样嗎？絕对不是！这完全是为了达到他們不可告人的政治目的而编造的一套黑話。

《沙家浜》的印数是一千册，但有些大毒草如彭真定下的集封建主义之大成的《京剧汇编》有的一集也印一千多册，却可順利出版，而且一集一集地印个不停，竟达106集之多。为什么厚此薄彼？偏偏《沙家浜》就不能出版？再說，党內最大的走资本主义道路当权派的黑《修养》，在全国已有十二家出版社印行了一千多万册的情况下，北京出版社又誠惶誠恐地出版了二十万册。为什么《沙家浜》仅有戏剧出版社一家要出，北京出版社就不准再出了？两相对照，这些反革命修正主义分子爱憎何其鮮明，用心何其毒也！

（据首都出版界革命造反委員会《風雷》报）

开門斗批改的盛举

〔本刊讯〕由求新造船厂革命大批判联絡站、上海市紅代会（籌）文艺界批判黑綫联絡站、工总司出版系統总联絡站（版联）、交大文艺批判联絡站、上海文艺界批判黑綫联絡站音乐舞蹈分站、美术分站、京剧分站，上海越剧院革命造反联合战斗队、上海人民艺术剧院紅旗兵团、上海美协摄影革命造反联合战斗队，工总司人美、工农兵辞书出版社，文化、解放、革命等出版社造反队，共同主办《高举毛泽东思想伟大紅旗，彻底批判反革命修正主义文艺黑綫誓师大会》。这次大会，是文艺界与工农兵结合，以工农兵为主力軍，开門斗、批、改的創举。会前，举办毒草示众会，会上揪出杨永直、孟波、白彥、袁雪芬、丰子愷、周信芳、丁景唐等黑綫人物示众。

胡喬木与連环画

反革命修正主义分子胡喬木說："連环画处于杂粮地位，天地这么小，应该有多种多样形式、流派。""出版社要冒这个風險"。黑話一出，毒草紛紛出籠。就上海"人美"出的，主要的就有：《但丁街血案》、《湯姆和瘋子》、《为了生命》、《桃花扇》、《連升三级》、《玉堂春》、《卖油郎独占花魁女》、《一个人的遭遇》、《阿詩瑪》、《自由神的礼物》、《歐也尼的悲剧》、《阿布杜拉》、《三年早知道》、《誰是被抛弃的人》、《亲生儿子鬧洞房》、《王之平和他的妻子》、《阿章和铁算盘》、《第一次奖赏》、《不光荣的紅旗》、《茶花女》、《团圓之后》、《海瑞》、《顾炎武》、《于謙》、《一件怪事》、《李尔王》、《二漁夫》、《紅日临城下》、《山乡巨变》、《弄虚作假》、《找密件》、《仇恨和爱情》、《情深似海》、《燎原》

此外，成套的《三国演义》、《水浒》、《儒林外史》、《唐宋传奇》、《今古奇观》、《中国近代文学名著》、《外国文学名著》、《神話传說》、《革命历史故事》、《科学幻想》、《名人传記》、《游記》、《探险》等都已出版，有的則准备成套出版。此外如《康有为》、《譚嗣同》、《倪煥之》、《日出》、《家、春、秋》、《早春二月》等都企图准备出版！

平剧《逼上梁山》是延安整风运动的丰硕成果

《逼上梁山》的初稿是在一九四三年九、十月间写成的。当时,延安正处在整风运动之中,許多干部和艺术工作者的思想和作风,都有了改变,面向着工农兵。另外,中共党校俱乐部在平剧方面有一个业余组织——大众艺术研究社,里面集中了一批爱好平剧的同志从事于平剧的导演、研究和改造的尝试。《逼上梁山》就是在这样的环境和条件中产生与完成的。

《逼上梁山》的本事是根据《水浒传》第六回到第十回中林冲的故事加以改造的。初稿共二十三场,为街弄、托孤、投靠、发遣、行路、点卯、逃亡、练兵、降杏、菜园、庙斗、设计、刀诱、白虎堂、刺配、长亭,追林、宿店、野猪林、

回报、酒馆、山神庙、杀奸。剧本出版时(延安平剧院集体创作)改成二十七场,为动乱、开官、捕李、献策、閱兵、肉市、家叙、救曹、菜园、庙斗、设计、刀诱、白虎堂、刺配、长亭、追林、宿店、野猪林、回报、酒馆、供粮、草料场、结盟、察奸、山神庙、除奸、上梁山。

《逼上梁山》写成以后,就很快的与群众结合起来了,它是在边听、边写、边改、边演中创作成功的。

《逼上梁山》初稿完成后,从一九四四年一月二日彩排,到一九四五年剧本出版,共公演了四十多次,稿子修改了二十次。

零　訊

▲上海市人民杂技团等五单位,所排练的大型杂技歌舞《无产阶级文化大革命万岁》已正式上演,这是一种首创的新形式。

▲南市区红霞歌舞团与师院、徐汇区、春泥越剧团、体司、上海美术电影制片厂等单位创作排练大型歌舞剧《红灯记》。

▲艺华沪剧团准备上演《收租院》等。

▲中国京剧院革委会准演"人民在战斗""平原游击队"作为国庆十八周年献礼。

▲《首都抗癌专案联络站》迎着无产阶级文化大革命的暴风雨诞生了!联络站由北京地质学院东方红公社、北京中医学院红旗战斗兵团、中国医科大学红旗公社、北京第二医学院革命造反公社等单位组成。

▲北京地质东方红、南开卫东红卫兵目前组织人力批判大毒草《刘志丹传》及其反动作者习仲勋。

▲被刘少奇树为"全国劳动模范"的王崇伦"亮相"了,他原是土匪出身,是个流氓和政治扒手,王的发明全是其它工人搞出来的,王贪天之功占为己有。

▲首都政法学院政法公社先后派出调查组赴叛徒瞿秋白家乡常州,和福建长汀、上杭、南京、上海、福州、龙岩、广州等地调查,最近,与首都司法战线、市法院红色造反总部组成揪瞿联络站,出版了《讨瞿战报》,十二日,政法公社的平型关纵队战士前往八宝山鏟平了大叛徒瞿秋白的坟墓。

▲江苏省京剧院、省话剧团、省歌舞团同志深入昆山、镇江去收集郭嘉宏烈士和活着的蔡永祥——娄平原资料。决心把他们的事迹搬上舞台。

▲由工农兵电影译制厂组成批判毒草电影联络站,准备批判的第一组影片是《第四十一》、《一个人的遭遇》、《雁南飞》等苏修电影。

▲本市史学机关联络站于廿七日下午在复旦大学召开《高举毛泽东思想伟大红旗,彻底批判史学界修正主义黑线》大会。

刘氏文艺黑话套曲

[开篇]刘贼讍谇少奇,革命资格老。修名天下晓。反毛泽东思想,毒根众火星飞,乱编大管话。[妙][冒]万[质量][高]篇篇,又恼火星飞。就牙笑掉你,呀,数量多多多。[名利场]作家观曲有,[名利场]一套奇怪文样,又要大大大。[写真实]莫奔那三面,红旗乡里落山红,作家要写真实,[真真真],墙楼显角,二毒水金浇钱吹,照价最高。[自由化]自由好,一个,一个,[自由]好,[自由化]热心栽培,毒草特殊须知,领晓,听那鼓套莫听。[大杂烩]慢说《清宫秘史》本主义腥膻阴暗,改良品骚产大推销一比奇好地号创。[煞尾]毛主席思想光辉万丈高,文化革命起狂飚,妖魔鬼怪万千党张岂当!

中共中央关于处理江西问题的若干决定（摘要）

一、江西省军区及下分军分区的某些领导人，在支左工作中，违背了毛主席的无产阶级革命路线，犯了严重的方向路线错误，支持了保守派，镇压了革命派，并挑动农民进城参加武斗，切断交通。……为此，中央决定改组江西军区，任命程世清同志为福州军区付政治委员兼江西省军区政治委员，杨栋梁同志为江西省军区司令员，并调温道宏同志为付政委兼政治部主任。原江西军区吴瑞山等同志，在犯所犯错误向革命群众作认真检讨。

二、目前，中国人民解放军支左部队正陆续进往江西各地。这是毛主席和党中央对江西无产阶级文化大革命的巨大关怀。中央号召江西省的革命造反派，各群众组织和广大群众尊奉拥军的旗帜，坚决支持中国人民解放军进驻江西的支左部队，帮助他们完成三支"两军"的光荣任务。坚决揭露保守组织中个别头头煽动、攻击、欧打、绑架我支左部队指战员的错误行为。军区及军分区广大指战员，在尊守三大纪律八项注意，改革命利益习皇，坚决站到毛主席的无产阶级革命路线的立场上，主动的同现驻江西的兄弟部队紧密合作。犯了错误的同志，只要检查和改正了就好。要时度警惕一小撮坏人挑动宗派情绪，挑动部队之间的斗争，制造了件的阴谋。

三、中央决定着手成立以程世清同志为主要负责人的"三结合"的江西省革命委员会筹备小组。中国人民解放军的代表，革命领导干卫革命群众组织的代表参加革命委员会筹备小组。名单由各方面协商产生，报中央批准。杨栋梁、温道宏、鲁鸣、罗光斯、陈昌奉等同志，以及黄光、刘瑞森、郑光洲等同志，可先参加筹备小组，并开始工作。筹备小组统一领导全省的无产阶级文化大革命和工农业生产，依靠广大群众，加强无产阶级专政，并为成立革命委员会准备条件。

四、各革命组织及江西省广大革命群众，应在革命委员会筹备小组的领导下，紧紧掌握斗争的大方向，把矛头对准中国的赫鲁晓夫等一小撮党内最大的走资派，对准省内方志纯等一小撮走资派，深入开展革命的大批判，从政治上、思想上，肃清反革命修正主义路线的流毒。抓革命，促生产，促工作，保证铁路等交通运输的畅通，

為什麼毛主席要支持地方介入地方文化大革命運動？

——王力同志在昆明二級軍區黨委聯席會議上講語錄——

毛主席為什麼要我們下部隊介入地方文化大革命？為什麼要支左。一、無產階級文化大革命是無產階級專政下的大革命，無產階級專政下的最大特點是軍隊在我們手中，軍隊是無產階級專政的支柱，就有義務支持文化大革命。

二是毛主席有意識要在文化大革命中考驗我們的部隊，鍛鍊我們的部隊，提高我們的部隊，用不著在部隊搞四大，學生中有各種各樣的思潮、態度，用這個教育部隊，這是戰略措施，對於我們每一個革命同志，參加支左的同志，一時一刻不能忘記打倒誰，要從政治上、思想上、理論上、政策上、組織上把那些反革命修正主義分子打倒，每一個同志本身要有這個自覺，都還有掃自己頭腦中"私"字的權的問題。

姚文元同志談文攻武衛

——八月七日徐景賢傳達——

春橋同志和我等同表示同一願望意思，支持成立"文化武工"統一指揮下，依據組織又根據主席革命路線對敵鬥爭的方針政策進行，可以迅速實現革命大聯合的基礎組織形式即工廠廠礦並逐步發展組織工人的"武工"級織可迅速擴展的十分大。

組織聯合是好的但有一小撮壞人是工作的一方面主要還是素質政策就是大批判，只有把大批判搞好，批深批透。

遺書讀劉鄧的流毒從思想上介深問題，搞大批判一個是開大會，但大會主要是造聲勢，一個是文章。江青同志最近講了關於組織查查吳文的問題，北京已經組織了一百人的班子來寫查吳文，同時集中力量大群眾寫文章，上海也應該組織一個二三百人的班子寫查吳文，要想辦法等一些專門給隊伍壞的文章印成小冊子，從組長討論這個任務，要集上海搞十幕左右的文章，每篇讀半小時到十五分鐘。

關於文大釗的問題的材料，我來看過，但暫遺載黨史這個問題還是慢點搞好，不要抓力鑑。上海已是革命主力抓批判。譚、陳、費當然這些都可以批判，不只李大釗，還有大叛徒瞿秋白。瞿批判，聽說主席最近講過（有人說文章抓得若干少了）。有究竟，還要抓下來。

祖國各地　毛主席親自處理哈爾濱問題

據可靠消息：北京左派群眾組織權威人。七月卅日說"現在黨中央對黑山下派的最大支持，理哈爾濱戰友在中央表態前搶報開展鬥爭更特別建議揭發軍區的問題。"一區問題不表態就是。

西藏　王力同志已同意將西藏最大走資本主義道路當權派王共梅從北京揪回西藏鬥爭。

△中央軍委已改組了河南軍區。

△由首都大專院校紅代會所屬北師大井岡山地院東方紅政治公社北石北京公社等29個組成赴大慶調查團100餘人，已於八月九日陸續赴京赴大慶。

△我們最久的領袖毛主席派八三一〇部隊八月九日凌晨進駐鄭州市並該部隊組成鄭州市衛戍司令部。八三一〇過去是林付統帥直接統帥的部隊。

△廣州軍區炮兵司令員黃在同志說，陳再道根本不是什麼揪鬥"他過去是四方日軍張國燾的人，源河是林付主席領導的一方面軍。

广州军区是拥护毛主席的，是拥护毛主席革命路线的，你们的态度基本上
军区态度基不妥谅便袭与结合内部提意见坏人是极少的，总的来说是
好的，有些可能不妥抓住不放。四十七军是个好军。黎海同志（四十七军派）
是个好同志，我准备让他当革命委员会筹备小组主任。陈再道在武汉还
有点不太敢动是为什么你们妥想一想，你们对四十一军支拥护安专意
大局，不要打乱中央部署，我不希望造反派分裂，但余下人分裂的，要与四
十七军合作要知道中央未明确表态，他们（指四十一军）出来支持你们
（指湘江风雷），这是很不简单的了。你们要记得，过去你们湘江风雷你们是
"反革命"。你们要感谢北航红旗的同志，在二月逆流中，他们送来了许多
材料。后来在民族宫，你们又送来了一些材料，江青同志都看了，看
到这么多小将受压，他很难过，很同情你们。后来毛主席又看了这
些材料，告诉我们，批评我们说"从后批什么东西，要调查研究。"
从那时候起，就一直进行调查研究。如叶卫东（湘江风雷负责人之一）
的档案，我们都调来了。他政学生的作文本，我们都调来了。因为
他是很有名的，是"大头目"，是"最坏的"。我们就找"罪恶最大"的开始
研究，对一些罪状进行了分析。如对毛泽东思想要一分为二，这有
一种理介，一种是黑鬼说的，毛泽东思想有好的，有坏的。这种说
法是反动的，一种是毛泽东思想是发展的，从一个顶峰到另一个顶
峰。后一种理介是正确的。我们曾把这种理介和主席谈过，主席说
"我从来是同意一分为二的。"叶卫东同志是后一种说法。这是马列主
义正确地阐明毛泽东思想。因此，这条最大的"罪状"就不成立。
诸如此类。所以，我们认为他（叶卫东）不是反革命，而是一个好同
志，是学习毛主席著作积极分子。

★苏修党内极不稳定，六
党员数量日益减少，六
六年开除了一万二千
八百六十八名党员，有
一万七千二百十四人自动退出
苏修党组织，目前苏共人数在
全国居52%以下，日益趋向灭亡。

★苏捷波南印日转修正主义
党中的马列主义者纷纷起来造
友会，有的成立了中央临时委员
会，为反帝反修反对各国反动
派而斗争。

★朝鲜劳动党已经修透了，他
们把朝鲜人民手中的毛主席著
作统统收回，把生产的收音机

份中国电台短波段给焊死了，还把华
侨自己的收音机强行没收。朝鲜革
命人民十分热爱毛主席。派不断血
肉结成的战斗友谊。朝修妄想封锁
伟大的、战无不胜的毛泽东思想的传
播，封锁我国伟大的无产阶级文化
大革命的影响，告诉你修正主义者
真理是封锁不住的。打倒朝修！

同总理谈宫本显治 去年三月，毛主席在
上海接见了宫本显
治就看出这个倾向来了，知道他这个人已经走到苏
修的道路上去了，为了不欺骗日本人民，我们拒绝同
他发表《共同声明》没给他面子，这件的面因寺发生了鲜
些，宫本回去说中国是大党主义，不同他签共同声明，实
际上不是这样，毛主席看得很远，同意签《共同声明》就
是给他搽粉，有欺骗作用，那就会迷惑人民。

保证完成今年如工农业生产任务。

五 "无产阶级革命派大联合筹委会" 及 "无产阶级革命派联络总站" 双方，充望决执行制止武斗的协议。各革命组织及群众组织应当进行内部杀评，大力开展活学活用毛主席著作的群众运动，加强无产阶级的革命性、科学性、组织纪律性，批判和克服一切违反毛主席革命路线的错误思想。希加保守组织的受蒙蔽的群众，要勇于揭露和改正错误，端正方向，回到毛主席的无产阶级革命路线上来。"大联合筹委会" 方面的革命造反派，对于受蒙蔽的群众，要按照毛主席正确处理人民内部矛盾的原则，摆事实讲道理，进行耐心地、细致地具体的思想政治工作，热情帮助和欢迎他们提高觉悟，投入革命的行列，决不可采取打击报复、歧视排斥的态度。只有这样，才能够孤立一小撮走资派，在革命的大批判中，逐步做到团结百分之九十五以上群众和干部，实现以革命派为核心的革命的大联合。

六 在革委会筹备小组的领导下，在条件成熟的地区，要把革命群众武装起来。目前首先在南昌、赣州两地，准备研究实行。革命的群众武装，是协助人民解放军保卫国家财产，维护革命秩序，制止坏人袭击左派群众的强大力量。今后，革分区、人武部，决不准以任何借口把枪支弹药发给保守派，各派都不准以任何借口夺取解放军枪支，抢劫军火库和各种军用物资。

一九六七年八月十日

中央首长两次接见江西代表

八月十一日及十二日周总理、陈伯达等中央首长两次接见了江西代表，十一日周总理作了重要指示，十二日宣读并逐条解释了《中共中央关于处理江西问题的若干决定》，现将十二日周总理的讲话摘登如下：

萍乡（萍乡保守派）夺济南卫队的枪，欧打解放军，这样对待卫队，更重要是叛乱行为，萍乡造反派在忍无可忍的情况下，反击取得了胜利，控制了萍乡市，造反派这个行动是正义的，做得对，我们是支持的，是在称赞的。

江西这次，死的那么多，军区、革分区、人武卫责任很大，但只是那么一个地方赣州、萍乡、抚州、吉安、莲塘、、这都是伟大领袖看到的一些，叫我们有决心要解决。江西问题是发展的，看这个情况，江西省军区、大军区也有关系，革分区、人武卫不是一般的方向路线错误，挑动农民进城持武斗，死伤这么多人，还巧辞辩护，现在慢慢暴露了。

军区，当然还有大军区的形响，革分区、人武部确实策划纵容持武斗，发枪抢枪，叫

农民进城，死伤那么多人，在这种形势下八造反派不得已，不甘心在南昌压下去，夺了军区警卫人员的枪，这都是6.29的影嘛。赣州事件说明南昌造反派夺枪是有根据的，有理由的，心情是可以理解的，要自己，造反派冷静时不要枪时会那么轻松去也难呀。我们对他们说行止夺枪，这么号就行止了，这说明造反派和受蒙蔽的群众不同，他们讲道理。

军区、革分区、人武卫内部不要杀评，要摆大，你们有意见还可以送大字报进去，但不要合在一起搞，革分区中公开支持的，又是那么大规模武斗伤人，为什么不能炮打呢？ （完）

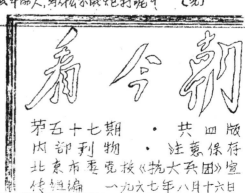

看今朝

第五十七期 · 共四版
内部刊物 · 注意保存
北京市委宣传《抗大兵团》宣传组编 一九六七年八月十六日

毛主席的战略部署

上海、北京、天津、东北是重要，上海、山东革命委员会成立，基本上控制了华东，内蒙军区已改组，由北京、山西控制华北，利用黑龙江控制东北三省，切断走资派与苏美日修的联系。最近武汉、湖南又一个个解决了，广西由黄永胜同志领导，切断走资派与帝修反的联系。贵州革命委员会的成立，保证了西南，四川又派张国华，因此大西南已逐渐摆脱了刘邓罗彭李廖的法西斯统治。兰州、陕西部队又切断了大西北走资派与保守派与别地勾结，新疆看来比较平静，但必有一场大规模武斗，王恩茂目前沉默，就是在反扑，专海造反派占上风，所以全国以北京、上海、武汉、成都、沈阳、广州、兰州为中心的文化大革命形势很好。

我们现在舒着笔杆子，但每人都要随时准备舒起枪杆子。

林付主席最新指示
(八月九日讲话摘要)

毛主席在七届二中全会讲的问题，对社会主义革命有伟大意义，这是马克思主义伟大发展，但是我们很不理解，做的是新的，脑子里还是老一套。我们党是无产阶级政党，但过去的领导班子，只有领导核心才是真正马列主义的，除骨干外，不少人都是资产阶级思想，资产阶级分子，所犯错误，非改不行，不改就会使我们走上资本主义道路，国家就会变颜色，个人就会变为走资本主义道路的当权派。这场文化大革命，实际是通过文化大革命，达到政治大革命，没有政治大革命，就要成资本主义。文化大革命就是社会主义政治思想上的大革命，没有政治上思想上的革命，那就不可能是社会主义社会。我们理论上，思想上还不知道是资本主义还是社会主义，对了错了还搞不清楚。只有好好学习主席理论才能搞清楚。只有把毛泽东思想搞通了，才能走到社会主义，今天在毛主席领导下，要好好学习，好好改造去异观，不然就要犯错误，把主席思想学习领会通了，就是懂得了马列主义，才能不犯错误。

看今朝

第六十期 · 共四版
内部刊物 · 注意保存
北京市委党校《抗大兵团》
宣传组编 一九六七年八月十九日

毛主席关于串联问题的最新指示

"去年去是对的，今年就不是时候了，帮倒忙"。
——周总理8.16接见红代会核心组时传达

我们要坚决响应毛主席的伟大号召，不外出串联，现在外地的立即返回学校，抓好本单位的斗批改，为将文化大革命进行到底贡献自己的力量！

全国各地

哈市告急

▲十一日晚哈尔滨来电，首都红代会赴哈调查团扣押首都红代会战士，采取了针锋相对的斗争。针对潘复生之流在十一日上午列队到107去工厂被"鼠田"给截住（可先策谋的）戴柳条帽、西吴护身、身穿棉衣的"耗子"用石头木棒钢鞭等凶向首都红代会战士打来，当场打死四人，重伤数十人，据调查首都红代会红工兵死了两人，东北林学院死了两人，首都地院一名，当时抢送首都红代会的林院师院农院工大运工的炮兵派队伍被冲散遭到毒打，死伤无法统计。

武汉

▲武汉军区成立并备司令，负责"三支"两军城防工作，兼管8201部队的任务，免军区开展文化大革命。

▲曾思玉司令员出佈军区即将开展守门四大，成立以第西安为首的十一人领导小组，现在军区大院出入自由，人员复杂，军区自行车被盗几十辆，曾司令员决定让外地联络站钩出。

▲百万雄师中受蒙蔽的群众，经过造反派的工作纷纷觉悟，但是仍有少数坏头又蒙蔽一些群众他们的手法是(1)抓动工人情绪煽动工人破坏生产，武汉生产很不好，而且影响到人民生活，例如肉联保守派逃出，市场上很难买到肉。(2)他们抱成一团，互相不拆发坏头又，并金金钻入造反派利用造反派的部分缺，进行挑拨离间。(3)组成小型暗杀队，进行恐怖活动，有些厂老保很猖狂，例如肉联(百万雄师)把驻厂的介放军等取近去了，倾向他们，又重新调来介放军。

重庆

▲八月10日至大友到底与入一五派签署了"关于处理各种凶口，武斗弹药的协议"关于无条件释放被抓被扣的人员的协议"关于保证伤员治疗的协议"作为八月六日签订的立即全日制止武斗协议的补充送交省革等成都军区市革等至大并同。此等正常签订的立即全日制止武斗协议的补充送交省革等成都军区市革等至交并同。

▲根据中告中央、中央军委、中央文革小组决定兰州军区已于八月十二日上午调国防军8047、8048、8116和8119等部队进驻银川、吴忠两地营救无产阶级革命派。银川于头喜气洋洋，"向介放军学习"向介放军致敬"中国人民介放军万岁"的大幅标语贴遍全城，无产阶级革命派战士聚集在于道热烈欢呼介放军进驻银川、吴忠两地，热烈欢呼党中央毛主席的英明决策，介放军在纠纷各地列队进入驻地，他们高呼，"一二七大方向完全正确"滋拉拉是坚定的左派组织"宣晚指挥部知国防军隆重召开了军民联欢晚会。

▲重庆十七日来电、重庆形势好转、反到底占领大坪，在反到底占领的地区，发布安民告示，保证物资供应，开允许八一五派前往贴大字报(只要不带武斗)辩论。江北区也是反到底占领，嘉陵江大桥被反到底控制。网行八一五派八一当团总部被反到底攻占，一头子被俘，抄出革联委常委会纪录头又都此往出洞，目前八一五派已占着重庆许多割方吴，往循反攻。

65

苏三版

造谣公司发消息，你抄我·我抄你 天下文章一大抄！

胡说九道

斯大林盛赞林彪付统帅

据传一九三八年，林彪同志到苏联去疗养，赶上了苏联的卫国战役开始了，开始前斯大林同志因发觉部队都是老将、瞎子一大堆，他们看不起林彪同志，说什么"中国派我们的会议"。在会上，苏联军没发完言后，林彪同志把这场战斗应该怎样部署，需要多少人等发表意见，斯大林同志一边听，一边点头赞"好"！林彪同志说完后，斯大林同志讲，"这次战争你指挥好了。"林彪同志谦虚地讲，"我不行，我志是个参谋行了。"斯大林硬要林彪同志指挥，林彪说，"我指挥可以，但我是中国人，没有军权。"斯大林就把一切军权交给林彪。林彪指挥扭转了整个世界战争的形势，林彪同志又指挥各军并就自率领一路军队进行大反攻，一直把德军赶出苏联国土才回到莫斯科。斯大林格勒保卫战歼灭德军一二百个团，这一战斯大林格勒保卫战结束以后，斯大林就开了一个总结会，林彪同志也在场会上斯大林向林彪同志，"像你这样年轻军没，中国有多少？"林彪说，"多得很！"斯大林给林彪很高的评价，他说，"你们中国有那么多像你这样的能干军没，中国革命很快就会胜利了！"又说，"你在这次战争中立了很大的功劳，如果帝国主义胆敢发动第三次世界大战，那么帝国主义一定会亡在你的手中！"又问林彪，"你留在苏联好吗？"林彪回答，"我没有什么意见，但问我们的毛主席。"于是斯大林打电报给毛主席。主席不同意，说斯大林格勒保卫战胜利了，我们的抗日战争还要人。斯大林说，"那我们用一个机械师换行不行？"主席说，"我们只要有了人，将来几十个、几百个机械师都有了。"

简讯

★ 美国"黑卫兵"的诞生：八月十日晚八时在人民大会堂南方一会议室，召开了大专院校红代会和中学红代会所属各单位负责人座谈会，会上发生同志谈到，美国黑人反美斗争运动高涨，他们成立有一个类似我国"红卫兵"的革命组织，叫"黑卫兵"，美国现在已有一百多个城市掀起反美斗争。

▲ 陈伯达同志谈：评论报纸三个标准：看报纸头条消息、看报纸按语、看报纸社论。

▲ 截至八月10日，来北京上访人员已有7.2万人，目前大约每天来5千人，返回3千人，每天要增加2千人。从大区看华北东北为最多，以省市看河北辽宁、吉林江苏、安徽等最多。过去主要由中央各部机关负责接待，近日将由清华、北航等学校开始接待部分上访人员。

▲ 周总理在八月十三日晚接见湖南代表团发言，都红代会战士说，毛主席讲，"去年串联是追功，现在串联是帮倒忙。"

66

第二期

陈伯达同志讲话摘录

——九日晨于人大会堂在一次会议上与××等的谈话——

伯达同志在讲到当前文化大革命运动时说:"无限的希望,无限的前途,无限的光明"。同时指出:"行百里者半九十,我们才走了一里路"。

在谈到造反派问题时,伯达同志说:"不要挤,要调查研究,要一看二帮,社大家有劳有逸,不要天天开大会。现在存在的问题是不深入的採材问题。坏家没有认真改恶心总在飞。没有帮助工人阶级没有当他们的小学生,京工人运动较清但你们似乎很不关心。北京的大中小学生有七十万,而工人队伍有一百万,应该是工人左右局面,你们佐为辅助。自己要很好地学习毛主席著作接触工人群众、农民群众当群众的小学生,要有群众的感情,不要个人主义,个人突出。聂元梓最大的缺点是个人突出,手伸得太长了,拉一千人的队伍,保卫组,去别人的材料。要聂元梓去掉这些东西,聂元梓不高兴"。

伯达同志再三教导要防修,他说:"你们现在还不是修正主义,但要克服小资产阶级性,要克服个人主义、风头主义。你们在社会上出风头很多,很容易腐蚀人。"伯达同志在纸上写:"战斗——学习——战斗——学习"又说:"一个人想掉下去是很容易的,你们的条件是极好的,我小的时候是不敢想的"。伯达同志语重心长地说:"我不希望你们这次文化革命中出来的人跌下去,刘邓陶高兴。你们要成修正主义,我们要哭的"。伯达同志指出:"工人中也出修正主义。要向真正的工人阶级学习。我是向工人学来的,从天津学的。工人中的修正主义,吃饭打冲锋,做工磨洋工。聂桂条例署孔人,是典型的修正主义案例"。

在谈到派别斗争时,伯达同志说:"还要看嘛,不要急嘛。不要急于做结论,要看十年八年。我要看你们十年八年,不知你们成不成气候"。

在谈到关于贴朝鲜的大字报时,伯达同志说:"现在有的同志贴朝鲜的大字报,不要这么搞,康生同志也是这个意见。现在把我们的事搞好就很了不起。这是国际上的大事。给他们贴大字报干什么,不值得,叫我就不贴。你们都是大文学家、大革命家、大理论家、大文豪,我是个小小的老百姓,小孩子不懂了"。

有人问伯达同志关于文化大革命和经济规律关系问题时,伯达同志说:"你们想得还真远。社会主义经济规律还在摸索之中。也有周期性,但决不同于资本主义"。

当有人要求中央发给他们枪枝的时候,伯达同志说:"你们造走东东都有枪,造反派也该有枪"。

"凡事预则立，不预则废"，没有事先的计划和准备，就不能获得战争的胜利。

——毛泽东

战地黄花

紅代会　北工紅旗动态組主办

1967.8.25.　·127·

毛主席指示

最近，肯尼亚一小撮反华小丑伙同帝修反掀起了个小々的反华浪潮，对此，我红代会准备组织人游行。针对这个情况，我们伟大领袖毛主席作了如下指示：不在肯尼亚使館门前示威遊行。

中央批示：后发制人，留有余地，不怕破裂，但也不采取破裂方针。

中央支持哈市炮轰派——周总理接見哈市炮轰派代表

八月二十一日晚21:50至二十二日凌晨3:15周总理在人民大会堂接见了哈市炮轰派代表，参加接见的有戚本禹同志。

谈到于天放问题的情况时，总理和戚本禹同志都很注意，黑大的同志汇报了于天放的情况，说明了于天放如何结合的，并检讨了自己警惕性不高，调查研究不够，不知道于天放是叛徒。总理说：是嘛，你有错误缺点也应该进行自我批评嘛，同志们认为把于天放搞为炮轰派的后台是个大阴谋时，总理和戚本禹同志都点头。

代表控诉在六·五事件后，潘、汪调动指挥大批工人、学生镇压革命群众，总理问：赵去非参加镇压了没有？同志们回答：他操纵公检法进行了镇压。总理和戚本禹同志都点了头。

总理详细询问了六·九对军工进行反夺权情况，冲击和进驻军工的"支左"工人人数以及伤亡情况，同志们汇报说：潘汪造谣说中央支持对军工反夺权，并说总理表示好得很时，总理非常气愤，做着手势重复地说：根本不知道这回事。同志们把捍联总关于"中央表态"和"特好消息"的传单给总理看时，总理气愤地连声说："根本不可能。"

在控诉潘、汪指使捍联总抓捕和毒打哈市炮轰派和首都红代会赴哈战士时，总理说：潘汪都在北京，你们把情况汇报上来，我立即对他们下命令。

在谈到鸡西问题时，总理和戚本禹同志特别关心，总理问辛世爵在不在，同志们回答说在北京，总理说最近要单独接见一次。

周总理、陈伯达同志、谢付总理接見外事口代表时的讲话摘要

时间：67.8.23.凌晨3:30—4:30　　地点：人大会堂南门会议室

（北外红旗、二外红卫兵代表：他们炮打周总理（指北外造反团、二外临广武等）。北外造反团等：他们炮打中央文革）

总理：你们说，他们炮打我，你们也从另一方面炮打我，（指冲外办）我紧跟毛主席，他们炮打我也打不倒，我不紧跟毛主席，不打也倒。我首先问你们，外交部的大权到底是受毛主席、党中央领导下的国务院管，还是你们管？（指北外

·127·

关于重庆问题中央文革办事組特急电

流水号 0533

重庆警备司令部保革派、反到底派並各群众組织：

根据中央调查組反映，重庆市武斗情况严重，並希立即制止，希望两大派革命組织做到：

（一）立即停止对一切工厂、学校、机关、商店、街道和居民点的火力进攻和射击，请反到底、军工井岗山立即停止对空压厂的进攻，並且撤除包围圈。

（二）绝对不允许向解放军防备岗哨和军车射击。

（三）双方立即达成停火协议，並且保证切实执行。

中央文革办事組　　1967.8.23.

8月22日凌晨，周总理在人民大会堂接见了广州各派組织代表，为了迅速恢复和建立广州的革命新秩序，总理向广州在京双方代表提出了以下四项紧急措施。

（一）各派組织立即停止夺取中国人民解放军的枪枝、弹药、物资装备、粮秣和车辆。

（二）各派組织所持有的武器、弹药和车辆立即封存，准备交还中国人民解放军。

（三）停止一切武斗、禁止打砸抢抓抄。

（四）立即释放一切被扣人员。

（双方在京代表已签字表示同意）

周总理关于两广指示问题

【接第三版】现在要揭露他，借这个机会让马列主义学院的同志们来揭露他，到你们解放军报社来贴大量的大字报。

希望你们紧紧团结在以肖力同志为首的总编辑組的周围。再说遍，这个报纸是伟大领袖毛主席非常关心的，是毛主席的亲密战友林付主席非常关心的。你们一定要用极大的力量多作工作，不辜负毛主席对解放军报的希望，不辜负林付主席对解放军报的希望。

庆祝你们胜利又胜利！（群众高呼"毛主席万岁，万岁，万万岁"等口号）

上海批判郭仁杰

八月十一晚，由红三司、红革四八一八总部、上柴东方红、公革会、上体司、同济东方红等单位发起在复旦大学草坪召开了近两万人的"高举毛泽东思想伟大红旗，彻底批判郭仁杰在市革委会的反动言行"进行大批判"大会。在会上，大会执行主席兼市红三司负责人要文江传达王少庸同志的讲话，批判郭仁杰也是大批判。在会上，同济东方红、公革会、上柴东方红、市委机关造反联络站等单位的代表作了揭发批判。新复旦师部负责同志夏三弟、徐崇民、文革联络站负责同志之一蔡祖泉也到会作了揭发。受到到会同志的热烈欢迎。

郭仁杰被揪到大会受审。

★

号外

国务院已把火报社、肖谈反党集团漏网分子王鹤寿交给冶金部在京並厂单位革命造反派联合委员会、部机关及钢院革命造反公社进行批斗，这是毛泽东思想的又一重大伟大胜利！

69

陈伯达同志8月24日凌晨在解放军报社的讲话

（宣布会议开始 请陈伯达同志讲话）（群众高呼口号）

同志们：

我代表中央文革小组支持解放军报社新革命造反突击队、商力、李志商、全锋三同志签名的大字报，这是一张很好的大字报。（鼓掌）使解放军报社开始揭露了混进我们党内的一个反革命修正主义分子赵易亚。（群众热烈鼓掌），赵易亚，这个人是个卑鄙的资产阶级政客，但到处投机倒把捣谣撞骗，他的作风是恶劣。打一派、拉一派，主要的是要包庇那些坏坏的人。他历来的历史就是很可疑，他在研究院就做了很多罪恶的事。以前我们把他当作一个小政客，没有去理会他。他在马列主义学院，对造反派残酷斗争、无情打击、组织一个不见天的小集团。这个我是知道的，但我没有及时向党揭发这件事，我是感到很惭愧的。现在革命小将摸了他的真面目，把他揭露出来了。（鼓掌）

我们的几位革命小将象商力同志，比我资格高，他们做了我还没有做的事。我觉得我应该向他们学习。希望大家紧紧地团结起来，（呼口号）在伟大的毛泽东思想的旗帜下，紧紧地团结起来，办好我们的《解放军报》。（呼口号）《解放军报》是一个很重要的报纸，是高举毛泽东思想红旗的一个重要报纸，是宣传毛泽东思想的一个阵地。这个报纸办得好或者不好关系到党的荣誉和军队的荣誉。大家都要关心，一定要把报纸办好。

现在已经十二点过了吧？大家还要编报，我就不多讲了。《解放军报》在毛泽东思想指引下，要办得更好！更好！更好！

向同志们问好！明天一定能够看到你们更好的报纸！你们还要继续揭大批判，继续清除反革命修正主义赵易亚的影响，这和办好报纸是不可分开的。

高举毛泽东思想红旗的《解放军报》万岁！

光焰无际的毛泽东思想万岁！

我们伟大的领袖毛主席万岁！万岁！万万岁！

（伯达同志指示后，会议宣布了伯达同志批准的成立以商力同志为首的临时总编辑组的第一号决定和三军无产阶级革命派坚决支持临时总编辑组出报纸的第二号决定以及《解放军报》社无产阶级革命成立"新革命造反兵团筹委会"的决定后，伯达同志又作了以下指示：）

我完全支持刚才宣布的以商力同志为首的《解放军报》社临时总编辑组。

一年来，解放军报社起了很大变化，推翻了胡痴的领导，是一个很大的胜利，现在推翻了赵易亚的领导，又是一个大胜利！过去由于商华、胡痴、赵易亚作怪，使《解放军报》遇到了很大的阻力，现在把他们推翻了，还要继续很好地揭露关于赵易亚的问题，我希望马列主义研究院的同志们揭露赵易亚，到你们这里贴大字报，使大家晓得这个反革命修正主义分子的真面貌。我马上通知马列主义学院的一些同志到你们这里来，贴一些大字报，充分揭露赵易亚的真面目。他来这里还有一些伪装，有很多内幕你们不清楚。他在马列主义学院一年多，问题很多，斗争相当激烈，时间长一些就暴露多一些。过去没有以很大注意力来揭露他，〔接第四版〕

造反团、外交部联络站），请北外造反团首先回答！（很生气）（北外造反团：我们是根据王力同志讲话……）你们为什么不和我们商量？（指外交部夺权）各级革命委员会成立必须向中央报告，中央批不准就不能登报，不合法。在中央眼前一个部，为什么不向中央报告？我一向是支持你们的，安排你们三家批陈。

谢付总理：红旗造反团的头脑是否太热了？打了几个胜仗，你们自己认为的。

陈伯达：我看没有什么了不起。

总理：由你们（指北外造反团）授权报中央了吗？外交大权断了四天，这个大权能断吗？我给你们讲了多次，你们就是不听，还要不要国家荣誉？今天把英国代办处烧了。（地质派干的）

陈伯达：谁让你们去的？

总理：你们提"打倒刘邓陈"，中央的口号是"打倒刘邓陶"，你们为什么换一个人？（北外造反团：这是我们自己看法）你们不能强加于中央嘛！你们这个口号各使领馆不能接受。你们的观点可以，但不能强加于中央，你们可以自由发电报（指给我国驻各国使领館），连中央也不打招呼，这样的电报要由付部长签字，送来我看，中央看，才能决定。你们打倒刘邓陈，你们自己能给一个人定性吗？

陈伯达：文化大革命干了一年了，我们搞的是无产阶级文化大革命，是由我们伟大领袖毛主席亲自领导的文化大革命，这是非常严肃的阶级斗争，不是儿戏，不是开玩笑。你们是对国家开玩笑，给外国人造成的笑话事，你们在外交部的行动纯粹是开玩笑。以毛主席为首的党中央没有授权给外交部联络站，一个学校授权给外交部联络站，这简直是开玩笑！中断几天了？（群众：四天了）

总理：四天中断这是犯罪，我再不讲话就是对毛主席犯罪。

陈伯达：你们现在不是搞文化大革命，不是搞严肃的阶级斗争，你们一个学校都没有团结起来，你们还管一个七亿人口的外交？

总理：你们一个学校，授权给外交部联络站，这是开玩笑。我们没有帮助好你们，你们连招呼也不打，说严肃一点，就是目无中央。北外造反团设立一个指挥部，代表中央、代表人民授权给外交部联络站，联络站接过去向外发电报，说陈（毅）、姬（鹏飞）、乔（冠华）是什么性质。罗（贵波）、韩（念龙）、徐（一新）助理宫每天向他们报道、写检查，罗贵波三次外事活动都耽误了。四天把付部长、助理包围着，不让上班。今天火烧英国代办处，另一派冲外办，不能说哪一派是保守派。

陈伯达：总理很清楚了，不要吵了。从今天三点半起，由总理统一安排外交部工作，你们统统撤出外交部，外办！

总理：你们回去批评他们，中央机要局不能冲，中央有命令，中央机要局军管，毛主席是知道的，外交部冲机要局要承认错误，我有权提醒你们，机要局军管，一切规定是毛主席亲自批的。（后双方争吵起来）

大家不要吵了，现在把火烧英国代办处的事讲一下。（解放军汇报从略）

你们要采取行动，采取行动要冲中央吗？你们能这样做吗？外交大权谁掌？这是无政府主义，社论多次反无政府主义，这下证明了，明天英国代办处向我们提抗议，我能说毛主席、政府采取的行动吗？我没有这个权，陈伯达同志有没有这个权？

陈伯达：没有。

总理：谢富治同志有没有？

谢付总理：我没有，这是荒唐。

总理：你们联络站要作自我批评……要有一点准备，不要心血来潮。

评"天津日报"的资产阶级立场

卫东《井冈山》兵团

七月廿四日，"天津日报"再次被革命小将查封了，顿时天津日报的问题在全市各阶层中引起了强烈的反响，成了社会舆论的中心。对待革命小将的行动，有的支持，有的反对，有的则默不作声。而"天津日报"无产阶级革命造反派竟恬不知耻有介事地抛出了一个什么《告全市人民书》，当然，他们除了摇唇鼓舌，美化"天津日报"外，就是极力中伤不止诽谤革命小将改革命行动。当然在他们的一片叫嚣声中，也有些人为之喝采，叫好，但是，真理的光辉是骂不掉的，事实胜于雄辩！

毛主席说："无产阶级最尖锐最有力的武器，只有一个，那就是坚定不移的战斗态度。我们党人不是靠吓人吃饭，而是靠马克思列宁主义的真理吃饭，靠实事求是吃饭，靠科学吃饭。

《天津日报》盗憝，强调什么"查封天津日报的实质就是把斗争矛头指向群众。"好一顶大帽子，你实在的对于无产阶级造反派来说，这早已不是什么新鲜玩艺了，只能变成人们的笑料。我们要问，为什么诬蔑刘伯承，刘邓同志是同武汉党内、军内一小撮走资派头头王任重，陈伯达之流亦步亦趋回到北京的重要消息，你们利用系到三分之一的版面来报手呢？为什么你们把党报刊都刊载的毛主席重要语录砍掉，用买东的版面报导天津足军的消息呢？这么严重的无视中央权威的错误，你们做了起码的自我批评和检查了吗？没有，不但没有，而且还倒打一耙，故意混淆是非，颠倒黑白，真是卑鄙可耻！

你们这叫嚣正是想掩盖你们内心的恐惧，力图迴避问题的实质，进一步欺骗迷惑群众，沿着错误的道路继续滑下去。天津日报的错误，就在于这一贯无视中央权威，歪扭折衷，调和的资产阶级观点，发挥资产阶级改主替作风来保护保乌风，天造反派志气。这次不仅仅是认识问题，还牵涉毛主席的革命路线态度问题，是立场问题。往常，尽管革命造反派曾多次对你们的错误提出尖锐的批评，希望你们及时改正错误，但是这一片苦口婆心却没有使你们回心转意，改变错误立场，再发展到局角，用角号，无视中央权威改革至地步。

查封《天津日报》的实质，正是你们一贯坚持资产阶级反动立场的结果。查封《天津日报》完全是革命的行动！好得很！

〈二〉

你们的《告全市人民书》说什么"天津日报创举智以来一贯高举毛泽东思想伟大红旗。"是真的吗？如果你们不健忘的话，在查封《天津日报》的前两天，也就是七月廿二日《人民日报》在第一版以显著位置，醒目通栏标题刊登了盖章司令员口红尖尖的重要文章从政治上、思想上彻底批判打倒党内一小撮走资本主义道路当权派"而你们呢？却在第一版大量报导了天津足军的事蹟，並且破例发表了社论，大谈天津足早成事實，並且緊接倒發表了社論，大談「天津紅衛兵的丰功偉績」，把紅衛兵改造宣傳文章放在第二版，並別有用心地刪去了《人民日報》的編者按。請問：你們的用意何在？你們把這篇具有重要指導意義的文章如此貶低來重視天津的小動作，居心何在？當然，這對於你們一些無視中央權威的《天津日報》來說已不是什麼新鮮事了，人們還記得三月廿五日《天津日報》發表了「革命的三結合必須依靠群眾」的社論文章，在全國各報紙的轉載在天津市引起了強烈反響，當時上位造反派對此權威社論不屑一顧，提不來勁地對待的時刻，對待這篇社論你們祝此不理，遲遲按著，長時間不予轉載，後來在《人民日報》急轉載了，並且配合發了一系列正確對待革命造反派的文章，你們的罪行實在太多了唉，在三月廿日才在第二版角上登了這篇社論，再進和版角以較小大字篇幅登載了三篇正確對待干部的文章，甚至連該批判的主席語錄也是如何正確對待干部，我們要問，你們對錯版同《人民日報》表異如此之大究竟是為什麼？！明眼人一眼就可得知道，你們就是為了抵制造反派的意見，袒護三結合的嚴重錯誤，把群眾的「炒革命」說成是定流，完全不擇手段地推行資產階級反動路線，也就是你們配合了文化中被奪走人權批判造反派的批評聲浪，而使天津市的革命委員會的成立遲遲至今日沒有結果，以致造成立代久如今的混亂局面。

你們的《告全市人民書》說什麼「天津日報是為造反派說話的」、「既然你們的天津日報也登過一些造反派的文章，甚至也登過我們的《衛東》的短篇文章，難道這就能證任，你們一貫堅持的折中、調和，永遠對保守勢力的媚骨思想嗎？不能，一萬次也不能，但這更暴露了你們偽君子的面目。

人們記得三月十五日，也就是你們在天津某重要的消息的影下就是推手於代反會最大的保守組織「戰洛金」如何的造謠和小組偽說的消息，也就是這行戰洛金，最近所書所看所作所為的一小撮走資本主義道路當權派的黑材料，向革命造反派，向石牌階級起正鄉的革命路線潑髒材料，反攻倒不，他們甚至把在天津鋼廠支度的謢父明的解放軍負人抓來打，這何忍！熟不可忍！事到今日你們又將何忿說呢？

各大專院校你們同天津政保守勢力大本營之一，河大八一八串連一氣，成中等學校，你們同聞名全國的保守組織大義兵等合在一起，大抵保守組織大義兵等合在一起，大抵保守軍的威風，極力掩蓋他們的罪行。

四月一日《人民日報》發表了「愛國主還是賣國主」的文章，吹響了埋葬中國赫魯曉夫劉少奇的進軍號，同月二日《人民日報》發表「正確對待革命小將」的社論，此時你們都不引導全市革命群眾向劉少奇之流猛烈開火，卻卻醉心於吹捧天津市的「三結合」組織人員同改那些敢於捍衛毛主席革命路線的造反派，把他們的光明磊落的革命行動說成是逆流。四月四日你們以呈若林題登載了吹捧天津「三結合」的報來，說什麼臨時權力機構，像一輪朝日噴薄欲來，無產階級革命派大聯合奪權勝利，指日可待。請問你們的措詞可像所令頭燭嗎？與此同時，你們又以「革命小將的英雄業績包不容忽搞態」的題，大肆吹捧河大八一八，說什麼河大八一八坚持党内的机会主义错误路线，大破"私字"，大立"公字"，还说什么"党内一小撮走资本主义道路当权派，企图�)他们前进道路上设下一些新的错误。毫无疑问你们的成绩会让你们小做大文章。这是逃脱不了的！我们要问，这就是你们领会《人民日报》社论精神在天津革命群众的榜样吗？多么会演出！那么贵造反派，你们以造反若自诩义正严明在《告全市人民书》大吹大擂，改变了师对保守战略的河大八·一八都是以地区为基础明明是你们设误了阶级立场吗？更不能容忍的是，指责在四月五日你们意以前小撮赶跑鸣向毛主席参加河大八·一八集会参加中国的赫鲁晓夫刘少奇……同学你们起一贯反革命大批判接收以革命造反派等于何种机会主义。你们却不吹捧河大八·一八，觉把他们设悬于毛主席之上，请问，你们居心何在？同时你们还揪斗马义关在会上讲话也未稳实破坏革命的"三结合"逆流动发言，还是你们用力为叛党集团的御用工具来犒劳什么逆流？难道造反派一样意见就是逆流？还不是你们的叛资产阶级立场该又一大暴露吗！

对于解放军"三支"两军的很多举措一贯地不关毛泽东那必须旗帜鲜明坚持的最广大的、最坚决的左右部队，三月卅一日你们破倒发表社论以最大力批判敌的革命大联合好华好华！避郑所谓大联合上的两军路线关心支持集团所谈以左派为核心，逼得这种来调和的观点。说什么联合的障碍是"帽子吓人"……动摇自己"真是荒谬以极！

三月廿六日《天津日报》转载《解放军报》廿六日发表的社论"首要的是从政治思想上支持左派"同时报导了~~天~~天津驻军支左的体会，就以为"不仅规格高些组织势力大，人数多，把矛头指向群众，组织成份也很不纯，不是真正的无产阶级革命左派，"真是不打自招，你们把这种以自地以实验课的路线或以拥护保守派，反对造反派的体会作为信义来报来。不正说明你们维护资产阶级反动路线动反动立场吗？

五月廿一日，你们又报导以主义关材核心的中学红卫兵双庆红组织，邀出一阔来纪念全国第一张马列主义的大字报发表一周年题名，并鉴公道简单黄会动作刘政说讲话和河大八·一八集会祝贺的消息，明眼人一看，以为大会就知道保守势力的大集会在这里不是用一次暴露了你们的标材保不标在的一贯立场吗？

你们以告全市人民书以用威日林的口气说，革命以特查主持天津日报，反倒起破坏革命大批判已就方对反革命修正义集团及中国赫鲁晓夫的恶意作用"宪法谁破坏大批判？究竟谁就方张叛党集团，四回四日以"爱国政还是卖国政"的文章发表后，全国掀起进多少千的中国赫鲁晓夫方孕起新火的浪潮，此时此刻你们陈了吹捧"三结合"，报导以保守组织集会以外，你们却又报导多少革命造反派的批判情况呢？你们的报纸以动进多少以实以批判呢？四月十日陈伯达同志接见天津代表明明指招武"刘以路线在天津的忠实推行者义代表人是方对反党集团。不允许忘记这个反党集团在天津的罪名，当面会北革现在批判刘邓反动路线的革命高潮，同彻底进行批判之相呼应，把批判刘邓反动路线同批判万晓塘党集团的问题结合起来。有的同志又说："天津反革命事件是革命群众同万晓塘党集团的斗争。"你们这同志的这种对天津这个大革命造反派是极大的歪曲。你们为了打刘邓，狠批万晓塘的高潮在天津实现了。可是在这轰轰烈烈的革命群众运动面前，你们却袖手旁观，大字不提万晓塘党集团的罪行，直到×月廿八日再也实在交不了账了，才在《天津日报》上刊登了有关于批判万晓塘党集团的通告。这对于你们这一贯无视中央权威，阻挠革命的大批判以《天津日报》来刊布消息来说是一个不小的进步了，然而就是这么一点点进步，你们也没有坚持下来，很快就收起了这块假批判的遮羞布。这一点就连那些同情和支持你们的人也不得不承认《天津日报》批判万晓塘党集团是不得力的。"

是谁破坏大批判？谁把万晓塘党集团说成不是有目共睹的吗？而今你们却倒打一耙，把破坏大批判的罪名强加在革命小将头上，何其毒也！

（三）

毛主席教导说："凡是有思想上政治上的错误没有觉悟，在他们受到批判的时候，应当采取什么态度呢？这里有两条可供选择的道路：一条是改正错误做个好觉悟；一条是堕落下去，甚至堕入反革命坑内。这两条道路是确实存在的，反革命分子不可能走正路那还说什么呢。"

本来革命群众曾对天津日报的错误进行过多次诚恳的批评，希望你们尽快回到毛主席的革命路线上来，可是《天津日报》的一小撮决策人竟把群众的善意批评，当作软弱可欺，甚至采取公开对抗，倒打一耙的恶劣作法，这不能不使我们感到气愤！

你们的从全市人民发出了个"警告"，好一个"威武"的样子气势汹汹，好不神气！在这里我们还是奉劝你们：收起你们的要发烧，革命造反派天不怕，地不怕，神不怕，鬼不怕，阎王殿也不怕，刘邓资产阶级反动路线不怕，还怕你们的浩大棒吗？

我们正告你们：坚持错误，顽抗到底，只能搬起石头砸自己的脚！

历史的辩证法是无情的，那些藐视放炮来对待群众的阶级斗争的人是不会有什么好下场！

用毛泽东思想武装起来的革命造反派最相有真理，最有战斗力，他们谁都逃脱不了他们锐利的眼光，一切反毛泽东思想的坏傢伙，看他们伪装得多硬，装得多凶，都将被革命造反派揪出来斗倒、斗臭！

南开大学·卫东《铁扫帚》兵团 67·8·×
《飓风卫东》军联会 印 67·8

第七十期 · 共四版
内部刊物 · 注意保存
北京市委党校《抗大兵团》
宣传组编 一九六七年八月卅一日

最高指示

我们现在思想战线上的一个至要任务，就是要开展对于修正主义的批判。

毛主席痛斥所谓"小资产阶级的狂热性"
〔一九五九年七月廿三日在庐山会议上〕

公社运动，我到遂平详细地谈了两个钟头，嵖岈山公社党委书记告诉我，七八九三个月，平均每天三千人参观，十天三万人，三个月三十万人。徐水七里营听说也有这么多人参观。除了西芒都来看了，唐僧取经，这些人都是县社队干部，也有省地干部。他们的想法是，河南人，河北人创造了真理，打破了罗斯福免于贫困的"自由"，搞共产主义，这股热情怎么看法？小资产阶级狂热性吗？我看不能这样说，要想多一点，无非是多一点。这种分析是否恰当？三个月当中，三十万朝山进香，这种广泛的群众运动，不能泼冷水，只能劝说，同志们！你们的心是好的，可情难办到，不能性急，要有步骤。吃肉只能一口口地吃，要一口吃成个胖子不行，林×一天吃一斤肉还不胖，十年也不行，×××和我的胖非一朝一夕之功。这些干部率领几亿人民，至少30%是积极分子，30%是消极分子及地富反坏，其余中农和下中农，40%随大流。30%是多少人，一亿几千万人，他们要求公社，办食堂，搞大协作，非常积极，他们坚持，你能说这是小资产阶级狂热性吗？这不是小资产阶级，是贫下中农无产阶级，半无产阶级。

※　　　　※　　　　※　　　　※

毛主席谈潘复生

"六条纪律，一警告，二记过，三撤职留任，四撤职，五留党察看，六开除党籍，坐班房损失劳力，这几条都是神经战，不可少，是属于惩罚一类性质的，九个指头是靠政治凭良心抓了，一个指头是纪律。马克思主义不是靠惩罚抓了……我们党历来靠说服教育和斗争。如肖克、潘复生、古大存、孙作滨。新疆的拉巴拉也夫，总之大大小小有几十个，只有那么少数人，只有十个指头中的一个，你说服不了他，执得惩罚，先警告，紧急的时候，一下撤职也是有的。肖克是军队中的右派（没有划右派）潘复生是地方上右派，王明也是右派，为什么又选王明当中央委员呢？因为他是老党员，搞了许多年，不能便宜了他，不当不行，你想不当我想叫你当，不当中央委员就没有了。他的尤则是一开会就害怕，让他当有益处，潘复生也让他当一下好，或者改好，或者不改，总有一天要开除。这是说服与纪律的关系……。

陈伯达同志精辟议论三则
（摘自八月廿一日接见南开大学两方的讲话）

一、文化大革命的唯一战斗：

我们文化大革命的唯一武斗是毛泽东思想，除此以外更无其它武斗。毛主席可没说过大打架、大吵架。从来没说过，那叫成"六大"了。

二、批评自我批评及互相攻击：

有了批评和自我批评，思想才能不断活动，不断进步。北京有个学校批评多望吃饭，大家不说话，我后来在死水潭里投了块石头，才激起了波浪。死水一潭有什么好处呢，你们要互相批评提意见，才可以变成诤友，组织与组织间不要批评　内下可以批评，得到谅解后可以互相批评。如乱批一通，材料不实，就成为互相攻击了。

三、"响当当"的左派：

我不喜欢听"响当当"三个字，我们无产阶级是朴素的，实事求是的，在群众之中的。响当当是卖膏药的、货郎担的摇鼓，说明不了什么问题。只说明了资产阶级、小资产阶级习气罢了。

解放军犯错误和走资派有着本质区别
（八月十四日戚本禹同志在接见湖南代表讲话摘要选登）

我看湖南军区大多数人是好的，我是指犯了错误的干部，坏人是极少数的只要改了错误了，我们应该互相信，同志们可以相信我，我不会色（怪）湖南军区的，湖南军区犯了很多错误，可以说对革命小将有罪，同志们送来很多材料，江青同志看了革命小将受迫害的这些材料很难过，讲了很多话。对湖南军区违背毛主席的革命路线表示极大不满，我们跟他斗争而且做了长期斗争，因此他诬地为"湘江风雷"翻案。

解放军犯错误和走资派犯错误是完全不一样的，他们是马列主义、王廷荣有着本质的区别，彭德怀、罗瑞卿、陈再道是极端少数，在我们部队中是不起作用的，解放以来，彭德怀是执行了一条错误路线但是受到了抵制啊，这是株林总那所执行的毛主席为代表的革命路线。

同志们毛主席是叫我们向中国人民解放军学习。毛主席没有叫向湖南省委和向中南局学习。而是向中国人民解放军学习，这是为什么？同志们要好好改变这个问题。

王力、关锋同志就新华社夺权给本禹报告

伯达、康生、江青、本禹、文元同志：

在无产阶级文化大革命中新华社许多的忠于党的记者，在大风大浪中经受考验，坚定地站在毛主席的无产阶级革命路线一边，站在左派群众一边，出生入死，坐监狱、被绑架，向中央反映了真实情况。

为了表扬这批战士，在宣传战线上树立拥护毛泽东思想的标兵，我们建议召开一个无产阶级革命派新闻战士会议。（一）八月下旬召开（二）文革小组同志准备集体接见一次（三）整报支持他们，他们中有的人还要打击（四）新华社提出一个初步方案。苏子组和×××协助审查一下

请批示　　　　　　　王力　关锋

武汉警备司令部八月廿一日会议简报

武汉警备司令部八月廿一日在滨江饭店开会研究了有关支左等问题，武汉地区各院校造反派代表参加了会议。武汉空军政委叶副同志，警备司令部同令员和指战委在会上作了重要报告，要点如下：

一、彻底改组旧支左指挥部和旧改造。二、支左指挥部改名为支左办公室，军代表都为毛泽东思想宣传员。三、今后支左办公室和支左由三结合小子组成即支左卩队、群院校造反派和卩方造反派三方已人组成。对于原来的支左人员，若由革命造反派来鉴定审查得过的可以留下，没过的让他走开。四、关于最近支校问题……　但是，为防止坏人乘机捣乱、破坏，战备物资不解放，进去找了的子的成迷。

毛主席决心给延边地区的造反派发枪

王力同志八月十五日在新华社讲话中说到：吉林延边地区军分区和地方走资派勾结在一起，支持保守派，镇压造反派，连邮电大楼都被保守派烧了。后来毛主席下了决心，决心给造反派发了一千多支枪。这是全国第一次给造反派发枪。造反派才把保守派打垮。

林彪同志重要指示

八月九日下午林彪同志接见贺炳炎同志刘丰同志，陪同接见的有总理、伯达、康生、江青、王力、关锋、戚本禹等同志以及陈锡联、黄永胜、郑维山、刘培善等军区负责同志。林彪同志指示说：

武汉问题坏事变好事，凡坏掉的就会转好。坏到顶，就会转的快，这是主席思想。

文化大革命搞好靠两条：一条是靠主席思想和威信，另一条是靠解放军的力量。没有这两条搞不了。

不要怕乱，表面是乱，实际上乱是必要的，正常的。这样才能把坏的暴露出来。乱有四种：好斗坏，坏斗坏；坏斗好；好斗好，如海空军、总参、炮兵都有。好人挨整，如郑会作差被斗死，李王张（指肖向荣）的李作鹏、王宏坤、张秀川及吴法宪都挨了斗。坏人斗好人，不要怕；顶多象郑会作；好人斗好人，有损失，但好解决。

在文斗中，无论谁都犯了错误，武汉亦犯了许多错，不希望再去紧再逼，王再逼。能挽救的还要挽救，没法的不再搞。

群丑发，文化大革命埋不葬，满腔了，几十年还是一员战将。不要在文化大革命中垮了。我们希望他来京，他不来，请张春桥同志去做工作，上次来京。江青同志专门为他做了工作。

文化大革命中不垮有三条：一是紧紧掌握底下的情况。主席教导我们凡事要作细微的调查研究。二是紧紧跟中央、伺中央、中央文革汇报，大事小事都要汇报。不要想当然，不要自作聪明，自作主张。向华是一面保他一面犯错误，就这样我们还是想保他，希望他不要倒。三坚决支持左派。经过一年文化大革命左派和右派的阵线分明了，但不要从是否冲华飞为标准，要以拥护不拥护毛主席为标准。

伯达：这次谈话，对我邦助很大，过去请示不够。

林总：最重要的是紧跟中央，大事小事要请示中央及中央文革。

中共中央文件

中发〔67〕251号
1967.8.14

各省市、自治区革命委员会（筹备小组）、军管会、人民解放军各总部、各军种兵种、各军区、中共国务院各部委、各革命群众组织，左定传机关：

目前，全国范围内正在掀起革命的大批判高潮。为了把党内最大的一小撮走资本主义道路当权派批深批透，彻底肃清他们的流毒和影响，为了把这场革命的大批判更好地同各地区、各部门的斗批改结合起来，需要在中央报刊和地方报刊上公开点名批判一些中央部门、中央局和省市委内的走资本主义道路当权派。

（1）经过主席和中央批准，已经在中央报刊上点名批判的党内走资本主义道路当权派有：彭真、彭德怀、陆定一、罗瑞卿、杨尚昆、周扬、肖望东已经在地方报刊上点名批判的党内走资本主义道路当权派有：陶铸、王任重、李井泉、贾启允、阎红彦、汪锋、欧阳钦、李范五、乌兰夫、王锋、王逸伦、王昭、仕白戈、王鹤寿。对于这些已经点名批判的修正主义分子必须在报刊或地方报刊上应要继续深入地进行批判。

（2）在中央报刊上下一步拟予公开点名批判的党内走资本主义道路当权派有：薄一波、吕正操、林枫、安子文、杨秀峰、蒋南翔、吴冷西、张闻天、张劲夫、郭光。

（3）在地方报刊上下一步拟予公开点名批判的党内走资本主义道路当权派有：西北局刘澜涛、习仲勋、胡锡奎；东北局马明方；上海市陈丕显、曹荻秋、杨西光；天津市万晓塘、张淮三；河北省林铁；安徽省李葆华；福建省叶飞；河南省文敏生、赵文甫；广东省赵紫阳；江西省方志纯；四川省廖志高；吉林省赵林；宁夏自治区杨静仁、马玉槐；山西省陶鲁茄、卫恒、王谦、王大任。

（4）对于经过主席和中央批准在地方上点名批判的修正主义分子、地方报刊发表的写法比较好的文章，中央报刊可以转载，同时中央报刊也可以直接组织批判文章。

中共中央文件

中发（67）245号
1967.8.14

各省市、区革命委员会（筹备小组）、革管会各军区、军分区、各县武装部：

陕西米脂县武装部在支左工作中，经过认真的调查研究以后，公开表态支持"一〇一"左派群众组织，但是遭到了"上压"、"下挤"，四面围攻。在这关键时刻，他们坚持毛主席的无产阶级革命路线，看主流看本质，看斗争的大方向，坚定不移地支持"一〇一"革命小将，取得了很大的成绩。他们被革命群众誉为陕北高原上一面支左红旗。这是很值得参加支左的第几同志、特别是参加支左的人民武装部的同志好好学习的。米脂县武装部协助"一〇一"进行开门整风帮助革命小将用毛泽东思想武装自己的头脑的做法，也是值得学习的。

陕西省军区认为米脂县武装部是支左最好的一个武装部。榆树区有的领导同志也改变了过去的错误看法，这是正确的态度。凡没改变看法的，希迅速改变过来。

重要更正：第169期毛主席关于科学实验的指示" 中第三行 "以证实证法则"……"以为"以证法不结按科学实验。理论法则以

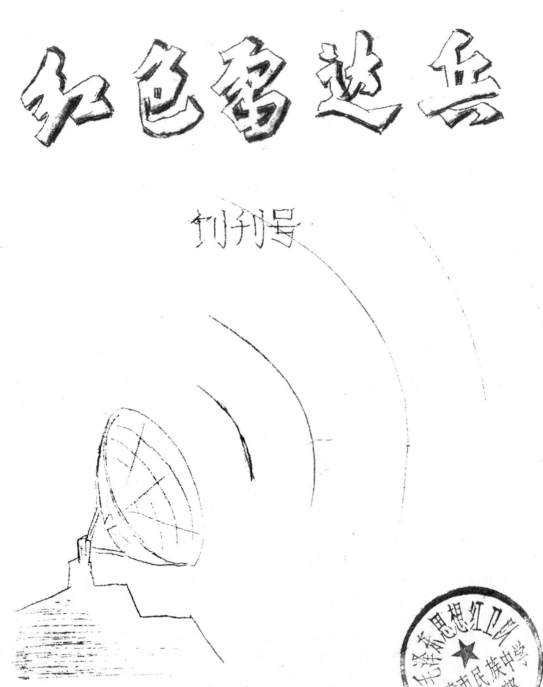

红色雷达兵

创刊号

天津市民族中学
红色雷达兵战斗队

赠：卫东彪战斗队

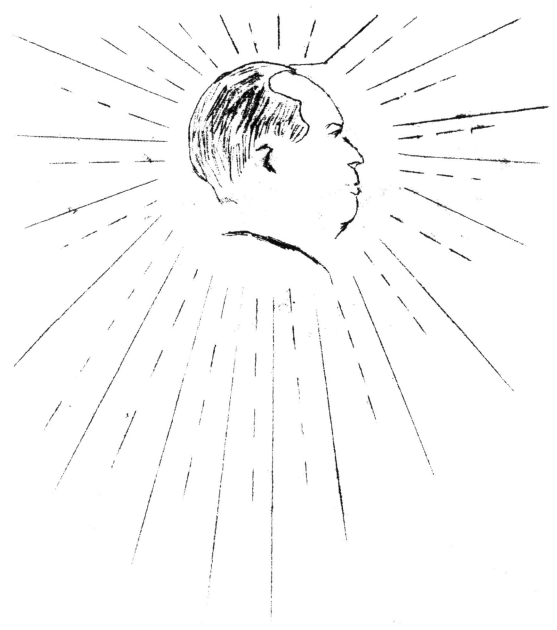

天下者,我们的天下;社会者,我
们的社会;国家者,我们的国家。
我们不说,谁说?我们不干 谁干?

81

最高指示

我们正在前进。我们正在做我们前人从来没有做过的极其光荣伟大的事业。我们的目的一定要达到。我们的目的一定能够达到。

无产阶级文化大革命的大军正以雷霆万钧之势向资产阶级反动路线发起了猛烈的总攻击！杀声震天，硝烟弥漫，排山倒海、势如破竹。伟大的无产阶级文化大革命已经取得了辉煌的胜利！我校党支部和其它地方所执行的资产阶级反动路线一样，很快地就要完蛋了！伟大的以毛主席为代表的无产阶级革命路线必将取得最后的胜利。

在这一派蓬勃大好的形势下，《红色雷达兵》在浓浓的火药味中诞生了。虽然，他十分年轻，缺乏革命的斗争经验，但是，我们坚信在伟大的毛泽东思想指导下，我们一定会战胜一切困难，冲破层层障碍，乘胜前进。在毛泽东思想抚育下的《红色雷达兵》，它象暴风雨中的海燕，迎着险风恶浪勇敢地昂首飞翔！

为了更猛烈地向我校党支部所贯彻执行的资产阶级反动路线开

火！开火！肃清它在我校的流毒；为了团结大方向一致的革命师生；为了使我校文化大革命要深入地发展，完成一斗、二批、三改的伟大历史使命，把毛主席亲自点燃的无产阶级文化大革命进行到底，我们特创办了《红色雷达兵》这个刊物。我们将利用这个刊物狠狠地揭露党支部贯彻、执行的资产阶级反动路线，并批深、批透。我们也将利用这个刊物，热情地宣传毛泽东思想，勇敢地捍卫毛泽东思想，学习"老三篇"，把老三篇做为座右铭"，改造自己的灵魂深处，搞好自己的思想革命化。

我们今后在此刊物中，一定高举毛泽东思想伟大红旗，以十六条为指南，努力办好这个刊物，使其真正成为"团结人民、教育人民、打击敌人、消灭敌人"的有力武器。我们坚信：在我全体组员的共同努力下。在全校革命师生的热情关怀、大力支持下，这个刊物一定会在我校文化大革命中发挥自己的力量，作出一定的贡献！

红色暴动兵团
毛泽东思想 红卫队
《红色雷达兵》编辑组

一九六六年 十二月 二十日

红色造反战斗队必将在斗争中成长壮大

——兼论我校目前形势

在一派大好的形势下，我校红色造反战斗队胜利诞生了。在此向热烈欢呼红色造反战斗队的成立，并预祝他们在新的斗争中永远高举毛泽东思想伟大红旗，再接再励，勇往奋斗，继续取得新的胜利！

目前我校的革命形势大好，革命的思潮，以毛主席为代表的无产阶级革命路线在我校日益显示出压倒的优势，这是我校文化大革命形势大好的新气象。我校的红卫兵战士们、革命的师生员工们，发扬无产阶级大无畏精神，起来踢开绊脚石，一举发起总政击，向资产阶级反动路线猛烈开火，争取今后更大的胜利。

六个月来的文化大革命，从初三4、5两张大字报至今，××党支部始终是贯彻着一条资产阶级的反动路线，他们拉一伙，打一帮，对给党支部提意见的同学展开出政，对那些敢想、敢做的革命教工百般打击，进行压制。他们公然对抗军委指示两个月久，帮级拥护着一小撮人，顽固地执行着一条资产阶级反动路线，公然和以毛主席为代表的无产阶级革命路线相对抗。在这样大的文化大革命的潮流里，前段大部分的教工却陷入不敢说，不敢做的状态中，教工中有很多党支部的问题没有揭深，揭透，大部分人没有发动起来批判我校党支部的资产阶级反动路线，不敢接触给党支部意见的人，他们在旧习惯势力的限制和党支部施加明暗压迫下，一直没有能完全抬起头来，谁给党支部贴大字报，谁就受到百般的□□压制。由此可见，我校的资产阶级反动路线流毒极深，对以党支部为首的资产阶级反动路线必须彻底批判，肃清它的影响，这样才能克服我校文化大革命的阻力，使文化大革命正常进行。

此外，一小撮人在他们后台老板的某些幕后操纵指使下，一直充当着我校文化大革命的绊脚石，他们喊着革命口号，却干着见不得人的勾当：打击革命教师，搞暗调查，围攻、压制，施加压力，在敢于给党支部提意见的人身上大显身手。这些"裸堂"的干将们，从我校的文化大革命开展以来，一直上窜下跳，点火基层，挑拔组织关系，鼓动群众斗群众，他们满口"革命"的大"道理"，振振有词"自称"左派"，这些资产阶级"铁杆保皇派"们公然和以毛主席为代表的无产阶级革命路线相对抗，他们自以为自己的后台"硬"，一时嚣张的很。但是，老实告诉你们，如果你们顽固地执行资产阶级反动路线，一味地保的话，你们终究会发现自己陷入了资产阶级反动路线的泥坑。"保皇派"的先生们，醒醒吧！再奉劝你们一句：不要再用那么"感人"了还是放老实些。

在六个月的文化大革命中，在暴风雨般的尖锐斗争里，我校锻炼出一批坚定的革命左派，他们最听党的话，最听毛主席的话，他们斗争最坚决，最勇敢，不畏强暴，不怕困难，他们为了革命，脑子里去掉了一个私字，换上了一个公字。他们在阶级斗争的大风浪里，越来越站得直，越来越走的稳，他们是全体革命教工们学习的好榜样。

无产阶级文化大革命是一场触及人们灵魂的大革命，是关系着我国千秋万代的大事，在这场文化大革命中身为一个人民教师，你是誓死捍卫以毛主席为代表的无产阶级革命路线呢？还是甘当"逍遥派""赶潮派"，还是死心踏地充当"保皇干将"，执迷不悟、一味地执行资产阶级的反动路线？！每一个要革命的都要职工认真地思考，善自选择。

我们的革命先烈们，为了人民血战河坊，流血不惜，而今我们为了祖国千秋万代永不变色，又有什么不可抛弃，有什么不能不敢做的呢？要革命的教职员们：要发扬"舍得一身剐，敢把皇帝拉下马"的大无畏精神，勇敢地站起来！

而今，红色造反战斗队（教）在这场暴风骤雨中诞生，红色造反战斗队（教）的宣言书，吹响了我校教工队伍开始行进的冲锋号！革命的教职员工们，为了捍卫以毛主席为代表的无产阶级革命路线，为完成一斗二批三改的战斗任务，勇敢地站起来！站起来！

让革命的大风暴来得更猛烈些吧！！

红色暴动兵团　毛泽东思想红卫队

红色翻天兵战斗队　66.12.13日

86

毛主席诗词

七绝

为大分化、大动荡、大改组题　毛泽东

云崖雾霭出英豪，　　激荡磅薄腾九霄。
千钧霹雳轰河汉，　　万里风焰照天烧。

七律

冬云　　　　毛泽东

雪压冬云白絮飞，　　万花纷谢一时稀。
高天滚滚寒流急，　　大地微微暖气吹。
独有英雄驱虎豹，　　更无豪杰怕熊罴。
梅花欢喜漫天雪，　　冻死苍蝇未足奇。

七绝

写在修正义逞疯狂时候　　毛泽东

屈子当年赋楚骚，　　手中未有杀人刀。
艾萧太盛椒兰少，　　一跃冲向万里涛。

康生同志的讲话

1966年11月15日夜在乌鲁木齐接见新疆大学革命造反团《星·火燎原》战斗队《东方红》战斗兵时的讲话:

（记录稿，未经本人核阅）

按、康生同志率中国共产党代表团参加阿尔巴尼亚劳动党革命代表大会和劳动党建党二十五周年庆祝活动后回国去北京途经木齐，十一月15日夜在宾馆接见了新疆大学革命造反团、《星火燎原》战斗队、《东方红》战斗兵团红卫兵和革命师生（革命少数派）。陪同接见的有中共中央委员、外交部副部长伍修权同志。

当康生同志、伍修权同志进入大厅时，群众激动、无限欢呼，教员维、哈、汉族红卫兵给康生同志、伍修权同志戴上了新疆红卫兵革命造反司令部的红卫兵袖章，高呼口号：毛主席万岁！誓死保卫毛主席！誓死保卫从毛主席为代表的无产阶级革命路线！谁反对毛主席就打倒谁！谁不站在毛主席一边就砸烂他的狗头，向区党委资产阶级反动路线猛烈开火！众请康生同志坐下，康生同志讲了两个多小时的话始终是站着的，下面是康生同志的讲话。

——《革命造反派》按

……坐下来讲不大方便，这样吧！我愿坐下时就坐下，坐下后边的人看不见；（众笑）前边还能看见。

方才（乌鲁木齐地区时间午夜以时）我给新疆红卫兵造反团写了封信，交给你们（按：这三个团红卫兵都属本司令部，康生同志晓信，信的内容另有传单。略。）

既然来了、我就从床上爬起来，见了面一句话不谈不好，谈么呢？还是你们出题目呢？还是我先讲？（众：康老先讲）。我讲？按说你们该读过党的八届十一中全会的公报吧？（众：读过）那里边说是：从群众中来，到群众中去，你们不来，我怎么去？（众笑）毛主席教导我们：先当群众的学生，再当群众的先生。你看，我还是先当群众学生好，还是先当群众的先生好？（热烈鼓掌）

我是十月十六日离开北京的。离开北京的前一天，中国人民大学的红卫兵写给我一封信，提了三个意见：①要到机场欢送我②叫我到国际方面去串联：（众笑）③他们说最好他们也派几个代跟我一块去阿尔巴尼亚，回国去。阿尔巴尼亚就是去苏联，就不欢送了，到苏联，特值青……毛泽东那里有化肥厂，阿尔巴尼亚（热烈鼓掌）那（青）那里有化肥厂，阿尔巴尼亚（热烈鼓掌）表团的努力，主要是毛主席的……

苏联、苏一气了。第二、还是谢谢……阿尔巴尼亚的几个城市，到××城……退海军的地方，还到伯万岁……我去……我没说拉法去伯……又到……我都去……陈了沸腾起阿尔巴尼亚代表来……

第二、我谢谢他们，因为……全民欢腾……毛主席万岁……全会公加于新……

这不仅是对阿尔巴尼亚人民的，觉贵的，又是参加我们会的……通过这次大会，我们已不是强调……阿尔巴尼亚的贺电很重要，有国际意义，通过这次大会，把党的八届十一中全会提高到一个崭新阶段……

宣传了毛泽东思想。同志们看过了贺电，把马列主义提高到全世界……毛泽东思想就是马列主义的发展，把马列主义走向全世界……帝国主义时代的马列主义，三十几个兄弟党都提到了。第二、宣传了我国的文化大革命……宣传了你们——宣传了红卫兵。（鼓掌）

阿尔巴尼亚劳动党第一书记恩维尔·霍查同志说的……很有意思，他说：开始我不明白……说你们不……天的。（大号……

阿尔巴尼亚劳动党第一书记恩维尔·霍查同志说的很有意思，他说：开始我不明白……后来又忘……十年书，（热烈鼓掌）还有众……

毛主席亚同志说，（在……鼓掌夫学主席亚同志间走，这真……这次的劳动毛泽东……"阿尔巴尼亚列宁"那修正主义的影响……

搞文化大革命……后来……文化大革命万岁……你们读的（热烈鼓掌）……是校长，毛主席……就是校长当代的马列主义……在国际上有很大的……是马列主义思想在国外就有很深的体会，你们这次的伟大的战无不胜的毛泽东……

产阶级文化大革命……谁是校长最后……文化大革命，是毛泽东思想……到国外就有很深的体会……（热烈鼓掌。众：伟大的战无不胜的毛泽东思想万岁！）……

仅对毛泽东思想有两种人，在这次会（我：指阿尔巴尼亚劳动）上有人反对文化大革命，什么人？红卫兵时，有人反对帝国主义、有人……他站在那儿伟大……

第五次代表大会上提到毛泽东思想，中国文化大革命，大家都站起来了，他站在那儿伟大……毛主席思想……当提到毛泽东思想的伟大……起初坐着，后来不得不站着，因为别人都站起来了，有种人干脆不站，还有种人当说到毛泽东思想的伟大……

89

一成就时，就滑走了。（众：谁反对毛主席就打倒谁，谁不站在毛主席一边就砸烂他的狗头！）反对毛泽东思想的人是有的，如果帝国主义，牛鬼蛇神不反对毛泽东思想那就糟了。毛主席常讲，被敌人反对是好事，敌人赞成，我们就反对。所以对文化大革命的看法有"好得很"和"糟得很"两种看法，这就是阶级斗争。你们参加文化大革命就体会到社会的阶级斗争了。这方面，我就汇报这些，你们看我讲得怎样？

我对外国兄弟党也讲了这个问题。文化大革命的伟大意义有什么？我先对验你们，一个红卫兵起来说：就是要高举毛泽东思想伟大红旗，把毛主席一次一次地展贝红卫兵树革命师生为了什么？（康生同志，坐下）（康生同志又站起来）同志们讲得也很对。康生同志说：是要高举毛泽东思想伟大红旗说，讲在我先坐下来听听。（康生同志又站起来）一红卫兵起来说：就是为了国家不要颜色。康生同志又说：也对，再进一步说。（讲得，无人说）再进一步讲讲。（另一个红卫兵说）……是要废除了生产资料本有制，建立了生产资料公有制，废除了一个……坚诚人的思想革命化社会主义社会，废除了生产资料私有制，建立了生产资料公有制，废除了一个家族资产阶级进行了改造，经过你，对民族资产阶级进行了改造，经过……有是……从足林彪同志说的……就把足毛主……取消了，对民族资……来，就把足思息也扫掉了。（有是……从足林彪同志说的……就把尾毛毛思想取消的，对民族资产来，还发有朋文规定，那是……我们这一搞，就把尾毛思想取消的。我在来们人说：上海已把红卫兵搞的。

新的社会要求新的上层建筑为新的经济基础服务，建立的社会主层建筑就以现的把革命鼓掌）我们取得正的马克思主义层的建立，就要求废除封建主义的经济基础服务？新的社会的上层建筑，怎能让社会主义现的把革命鼓掌）我们取得正的马克克思主义层建筑为新的会主义经济基础服务。假如还是为旧的经济基础。不然，就会政就以现的要把革命鼓掌当时要取得正的马克思主义层建筑影响就本国固，就要求不复变颜色，就会变为社会主义与发展马列主义社会主义社会，就是为了不断总要大向军发展革命就是正和底的，取得正和底的马克思主义层建筑影响就本国固，马列主义必然要发展马列主义。革命的中必心问题就是搞武装斗争。

我们跟外国朋友讲：革命的中必心问题就是搞武装斗争，还不亦建立无产阶级专政。中国政权，还要有无产阶级专政，己取得政权，就要建立无产阶级专政。我们跟外国朋友讲：革命的中心问题，我们就，马克思主义如果只搞阶级斗争，还不亦建立无产阶级专政，己取得政权，就要建立无产阶级专政。

……其实，没其得政权是政权问题，取得了政权还是政权问题，没取得政权是建设的问题了。好像政权问题已解决了，没取得政权是政权，取得了政权就是巩固政权。如果没有政权就失去了……得政权，如果政权很修正主义资产阶级篡夺了，就等于失去了政权。又一是发展了马列主义，是一功绩归于毛主席。（鼓掌，众：毛主席万岁！万岁！万万岁！（万万岁！））

毛主席发展了马列主义，你们不是看了党的八届十一中全会公报了吗？毛主席根据社会主义社会阶级斗争的理论，解决了一系列问题。你们正在进行一场史无前例的伟大事业。你们除了要懂得一个道理：社会主义社会有没有阶级斗争，同时也不完全理解，你们还要懂得一个道理：社会主义社会有没有阶级斗争，这个问题，同内有些干，下去，也不晓得这里有……这是怎样提出的？这个会议，讨论列宁……的是守法的，五年要改要成……列宁提出的你去农村社会……就有个问题，这就是同志们说的毛……服务方面看，你们到社会上看看，这又你们的……主义根本分……（众：毛泽东思想万岁！）

什么叫无产阶级专政？无产阶级专政就是阶级对阶级的专政。如果说社会主义社会没有阶级了，那就鱼咬夫就对了。他说全民党全民国家。他说：我们这里只有几个贪污分子……流氓、诈骗犯，好象没有阶级，只有几个分子，如果没有阶级，又全民的国家帝国主义来侵略，只要全民国家来对付？！有无阶级，是我们与修正主义根本分歧……

新中国建立以来，大至有三种阶级斗争，一种是从经济先……为主的对银行企业收为国有、公私合营等，说是从经济先……

36年有经中三项政策与领政策……消东政策。消东政策与……当声……科消东政策与……本年……为……斯……想涉到政泽东政策……决了引声……主新革命……这是毛泽东致……消宣言……都想……本节政宣言……对上……我们就是毛……（解……是上湖思……我们就是……）

约在56年时就经济关系。这次我们想革命，所……是本节政的……基……这次我想……斯……恩想是……

大……主要是降府……在莫想，恩想……

罗隆伯是没有政修叔一位（这……上所钉的是……政修叔一次……斗争……的斗争级斗……等……又主要是降革命……是……我们说级斗争……

消伯又没有对亦为主（这一位……次大的……消我们的……我们看实际就是这……所……个……你们咏上外……这就咏上外……与国内外斗争结合……次……就……与国内外斗争结合……

没有宣佈，如为百亦掉……不是联斗方……都掉……不是赤济……济都掉……

有人说吴伯为什么要写《海瑞罢官》呢？……铁托主义还会变质……这个问题，每个共产党……斗……毛主席根据国际国内……还要解决我所……叙有国际朋友说明，我们所……同吴伯插话说是……文化……所……实际……他不造报觉等……不写……始时……有人睡觉……如果不这么……社余主义不会变色。这不……是……级主义，我就有国际朋友说，我……们就……有了……

行，不写不能……搞了这么多年社会想……这不是例主义，我就根据马克思主义原理，同国际国……内所……行的苏联，搞了这么想一想，我们今不……

的苏联……经验，提出文化大革命……这不关是文化领域里的事，还要解决我们所……内的……

经验问题，这是毛主席发展马列主义，我……就有国际……同……内所……

进行文化大革命的经验相结合。就是毛主席根据马克思主义原理，同国际国内……内……

未取得政权要夺权，取得政权还要夺权，为什么要进行文化大革命……就是阶级斗争，政权问题……

革命，就是阶级斗争，政权还要夺权问题……

我就这样讲讲……还很长篇大论……只觉得嘛，当然，就是根据……中央讨论的……文化革命小组交换意见是关于文化人……令……问题讲的……

（这时有人来录音，康生同志说：就下……？……区村议论，……

就有口供了，自然我是不犯犯错误，不是景景的……去露出来，大家……

批判，但我不想犯错误，是你们逼得我犯的啊！）……

你们让我到国际去串联，我就讲几条道理。

这次抄家，仅北京、上海就抄出黄金一有二千方面。（伍修权同志插话：折合人……万公斤，有银一百二十万吨，美钞一百多……，这中间还不包括银元，美金有……百多吨……还是二十几多万……有些红卫兵小将关……还有一材料……百多支，其中还包括有炮，机关枪……收发报机几有来……但是仅仅讲道理发……料……因不在于次……讲还不起来了，这些成绩确是很大的；……思想……万多支，其中还……讲还不够，还要从理论上，从马克思主义道理……成绩……下，我李讲来想做个报告的，后来未做，买在最后一天的宴会上实……讲了一吴，还希望你们共同地讨论、总结。人的正确思想是从实……践中来的嘛。你们不光要串联，还要担负发展马克思主义的任务。

主席那样程度，亦就说，你们发展、经过毛主席来，你们那里没有，从那里来？然众骤到思想从中来。发展到思义了，从的群众，例的把思想发展到社会主义的规律，在历史无前无《这个思义》《热烈胜利的》《热烈鼓掌》颜色。

你们那时的所纵千斗争，没有荒唐的，灵魂深处，认识到阶级斗争的规律。从那里来的，是非常全面，在天安门《这个》从群众政革命斗争。经过文化大革命斗争，通过文化大革命，我们这个斗争把马克思主义、毛泽东思想打不倒的，修正主义，国家不变颜色，就可在毛泽东思想指导下，修正主义叫我们赶走。

人民群众掌握了毛泽东思想，红卫兵是人民群众每个人手里拿着，相信正不出修正主义，苏联修正主义领导集团也要把他们赶走，智利学生也要组织红卫兵，有比个学生也像你们一样。人民群众掌握毛泽东思想，不变颜色，就有国际意义的，所以，我们不走其产主义，这是有国际意义的、苏联修正主义复水猛兽，在阿塞俄比亚，有比个学生也很英国人打倒，十几个明白也要组织红工兵，没为汉水猛兽。在阿塞俄比亚，有比个学生也很英国人打倒量。

所以毛主席人民群众是要组织红卫兵与毛泽东思想结合起来，与马列主义结合起来力量。

想么说晴主席根有没好委展，所以讲心人，有民主，三民，国家公报，大淡区发表的，何所讲主席人的讲主义，又有什么修正主义黎位多高，期村义攻，讲，刘说、老五、不是，毛天下58年志，是又是是什么到这个十，母亲老，我想，这到底什么，你是老五。

接着的民主。来了、不管国家的民主。清管次序了，国家又有集体，限清费有统一，意当时我想，既有统一意同来了、不会又有的局。你不管个发了有，因是毛主席个会主义的有的政治、有生动又有，活泼那时政治局面又活，又有个发了，你不喜。

展生同志思不定的什么又有又有那时存在不管，个小故事，有的很多，你想，就是个什么，就怎么是，甘亲、就你是老五，喜欢爱你，就

想作作天产向个一件，你看有法，像你、又要你思展，我街水来有，在天之前。《老处疫主的》在北京，《众》郭东谀，你必来地就刚她，是《学》爱元气，是母爱妻喜欢爱，《本喜欢爱你、想说、我想，

我们观点不同。"（康生同志说到）这里群众都笑了）她父亲是扬州市的邮递员。她反对她爸那些走资本主义道路的当权派，她父亲压制她革命，她对她父亲说："你过去革命，我就赞成你；你不革命，我就反对你。"十三岁的孩子就懂得这个道理。她说："我们观点不同。"我说："好。"她把毛主席像纪念章戴给我，我就戴着去阿尔巴尼亚去串联。（众笑，鼓掌）这样的民主，让赫鲁晓夫试了看让柯西金试试、让勃列日涅夫试试、让日丹科夫试试，现在保加利亚他们正在开会，让他们试试，三天就垮台。我们是既有民主，又有集中。有没有集中？（众："以毛主席为首的党中央。"）有没有民主？（众："大鸣、大放、大字报，大辩论、大串连。"）是不是有统一意志？（众："毛泽东思想。"）有没有个人心情舒畅？我看你们现在就是心情舒畅，但有的人现在心情不舒畅。有人说："王恩茂现在就是心情不舒畅。"他有的人现在心情他将来就舒畅了。文化部肖望东说："我不是右派，我是黑帮。"同学批评他说："我们今天斗你，不是要把你斗成右派，而是要把你斗成左派。"现在批评一下，就是要斗成真正的左派，成为毛泽东思想的左派。当然现在还有矛盾。象毛主席说的"既有民主又有集中；既有统一意志，又有个人心情舒畅，生动活泼的政治局面"在这次文化大革命中就可看出来了。

第四点，我从与兄弟党联系方面谈谈。去年中央全会时有个文件，没有发表，具体内容我记不清了。现在有十号了，检查一下，我们无产阶级知识分子队伍还不大，还不够。这次导弹核武器试验成功，在国际上影响很大。自然科学方面，咱们试验成功了人工合成胰岛素，美国搞了多少年都未成功，而我们搞成功了；上海还搞人工合成苯。最主要的是导弹核武器试验成功，对国际影响很大。外国人说：科学发展象上楼梯一样；上楼梯要一步一步上；中国人现在把楼梯烧掉了，而是跃进。（热烈掌声）工人、农民搞科学试验，发明创造，关键的一条，就是工人、农民学哲学。去年我去天津，看见工人自觉学习毛主席著作。工人学哲学，开始是上海一个造纸厂做的，以后就是天津的一个毛纺厂、以后又到一个食品加工厂。他们是自动的。我去年在天津参加了他们两次座谈会，你们在学校里时，则感到人的正确思想从哪里来，也就是哲学从哪里来的。我们在校讲课时，讲到矛盾是绝对的，平衡是相对，道理也懂，就是不生动；听工人讲很生动。一个纺织厂开始时生产就是上不去，以后就找主要矛盾在什么地方。这个讲在这里，那个讲在那里，经过群众讨论，找出主要矛盾在纺纱车间。产品从纺纱车间加以调查，织布车间人力不够，机器也不好。我去后就把纺纱车间才到织布车间。纺纱车间人力不够，机器也不好。找出后就把纺纱车间人力加以调整，织布车间也有活干了。这样觉得天下太平了。过了两个月又有了矛盾，这次矛盾在织布车间。这就认识到矛盾是绝对的，平衡是相对的经过一调查又平衡了。认识到矛盾是不可免的。去年我在天津看了他们的墙报，上面有些他们的学习心得。学习要经过实践，就象你们现在停课一年进行实践。经过实践，学习变化了，生产变化了，认识变化了。学习毛主席著作有促进作用，就象你们半年不上课了，可能有些变化。党校校长杨献珍是合二而

95

一论者。他举我的其中一条罪状就是说我在工人中提倡学习毛主席著作，学哲学，其实是工人这样做的，我就是提倡一下。现在你们对"简化""重复"有了进一步认识。你们通过文化大革命，培养成为无产阶级知识分子。这次文化大革命人才辈出，开一次大会红卫兵写出一篇文章，有些文革战们看写不出。文化大革命是个大熔炉，真是"革命搞半年，胜读十年书"。当然现在初步有些这一点，将来还会有更进一步的认识。

苏五点、从反对美帝，苏联现代修正主义来看。美帝有两手一手是侵略，一手是"和平演变"我们经过文化大革命一扫，把帝国主义在我国搞"和平演变"的幻想扫掉了。修正主义也搞"和平演变"搞颠复活动，他们就要搞过，过去抓高岗、饶漱石，从后又抓彭××，后来又抓彭×、陆××。他们说我们搞文化大革命是为了战争，我看也是战备动员，你们现在不是徒步串联行军吗？哪有那么多汽车，打起仗来还有汽车坐，帝国主义把和平演变希望寄托在苏三代身上，苏三代就是你们，经过文化大革命，这一来，把帝国主义希望苏三代"和平演变搞掉了。当然是否完全搞掉，要看你们的工作啰。帝国主义想要我们二十年垮台，这个希望完了，文化大革命对反帝反修有贡献，所以有重大国际意义。

苏六点、抓革命，促生产。就是从毛主席说的"物质变精神、精神变物质"来看的。物质可变精神，但反过来，人的思想革命化后可变成巨大的物质力量。去年我在天津对工人、农民谈过，他们很清楚这个道理，搞原子弹，美国从实验到发射经过了十年，苏联经过十年，我们两年，其实两年还不到。人的思想革命化，必然成为巨大的物质力量。抓革命，促生产只要搞好了是不可怀疑的。毛主席很关心，周总理也很关心这个问题，最近又发表了一个社论《再次抓革命、促生产》抓革命，促生产是必然的。

苏七莫：在这次运动中，马列主义也必然得到巨大的发展，不可能不发展。象社会主义国家怎么样不变质，无产阶级政权怎么样更加巩固，怎么不发生"和平演变"不出修正主义；怎样抓革命，促生产等等方面，就必然要发展。

今天我讲这些，中国无产阶级文化大革命，真马列主义就拥护假马列主义就反对。这次出国，北京红卫兵交给我的任务，到国家去串联，我就讲了。每到一个地方，很多人来欢迎，散发毛主席的贺电。有群众的地方就讲，有时去讲两次。工作做了，成绩怎么样，还不敢说，还要向北京向毛主席汇报。当然还有一个任务没完成，没把他们带上飞机出国去串联，没带也一样。

怎样对待毛泽东思想，对待文化革命，对待红卫兵，是国际的阶级斗争。当然，我们不可能没有缺点，只有庙里的泥菩萨没有缺缺点，人怎么会没有缺点呢？列宁讲工序也允许人犯错误。犯了错误不要紧，只要大方向对，国家不变质，只有反对资产阶级反动路线，打垮资产阶级反动路线，以毛主席为代表的无产阶级革命路线才能胜利（热烈鼓掌）

我冒充先生讲了这些（众笑）我在下飞机时，你们有人给我王恩茂的检查，现在你们又交给我这些材料，我一时还消化不了。——

句话不要媒姆，也不要保男。(众笑)。对红卫兵，要让他们敢想，敢说，敢闯。他们能坚持真理，修正错误。

有些新文件我也没看，离开北京二十多天了，我国文化大革命不断向前发展，一天一个变化。毛主席一次又一次接见革命师生和红卫兵。十日和十一日又接连接见。我走时，中央工作会议还会开完，所以中央有些什么新的精神，我也不敢乱吹，乱吹会犯错误。不是我怕犯错误，不是我有意犯错误，你们逼着我犯错误。(众笑)。你们交给我这些材料我还没看，你们有个"九·三"文件，是作我也不大清楚。但有一条，只要坚持毛泽东思想，方向不错，就对。

阿尔巴尼亚那个国家交通不大方便，看报也不方便。前两时，在丰镇有我看报上登的，你们新疆有个学校学生挖了雨概天上的松树带到了北京送给毛主席，这很好。这里既有政治，又有文化。我从那里坐飞机来乌鲁木齐，经过天山看见只是雪白一片，我想天山可能和昆仑山一样光秃秃的，而树是长在背阴处。你们去北京不知是否都去完了(众答：还没有，有些同学还没去。有人说：手国农义师子女学校都开学了。)那好办，你们不上。(众：革命造反有理万岁！)你们说你那是"小学"，我不去上毛泽东的大学。是不是有一半多去过了？(有人答：等等学校差不多，中学没这么多。)这里去北京需要多少天？(有人答：要坐车四天三夜。)有8千里路吧？我今天坐在汽车上看，有人背着背包走。徒步串联，有走路还要串连，宣传，和工农结合，要多少天？(有人答：要半年。有人说：不要，三、四个月就行了。"伍修权同志抓了抓说："需要半年。"

紅色雷达兵战斗队
12.21.

毛主席语录

革命不是请客吃饭，不是做文章，不是绘画绣花，不能那样雅致，那样从容不迫，文质彬彬，那样温良恭俭让。革命是暴动，是一个阶级推翻一个阶级的暴烈的行动。

马克思主义的道理千条万绪，归根結底，就是一句话："造反有理"。根据这个道理，于是就反抗，就斗争，就干社会主义。

下定决心，不怕牺牲。

排除万难，去争取胜利。

正告张玉柱：要老々实々触及灵魂地向全校革命师生做彻底检查！

——评《党支部初步检查》

《红色造反兵》编辑组 ★

当我校广大革命师生热烈欢呼《红旗》杂志十五期社论《夺取新的胜利》的发表，掀起向我校党支部所贯彻执行的资产阶级反动路线猛烈开火的热潮时，党支部以书记张玉柱为署名的初步检查"问世"了。"检查"是挤出来了，但是怎么样呢？

统观"检查"全文，我们认为最大的缺点是没有触及灵魂地彻底检查问题，而是老々实々诚々恳々地作检讨。"检查"采取了推卸责任、敷衍塞责、避重就轻、打一说一等々极不老实的才劣手法以达其上推下骗的目的。

张玉柱等辈虽然善于要手腕，但广大革命师生的眼睛是雪亮的，一眼就看穿了"检查"的漏洞。

比如，"检查"一开始就言明：我张玉柱是"盲目地执行了资产阶级反动路线"的。何谓盲目"？一个人作事总有其思想基础在，怎会没有自己的错误思想支配呢？这样"看"来盲去，自己的责任呢，没有了。

又比如，张玉柱说"对各种革命组织的态度不够平等，带有倾向性"。张玉柱在这里态度很不老实。岂只是"不够平等"、"带有倾向性"?! 彻底的唯物主义者是无所畏惧的，何必这么含含糊糊、躲躲闪闪呢？客观事实总是客观事实，"白"决不能因为你张玉柱的巧说就变成黑。自己已经犯了严重错误，为什么还执迷不悟呢？难道目前学校中两派对持情况你不知其缘由吗?! 真是自欺欺人！

再比如，"检查"中提到三次"教师座谈会"只是隐约其词地提了提，一带而过，简直使人莫名其妙！张玉柱，你为什么要开这样的会？你在会上搞了什么鬼？你用错误路线蒙蔽了多少党员、干部和群众？这些都应从实交待！

特别令人不能容忍是有关十六中事件及高血问题，"检查"中更是轻描淡写，一带而过，地批评自己几句，根本没有触及灵魂！请问：当时你们在十六中信件发到我校后与派出所联系的事为什么不写?! 你们对去十六中并

101

表示支持十六中行动的同学进行逼迫和强令处
分，检讨的事为什么不写?! 一系列有计划、有组织的
对高四部分同学进行围攻、打击也是"盲目"地
执行上级指示？难道没有思想支配吗？

"这篇检讨"就是这样一篇不象样的东西！

我们不得不向张玉林等大喝一声：喂！
同志，你眼前已经是悬崖了！如再不止步的
话，你将后悔莫及了！

毛主席说过："任何犯错误的人，只要他
……老老实实真正愿意医治，愿意改正，我们
就要欢迎他，把他的毛病治好，使他变为
一个好同志"。

毛主席也说过："如果犯错误的人坚持错
误，并扩大下去，这种矛盾也就存在着发展
为对抗性的东西的可能性"。

张玉林，好好学习这两段主席语录吧！
听了主席亲切、中恳的话语，再看看你的检查，
你不感到惭愧吗？

要取得群众信任，获得群众谅解，变
被动为主动，和广大师生共同搞革命也不很
难，只要真正依到《红旗》杂志十五期社论

中的五条标准就行了。

如果不想做到那五条标准，或者妄图打折扣，以蒙混过关，那就有垮台的危险了！

何去何从，望张玉柱三思而后行。

紅色雷达兵战斗队
12月21日

毛主席語录

凡是反动的东西，你不打，他就不倒。这也和扫地一样，扫帚不到，灰尘照例不会自己跑掉。

人民解放军的全体指战员，战斗员，绝对不可以稍微松懈自己的战斗意志，任何松懈战斗意志的思想和轻敌的思想都是错误的。

初評張玉柱的检查

想当初压制革命群众，挑动学生斗学生，挑动群众斗群众时真是威风凛凛，不可一世，而今检查却象刘晴蛀臭水，一带而过。

张玉柱的检查是否触及了他自己的灵魂呢？，我们说，没有，是谁逼着这位行动顽强的所书记今天也竟然写出长达十四页，而且密密麻麻的检查呢？是革命小将，是红色暴动。

最高指示、

> 如果犯错误的人坚持错误，并扩大下去，这种矛盾也就存在着发展成为对抗性的未面的可能性。"

如果没有这些用毛泽东思想武装起来的革命青年的革命行动恐怕连这份不像样的检查也出不了笼。

我们认为，早检查比晚检查好，晚检查要比不检查好，既然检查就要检查彻底，也只有这样，才能回到正确的立场上来，并将得到群众的谅解。留一手的杂念和恶念是十万要不得的，而且也是根本行不通的。

红色暴动的胜利，无情地暴露了张玉柱的灵魂。笑是一证明，在这场触及灵魂的无产阶级文化大革命中，张玉柱做了很多坏事。

前一节段，由于不相信群众，压制革命，结果使自己完全走到群众的对面，犯了方向性、路线性错误，按理说，张玉柱今天该醒悟了吧；事实上与群众的良好愿望完全相反，至今，张玉柱仍然权故示弱，要花招，以退为攻，步步为营，以便蒙蔽一部分群众，以

104

以东山再起。

以下几个事实可以说明问题：

一、仍然把群众当成"两斗"

⑴ 张玉柱并没有诚恳地、老老实实地完完全全地为被打成"反革命"等名目的全师生平反。

⑵ 张玉柱并没有完全、彻底地交代和当众公布扈材料，其中自搞无遗扣留，尤其是非法于段得来的日记，笔记等，并公开向受害者认罪、请示、道歉。

⑶ 张玉柱并没有（看来也不想解放那些由于热爱党、热爱毛主席而受你亵渎的革命师生（极少数甘心同流合污者除外）的彻底根据是个什么呢？就是让他们和群众造你的反，彻底批判并肃清你的流毒。

二、是非仍然不清，爱憎仍然不明，前一段时期，我校通过四大揭露了一些问题，对这些问题，张玉柱甚至还组织了一帮人四处"串联"八方灭火，无下文，企图为他翻案，对这个，张玉柱不仅不交待，而且还没认识，我们认为这是立场问题，如红旗13期社论所指出的：在实际行动，而不是在口头上执行以毛主席为代表的无产阶级革命路线，坚决地支持革命左派，依靠广大革命师生，对张玉柱也经是仁义尽了。

⑷ 关于我校司令部是属于无产阶级司令部，还是属于资产阶级司令部，关于这一问题，师生中是有争论的。在前一阶段，不是有部分受资产阶级反动路线蒙蔽的群众，歪曲林彪同志的讲话精神，说什

么：革命师生给党支部贴的大字报是炮打无产阶级司令部。张玉柱对此举动非常满意，用以压制和打击革命师生的革命行动，不知张玉柱对此问题有何说？在所查中为何不提呢？级难15期社论触突击中了张玉柱的要害，张玉柱想回避和逃脱是不可能的。

四、张玉柱今后打算何处去？

前面已经谈到，通过四大，已经初步揭开了阶级斗争的盖子，但是没有揭深揭透，尤其是党内斗争根本没有暴露出来。面对这种严重的阶级斗争现实，张玉柱打算怎么办呢？和过去一样呢？用软硬兼施的方法，拉一派，打一派，尤其对青年党员和一般行政干部，或者是干脆和有严重问题的人同流合污，搞统一战线，继续对抗群众运动，我们要奉劝张玉柱，此路不通。

最后，我们衷心地希望张玉柱能顾全大局，以党的利益，以我们学校文化大革命的利益，以个人前途为重，再也不要执迷不悟了，苦海无边，回头是岸。

同时，我们要正告张玉柱，几顶破帽子是遮不住羞，盖不了丑的。

天若有情天亦老，人间正道是沧桑。

红色造反战斗队

1966.12.19.

毛主席语录

团结、紧张、严肃、活泼、

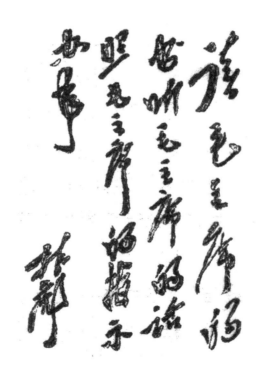

評星火燎原（教）战斗队的
第一份大字报

很多的組織，很多同志们对星火燎原战斗队的第一份大字报给以好评，我们雷达兵同上一样，热烈欢呼星火燎原战斗队的革命造反精神，并热烈欢呼其大字报在我校所起的重大政治影响。

这張大字报的发表，标志着我校革命的教工开始站起来了。过去，我校的教工一直在我校党支部的资产阶级反动路线的压抑控制下，而现在，他们要打破一切旧框々，砸烂一切旧事物，他们要向着胜利的目标前进，冲破那些束缚限制他们的罗网。这正象红旗15期社论所指示的"以反对毛主席为代表的党中央的无产阶级革命路线为目标的资产阶级反动路线已经被广大工农兵群众所识破，一些执行过错误路线的同志，已在改正自己的错误，回到正确的路线上来。极少数顽固坚持资产阶级反动路线的人越来越孤立了，革命左派的队伍，有了很大的发展、壮大、和提高。广大的革命群众，正在扫除一切绊脚石，沿着毛主席亲手开辟的无产阶级文化大革命的道路，大踏步地前进。"

我们可以说：现在的形势大好，我校形势大好的特点是革命的左派教师开始站起来了，革命的左派教师和革命学生勇敢地结合在一起了。那些受资产阶级反动路线所迫害，受党支部所控制的革命师生教职员工，现在站起来掉卫以毛主席为代表的无产阶级革命路线，起来斗争，扬眉吐气了！

但是，党内一小撮走资本主义道路的当权派，极少数顽固坚持资产阶级反动路线的人，并不甘心自己的失败，他们错误地估计了形势，他们又是玩弄新花样，采取新的形势欺骗群众，我们革命者在这大好形势下应该明白，斗争越战深入，越尖锐，越复杂。所以斗争不是那么简单的，往后的斗争会更艰苦。那些资产阶级反动路线的忠实执行者会以各种鬼手法，会更隐蔽，更恶毒地继续和以毛主席为代表的无产阶级革命路线相顽抗，斗争会有多次的反复。

"宜将剩勇追穷寇，不可沽名学霸王"革命的教工和革命的学生联合起来，准备迎接更艰苦的斗争。两支革命的大军合在一起，移山填海，力量无穷，共讨走资本主义道路的当权派，狠打那些顽固不化的一小撮资产阶级"保皇派"。

而今，星火燎原战斗队的第一张大字报的发表，对革命师生作相结合起了促进作用。革命的教职员工应和革命学生团结起来，革命的教职员工和革命的学生应该联合起来！

革命的各组织应在大方向一致的前提下，在毛泽东思想的共同基础上团结起来！

革命是艰苦的，斗争是曲折的，但我们有伟大的毛泽东思想武装，有毛泽东思想指引方向，有星火燎原战斗队这种敢说敢的革命精神，胜利已定，曙光就在眼前。

红色煤铁兵评论组
66. 12. 18

幕后的策划者，阴险的两面派

張玉柱，窦树澄是我校12·19—20号大规模

流血事件的罪魁祸手

那些一贯胡说八道，靠造谣吃饭的家伙们看了这个题目，恐怕要强词夺骚，议论纷纷了，我们还是事先警告你们一句：这是把这一套放口袋里，先把态度放老实些。

12·19—20号事件的发生，给革命造成了不可估摸的损失，对其大规模的流血事件，决不能单纯谈其事情经过，而要观其现象，找其根源，透过现象看本质。造成此流血事件的罪魁祸手就是張玉柱，窦树澄，这是任何造谣也抹煞不了的。

流血事件发生后，20号清晨，我们向張玉柱，窦树澄谈起此事，阐明了我们的看法后，張玉柱一付不服气的样子，随后是一脸的委屈相 这可"诸怪"了"祖师爷"！

我们再次声明，窦树澄，張玉柱就是这次流血事件的幕后策化和制造者，流血事件发生后，伤数十余人，严重地损伤了同学的身体健康，而你们却装出一付关心同学的样子，表示"探询"，"慰问"，这完全是一付狡猾的面孔，阴险的两面派！

冰冻三次非一日之寒，此大规模的流血事件的爆发，完全是党

支部幕后精心策划的。自文化大革命至今，我校党支部哪一件事不是挑动群众斗群众，打一派，拉一派，哪一点不是执行的资产阶级反动路线？！

你们曾喊着要踢开"绊脚石"，肾杨音高二、2红卫兵们旗战斗组是运动扛大旗的，而高三、1同学是跳梁小丑，是早晚没有好下场的，你们曾经监视那些敢给你们提意见的人，把他们列入黑名单，打成重点，你们上窜下跳，点火基层，对初三、2、七组，初三、5七级的围攻，对16中观点的同学和对高三、1同学的严重的政治迫害，这些难道还是小事情吗？！

15期社论指示："现在，党内一小撮走资本主义道路的当权派极少数顽固坚持资产反动路线的人，有一个特点，就是自己在幕后，操纵受他们蒙蔽的学生组织，工人群众组织，挑拨离间，制造宗派，挑起武斗，甚至使用各种非法手段，来对付革命群众。这些人则"隔山观虎斗"。他们妄图用这种手法破坏无产阶级文化大革命。

这次流血事件正中3党支部的计。中3一撮坏人的计给3牛鬼蛇神抬头的机会。革命的同胞们，面对这样大规模的流血事件，我们怎能不痛心？！谁流血？我们红卫兵美革命同志们流血，谁受损失？是我们的国家。同志们，我们对牛鬼蛇神还用大斗，难道我们对阶级弟兄，阶级姐妹们公然进行围攻，进行残酷的迫害？！

张玉柱，窦树澄东躲西窜，一副阴险的嘴脸。那些参与12、19-20号流血事件的同志，决不要再受一些人的利用了！

革命的同志们，我们共同行进在革命的大道上，共同战斗生活，在毛泽东思想的旗帜下，让我们在毛泽东思想的共同基础上，团结起来，决不能再让此类的流血事件重演了！！

幕后的策划者，阴险的两面派，张玉柱，窦树澄就是围攻革命左派学生的流血事件的罪魁祸首。

我们要正告张玉柱，窦树澄，对此流血事件，件，你们必须老老实实地认识，负其责任，解除一切不良后果。

红色雷达兵战斗队

12, 21,

紅色雷达兵編輯組
创刊号
1966.12.22.
红色暴动兵团·毛泽东思想
紅卫队·紅色雷达兵战斗队

红色雷达兵

☆ 第 **2** 期 ☆

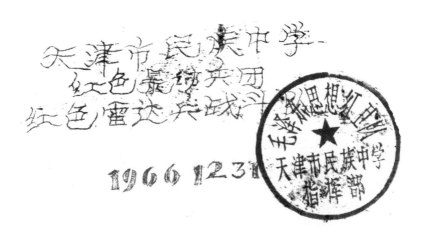

天津市民族中学
红色造反兵团
红色雷达兵战斗队

1966 12 31

赠：卫东彪战斗队

目　录

敬爱的毛主席，
我们心中的红太阳！
无论我们站在什么岗位上，
身上都闪烁着你的光芒，
无论我们走到什么地方，
总是觉得近在你的身旁。

跟着你，
我们踏破了多少惊涛骇浪；
跟着你，
我们推倒了多少铁壁铜墙；
跟着你，
我们开辟了新中国的历史；
跟着你，
我们去实现共产主义的理想。

你教导我们，
洞察世界，辨明方向；
你教导我们，
立场坚定，斗志昂扬；
你亲手的号召，四面八方回声响亮，
你伟大的思想，百战百胜，
壮丽辉煌！

敬爱的毛主席，
我们跟着你奋勇前进，
让胜利的红旗，
永远飘扬，
永远飘扬！

我们最々热烈地欢呼我国又
一次成功地进行了核爆炸！
这是毛泽东思想的又一伟大
胜利！

一九六六年十二月二八日，我国在本土的西部地区又一次成功地进行了核爆炸。这是毛泽东思想的又一伟大胜利；我国又实验成功一颗核武器这是文化大革命的又一胜利！核武器的爆炸声，激得全世界人民欢欣鼓舞，心花怒放，这核武器的爆炸声，惊得帝、修、各国反动派心惊胆战。全世界人民热烈欢呼、伟大的导师、伟大的统帅、伟大的领袖，伟大的舵手毛主席万岁！万岁！万万岁！

这一伟大胜利对全世界人民是一个极大的鼓舞，对还在反帝、反修的革命人民是一个巨大的精神援助。

这一伟大胜利给党内一小撮走资本主义道路的当权派是当头一棒，对世界上美帝、苏修的核垄断是一个有力的回击。

这一伟大胜利，更证明毛泽东思想的无比威力正象林彪同志所说的："毛泽东思想一旦被群众所掌握，那就会变成无穷无尽的力量。"实践证明了这一点，被毛泽东思想武装起来的中国人民是任何困难也吓不住的。我们向这些无畏的战士们表示亲切的问候，最热烈的祝贺。你们处处以毛泽东思想为主导，敢想、敢做、敢闯的精神永远是我们学习的榜样。我们沿着你们的道路前进把无产阶级文化大革命进行到底。

　　　　　　红色雷达兵 编辑组

　　　在生产斗争和科学实验范围内，人类总是不断发展的，自然界也总是不断发展的，永远不会停止在一个水平上。

　　　　　　　　　　毛泽东

　　　人们的社会存在，决定人们的思想。而代表先进阶级的正确思想，一旦被群众掌握，就会变成改造社会，改造世界的物质力量。

　　　　　　　　　　毛泽东

革命师生联合起来，向资产阶级反动路线猛烈开火！

·本刊评论组·

目前，一个揭发、批判资产阶级反动路线的巨大浪潮已在我校掀起。广大革命师生、革命造反派们个个扬眉吐气，纷纷起来冲决束缚他们的罗网，来造坚持资产阶级反动路线人的反了。在他们毫不留情的"铁笔"下，那些坚持资产阶级反动路线的人的丑恶嘴脸暴露无遗，威风扫地，处于十分孤立的地位。

但是，正象《红旗》杂志十五期社论所说的，还有一小撮人会坚持反动路线，他们继续要阴谋放暗箭，欺骗广大革命师生，以便蒙混过这一关，从而获得喘息机会，重新组织人马，以便以后伺机进行反扑，向广大革命师生进行反攻倒算。我校党支部书记张玉柱就是这号人。广大革命师生从党支部的"初步检查"及张玉柱的一系列活动清楚地看到这一点。假象是蒙蔽不了全校千百双雪亮的眼睛的，假检讨、真要赖，这个张玉柱"检查"的本质，用毛泽东思想武装的革命师生一眼就看出来了。现在张玉柱等人的唯一出路是：老老实实地按《红旗》杂志十五期社论中所提到的五条标准痛改前非，深刻检查，重新回到广大革命师生的一边来；否则，死死抱着资产阶级反动路线不放，站在资产阶级立场上，继续玩弄阴谋诡计，欺骗广大革命师生，就只能自绝于党，自绝于革命师生，从而走上反党反人民的道路。

令人可喜的是：随着学生革命组织的不断出现，革命教师的组织也纷纷宣告成立。这是革命教师冲破重重阻碍，组织起来向资产阶级反动路线开始进攻的新形势。对于革命教师起来革命，我们革命学生要大力支持，同时我们要和革命教师结合起来在斗争中相互支持，相互帮助，互通消息，以形成统一战线，共同向资产阶级反动路线进攻。

目前，各革命组织在巩固的基础上，在大方向一致的前提下正互相联合起来，求得联合行动。不过由于资产阶级反动路线的流毒还起作用，由于孙玉柱等人种下的祸根（而他本人又不愿挖掉这个根子，改善各组织间的关系）终于形成各革命组织的矛盾或对立以致酿成12月19—20日的武斗事件，武斗的结果，是革命学生被打伤，而更加深了一些组织间的矛盾，这不能不使革命同志痛心！而孙玉柱等人在事后却若无其事。我们正告孙玉柱，你对那两次事件有不可推卸的责任！

武斗终究不是好事。我们各革命组织，一定要在伟大毛泽东思想的基础上，在革命大方向一致的前提下，加强团结，不要被坏人利用，不要造

121

成对抗的形势。要坚持文斗，不用武斗，不要动手打人。对一些问题有不同的看法，应当以革命利益为重，以大局为重，通过摆了实讲道理的方法，进行民主讨论，求得协商解决。在原则问题上应当求同，在枝节问题上可以存异。

当前，我校形势好得很。形势好而更需要我们革命师生联合起来共同战斗。团结就是力量，我们应在斗争中团结大多数，团结广泛的统一战线，以便最大限度地孤立敌人。

让我们革命师生联合起来，向资产阶级反动路线发起新的攻势，不获全胜，决不收兵！

工人阶级是文化大革命的主力军，
革命的青年学生应该向工人同志学习，
向他们看齐.！！
革命的青年学生，应该深入群众中去，
到社会实践中去，锻炼考验自己，
为彻底完成一斗,二批,三改的任务
而奋斗到底！！！

韩卫东等四人的大字报揭得好！

——评《张玉柱我们认识你了——戳穿张玉柱一个大阴谋》

12月30日，我校原毛泽东思想红卫兵战士韩卫东等四人贴出了一张题为《张玉柱我们认识你了——戳穿张玉柱一个大阴谋》的大字报。这份大字报揭得准，揭得狠，揭得好！！我们赞扬这敢说、敢干的革命精神。

我校党支部的黑幕远远没有揭深，揭透，这份大字报的发表，将是进一步揭发我校党支部的一个胜利的开端。那些一直在党支部控制下，不敢多说话，不敢公开揭发我校党支部的群众，尤其是那些过着"哑巴生活"的教工，现在要站起来，要扬眉吐气，要说话了。

六个多月的文化大革命中，我校党支部一直是蒙蔽着一部分群众，他们要阴谋放暗箭，挑拨组织关系，蓄意搞垮某组织，打击某组织，甚至挑起武斗，制造大规模的流血事件，实行幕后式的白色恐怖。这正象红旗15期社论指出的，"党内走资本主义道路的当权派，极少数顽固坚持资产阶级反动路线的人，有个特点，就是自己在幕后，操纵受他们蒙蔽的一些学生组织。"

在两条路线的斗争中，直至现在，党支部在我校推行贩卖资产阶级反动路线有他一定的市场，还操纵利用着一部分人，做为他实行资产阶级反动路线的工具，用来保护自己。

我们认为，那些受党支部蒙蔽的群众，绝大多数是好的，是热爱党、热爱毛主席，顽意实行无产阶级革命路线的。在曲折复杂的两条路线的斗争中，他们受了党支部及一小撮别有用心人的利用，自己被蒙在鼓里，而做了那些资产阶级反动路线推行者们的幕上人。

提起警觉吧！同志，你受了资产阶级反动路线的蒙蔽，而现在是猛然醒悟的时候了。请你冷静地想一想，那些党支部的"官老爷"们对你都说了些什么？指使你们做了些什么？他们自己又做了哪些见不得人的勾当？这些都属于什么问题？！

在当前这场无产阶级文化大革命中，道路是曲折的，一事当前，应首先用主席思想对照，辨明是非，澄清真伪。不怕犯错误，有了就改正。应该执行正确的路线，砸烂资产阶级反动路线。确立自己的政治观点，一心一意为革命。有困难就克服，有错误就改正。去掉一切思想包袱，勇敢地站起来干革命！

受蒙蔽的同志们，你们最清楚地了解了实，你们应该勇敢地站起来冲锋，冲锋在无产阶级文化革命大军的最前列，就象韩卫东等四人的态度一样，用自己的实际行动，去保卫党中央，保卫毛主席，捍卫以毛主席为代表的无产阶级革命路线，冲上前去，永远前进，迎接无产阶级文化大革命灿烂光辉的新胜利。

韩卫东等四人，能够为了党的利益敢说敢做，这就是值得学习的革命态度，应该做的革命态度。

受资产阶级反动路线蒙蔽的同志，现在是猛醒的时候了，无产阶级文化大革命的新高潮等待着你。

红色雷达兵评论组

66.12.30

賊 喊 捉 賊 者

前记：

我们有这么一种人，当初竭力制造拉拢群众，他们相声尾随，大唱革命的高调子，活象深夜群集云洞的耗子一堆，大叫大嚷着，极力喧哗着，猖獗的不可一世，他们是张玉成、窦村澄得意的大弟子，执行资产阶级反动路线的新手，而批判反动路线的今天，却摇身一变，摇旗呐喊，招摇撞骗，自称左派，声明澄清印发了几千份，喊着要破了嗓子嚷着要革命。想当初受上司密令招考某组织立大功，而今但愿如此矣！

贼喊捉贼者，终究完蛋。

注意，那些靠唐牙活着的耗子，又要云洞，他们是往往要害物咬人的。

本报 评论组

在资产阶级反动路线穷途末路的今天，有一种情况使我们想起一个寓言故事《贼喊捉贼》。

有一个贼去偷鸡，不料被人发觉了，贼想尽办法栽不住，慌忙就逃。贼逃的极快，后面众人自然紧追不舍。在这时，前面又出现者截者，贼惶恐万分，脸都变了色，逃的欲望逼迫着贼生出一个妙的计策——贼喊捉贼：自己一边逃，一边指着前边高喊：快捉呀，前面是贼——

这样的贼喊捉贼者今日也有，虽则不多，但却有之。这样的贼者是极其狡猾的顽固派，做了坏事，还死不认错；别人发觉后，便喊云"捉贼"的高音调，妄图蒙混过关，坚持错误。

有些人曾是执行资产阶级反动路线的干将，他们有的当过工作组的组意弟子.帮凶 有的是谰式发言的创造与鼓吹者,有的是斗同学的"英雄",有的是拉宗派的能手……应有尽有.

资产阶级反动路线完蛋了!他们的靠身倒台了,会蒙,敢,受压制的人觉悟了.于是,他们忽而摇身一变,摇旗呐喊,高呼批判资产阶级反动路线",居然又混成"左派",依然要"作威作福",压制群众。

他们这一变,是假变。

他们变,一不揭发=不批判,连个过程都没有。对于自己犯过的错误没有认真认识,文过饰非,捏造事实,企图挽回自己已败的局面。他们的本性未变。

他们这一变,是蒙混众人,遮掩自己。

他们这一变,实属贼喊捉贼。

为了革命斗争,能团结的我们都要团结,只有他们自己,必将"团结"不得。

他们这种人是必打的"落水狗",而非诚心的革命者.万不要只看他革命"的外表,还要看他骨子里是什么!不要看他说在"笑得 可爱",装得"可怜",待到翻脸之日,他却是"六亲不认"的.

请君留意,贼喊捉贼者极少.但确有人在.今日他也喊 革命.也喊"谁执行资产阶级反动路线就砸烂他的狗头!"切不可忘记他当时 斗争群众,拆垮革命组织,而且骄 狂不可一世!

对今天的贼喊捉贼者必须识破,并向他们展开严肃,认真的思想斗争.这个原则绝不能放弃!

然而,贼喊捉贼者最终还是骗不过众人,而只能是使众人更加认真他奸诈，狡猾和无赖的本来面目。

狗嘴吐不出象牙，读者们切记四个字：贼喊捉贼

红色电评编辑部转抄，有改动

66.12.30

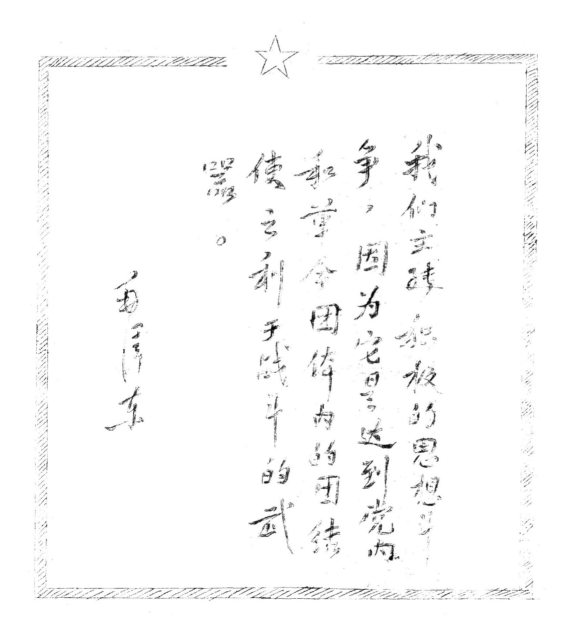

我们主张，被迫的思想斗
争，因为它是达到党内
和革命团体内的团结
使之利于战斗的武
器。

毛泽东

秋后帐·我们算

史无前历的无产阶级文化大革命正以排山倒海之势，雷霆万均之力磅薄于全中国，震撼撑于全世界。那些把持社会主义学校的党内走资本主义道路的当权派和反动的学术"权威"被揪了出来打翻在地，使他们永地不得翻身。现在资产阶级反动路线的丧钟已经敲响了，以毛主席为代表的无产阶级革命路线取得了伟大的胜利。毛泽东思想正被广大的工农兵革命师生所掌握，所运用。整个革命形势好的很！

但是也必须看到，在一些地方资产阶级反动路线的表现还是非常严重的，尤其在我校，教师还有党全发动起来，寻其源因，就是那些钻进党内的走资本主义道路的当权派在作崇。他们以各种格样的手段压制革命群众。使得一些革命师生文化大革命以来一直压驾抬不起头，思想顾虑极大：怕打碎饭碗，怕穿小鞋穿，怕"秋后算帐"。

革命的师生同志们，无产阶级文化大革命的主力军是谁？是我们！广大工农兵，革命的知识分子和革命干部！秋后的帐由谁来祘？由我们！那些走资本主义道路当权派的帐是由我们来祘的。我们不但要祘"秋后"的帐"、"中期"的帐。我们也要祘！"来年□□□□春天"的帐我们要要祘！！处处"耕耘"，处处"算帐"！处处战斗，处处胜利！！我们要祘毛泽束思想在我脑子里扎下多大的根！我们要祘在尖锐复杂的阶级斗争中掌握了多少本领！我们要祘我们消除了多少毒草，我们要祘将来的田地是多么肥沃，这就是我们要祘的帐，也是我们必须祘的帐！我们要祘清，祘准。

"天下者，我们的天下，社会者，我们的社会，国家者，我们的国家，我们不堪堆堪！我们不做谁做！"谁敢向革命师生祘"秋后帐"，我们就砸烂谁的狗头！

有毛主席和以毛主席为首的党中央给我们撑腰，给我们做主，我们什么也不怕！革命的师生们，挺起胸膛为保卫党中央和毛主席勇敢地战斗吧！为捍卫我们最最伟大的领袖毛主席，为捍卫以毛主席为首的党中央，为捍卫无产阶级专政，天塌地裂也敢上，刀山火海也敢闯！战斗吧！！

革命无罪，造反有理，造反到底，就是胜利！

红色暴动兵团 毛泽东思想 红卫队 1966.12.28
红色青年兵 战斗队

革命的知识分子和工农群众相结合，是使无产阶级文化大革命胜利的重要保证。我们工人阶级应当欢迎革命学生到工厂来串联。革命学生也应当欢迎革命学生到工厂来串联，革命学生也真当欢迎革命本市的工人到学校去串联，以便相互学习，相互帮助，相互支持，相互促进。

—— 人民日报社论《迎接工矿企业文化大革命的高潮》摘录

在工矿企业里开展无产阶级文化大革命，不是可有可无，无足轻重，而是非搞不可，非大搞特搞不可。

—— 人民日报社论，《迎接工矿企业文化大革命的高潮》摘录

两 种 方 法 论　　陈伯达

当群众的学生，集中群众斗争的经验及其意见，反转过来对当群众的先生——这是毛泽东同志从来所用的革命方法论。这篇文章是毛泽东同志应用这个革命方法论的最出色的典型之一。应用这种革命方法论的前提，乃是把群众的痛苦当成自己的痛苦，把群众的欢喜当成自己的欢喜，充分信任群众的力量，信任群众的正确，信任群众的将来。掌握这种革命方法论的人，对于群众自我的革命发动和革命创造，决不惊慌失措，也不是"站在他们的后头指手划脚地批评他们"，而是拿出充分的勇敢和毅力去迎接他们，学习他们，去"站在他们的前头领导他们"使他们获得结果，获得胜利。这就是布尔塞维克的革命方法论，这就是马克思恩格斯、列宁、斯大林的革命方法论。大家回忆一下，一八七一年马克思对于巴黎公社的态度吧！这些无产阶级的革命大匠对于群众的冲天行动，不是责备他们"幼稚"，不是责备他们"过分"，而是给以满腔热情的欢呼；不是隔岸观火，不是自吹其学，而是和英勇的群众连一起分析和总结他们的斗争经验，提供他们继续争取胜利的指南针。毛泽东同志的态度，和这些无产阶级革命大匠的态度，完全一致。请看毛泽东同志对于当时湖南农民革命的歌颂：

"……这是四十年乃至几千年来曾成就过的奇勋。这是好得很。完全没有什么"糟"，完全不是什么"糟得很"。"糟得很"明明是站在地主利益方面打击农民起来的理论，明明是地主阶级企图保持封建旧秩序，阻碍建立民主新秩序的理论，明明是反革命的理论。每个革命的同志，都不应该跟着瞎说。你若是一个确定了革命观点的人，而且是跑到乡里去看过一遍的，你一定会看到一种从来未有的痛快。无数万成群的奴隶——农民，在那里打翻他们的吃人的仇敌的举动，完全是对的，他们的举动好得很！"好得很"是农民及其他革命派的理论……"

"……凡是反抗最力，乱子闹得最大的地方，都是土豪劣绅，不法地主为恶最甚的地方。农民的眼睛，全然没有错的。谁个坏，谁个不坏，谁个最甚，谁个稍次，谁个惩办要严，谁个处

罚 从轻，农民都有极明白的计标，罚不当罪的极少。……"

毛泽东同志完全为群众方面辩护。但这决不是盲目的辩护。这种辩护完全合乎历史发展的实际，完全合乎历史发展的真理。这种辩护是为打倒各种形式的反革命或说所绝对必要的。要革命，就必要长群众的志气，灭敌人的威风。没有群众的狂风暴雨般的力量，决不能有大革命，也决不能完成革命。毛泽东同志，就是挺身去，歌唱群众的大风雨，并且是对群众进行了呼风唤雨的太粗暴了吗？对不起！你要懂得革命吗？这就是真正的革命！我们就是歌唱这样的革命！毛泽东同志在这篇文章中，对革命，给了一个绝妙的科学形光。

"……革命不是请客吃饭，不是做文章，不是绘画绣花，不能那样雅致，那样从容不迫，文质彬彬、那样温良恭俭让。革命是暴动，是一个阶级推翻另一个阶级的暴烈的行动。农村革命是农民阶级推翻封建地主阶级的权力的革命。农民若不用极大的力量，决不能推翻几千年根深蒂固的地主权力。农村中须有一个大的革命热潮，才能鼓动成千成万的群众，形成一个大的力量。"

你说群众是过分"吗？群众是"矫枉过正"吗？不错，毛泽东同志回答说：那些所谓"过分"的举动，都是农民在乡村由大的革命热潮激动起来的力量所造成的。这些举动，在农民运动第二期（革命时期）是非常之需要的。……顶言之，每个农村都必须造成一个短时期的恐怖现象，非如此决不能镇压农村反革命派的活动，决不能打倒绅权。"毛泽东同志说："矫枉必须过正，不过正不能矫枉。"这是毛泽东同志在中国一九二七年的革命斗争的客观辨证法。革命不是修正旧制度，而是要依靠群众的大力量，从事破坏旧制度，而一旦群众起来，就会向他们累代世袭的压迫者发泄其郁积的怨愤，就是说，就会"冲决一切束缚他们的罗网，朝着解放的路上飞跑。"改良派说，这是"矫枉过正"。但是革命群众所越过的"正"，不是别的，恰恰就是改良派所划

131

定的界线，这个界线就是改良派保留旧制度的界线。

当然，不是说，群众在斗争中不会有任何的错误。但是革命者不能因为群众在战斗时有时可能有些错误而就事先缚住群众的手足，去阻止群众冲破改良派企图保留旧制度的界线，相反必须让群众去冲破这样的界线。应该了解：群众也可能有些错误，但应是让群众在斗争中学习自己的本领，并学习纠正自己可能犯的错误。

……在一九二四年——一九二七年革命时代和毛泽东同志所代表的这种布尔塞维克的方法论相反，还有一种方法论，这就是以陈独秀为代表的孟什维克的方法论。这类人也就是毛泽东同志旧时所称为"本本主义"的人。他们口头也时常玩过"革命"的词句，特别当群众还没有大发动时候，他们甚至可以把自己描写成为了不起的"革命好汉"或"革命英雄"，但他们是在书房中制造"革命"的计划，绘画"革命"的图案，而叫喊群众要去按照他们的计划或图式走路。如果群众斗争有点走样，即走了他们的计划和图案的时候，特别是当群众大发动，而根据自己的意志，去"冲破一切束缚他们的罗网"的时候，那些"本本主义"的人就会惊慌而惊呼：吓！吓！你们果真干起来吗？慢点，慢点！我还有更妙计呢！让我先和敌人谈判谈判你们且息一息吧！"继而生气："你们胡闹！你们究竟没有知识，为什么不听我的命令呢？"终而摇头叹气和咒咀："世事大变了，真是无法无天，眼看要天乱了，没有办法！没有办法！让你们去得祸吧！如果群众果真失败了，那么，他们的理由就更多了，神气就更提了："活该！我老早就料到了，不听我的话，活该有这样的结果！""

毛泽东同志在《中国革命战争的战略问题》上说："革命战争是民众的事，常常不是先学好了再干，而是干起来再学习，干就是学习。"当然，不但革命战争是这样，各种群众的革命活动也都时常是这样。但这种真理对于"本位主义"的人，是格々不相入的，他们说："世界上那里会有这等事呢！世界上是书本出革命，那里会是革命出书本呢！"这类人一方面害怕反革命的恐怖，另一方面害怕革命的恐怖，而且，害怕革命的恐怖，比起害怕反革命的恐怖，是要更厉害得多，所以，他们不会赞助群众但我的革命行动，也决难向革命的群众学习，最后，也就要从革命的队伍中滚出去。

> 节选自《读〈湖南农民运动考察报告〉》
> 沈阳农学院　毛泽东思想、红卫兵
> 革命造反团　宣传组.

天津市民族中学　紅色暴动兵团　紅色雷达兵　12.29

＝＝ 活学活用主席著作　警句 ＝＝

我觉得一个革命者活着就应该把毕生精力和整个生命为人类解放事业——共产主义全部献出。我活着，只有一个目的，就是做一个对民有用的人。　　　　　　　　　　　　——雷锋

干革命就不能怕牺牲，怕牺牲就不能在革命的道路上坚持到底，就所谓的坚定性。……只要真正需要，当牺牲的时候，革命者想到的不怕死而是努力以此来换得更大的胜利。　　　　　　　——王杰

如果需要共产主义理想而牺牲，我们每一个同志，都应当也可以做到

到——脸不变色，心不跳　　——欧阳海

133

江青、张春桥、关锋、戚本禹、姚文元等同志十二月十八日晚在人民大会堂接见一司、二司造反联络站，三司首都兵团以及部分院校革命派代表的座谈会纪要：

首先张春桥同志向各校抓反革命分子的情况，以及群众反映到毛主席你了汇报。

江青同志说：这几天，我听到一些反映，听说你们抓了很多人，我很担你们走弯路。北京市委，中央北京市委至毛主席通告是中央批准的，不一定对他们适用对你们也适用抓来的人，你们可以交给公安部，让他们替你们管告诉公安人员看管好，随传随到，发生问题由他们负责，你们不能私自拘留，也不能侵犯其人身自由。不够送公安局条件的可以警告他，不许回家，否则一切后果由他负责。跟他们讲清楚，不要害怕，好好爱护，从政结果，回到正确立场上来，同你们一起干革命，你们要做艰苦的思想工作。你们这些人就是怕作思想工作。刘涛的工作可以作，贺鹏飞的工作也不比李井泉的儿子的工作难做。争取过来，让他们揭发问题，也有利于做他们的老子的工作，如果你们实在不听，要那样做，把子结送你们负责。"

有人问："什么样的人可以抓？"中央文革回答贴攻击毛主席、林副主席大字报的可以抓。临关锋、戚本禹的大字报的不能抓（戚本禹同志讲的）象贴一商、二商、三商中央文革小组的不能抓，现是行凶的很多，北京的敌服歪风一定镇压下去，杀至写做个示范，对于那些打人多的，态度不好、年纪大一点的可以镇压，一定要判刑，年轻的可以死刑缓期。"

吴德："把西城区纠察队的后台查出，严重的枪毙。"

江青同志讲、"抓人要交给公安部，不要交给公安局，公安部是谢副总理管的，我们信任他。

西城公安分局问题很严重，已经调 500—600 人去改组它。北京市公安局也肯定有问题，你们可以去造反。公安部及、监察院，最高人民法院都是从资本主义国家搬来的，建立在党政上监察竟监察到我们头上来了，查理我们的材料，这都是些官镇机构，他们这几年一直跟毛主席相对抗，我建立公安部队，除了交通警、消防警以外，其它全部由军队管（谢付总理同意）

各省委驻京办事处以及各省在北京开的饭店是搜集情报的，做特务工作的，例如四川饭店就是李井泉搞的，晋阳饭店就是彭真搞的。马要严要下令撤消（谢付总理同意）现回去和总理讲一下。

一同递条子：准备揪出刘少奇、邓小平。

江青同志讲：刘少奇和邓小平是党内问题，中央可以解决，现在搞他们不适宜，不策略，对于他们在党内外的影响，群众还要一个认识过程，在清华、北大不是有人贴刘少奇的大字报吗？主席亲自派陈伯达同志去制止。

清华要揪王光美回去检查是可以的我支持。

江青同志讲：周荣鑫、王任重、萧文寿、徐明，孔原都是西城

135

纠察队和东城纠察队的后台支持者。

周荣鑫与彭真有关系，雍文涛也很坏，以前总是通过王任重来抱着中央文革犯错误，做很多坏事。

（二司造反联络站一个同志、北航《红旗》递条子给江青同志，建议三个司令部联合起来。）

江青同志讲：这个建议很好。现在是时候了，你们三个司令部可以商量一下，搞一个全市性的组织。要不要什么司令部了，这个我们不能包办代替。现在革命派应该团结起来，一起战斗，浩浩荡荡干革命，人少了人家看抄。你们可以求同异存统一思想，起行动。不仅左派，中间派可以联合，右派也可以争取。

我有一篇关于这个问题的讲话，现在不适合，太早，等你们联合起来时，我再给你们讲。

（戚本禹同志会后说，这个问题应该提到议事日程上来。你们合并时，可以找聂元梓、蒯大富等参加。）

张春桥同志讲：从现在到明年四月份，这段运动怎么搞，你们回去讨论一下，我们很想听一听你们的意见，下次你们把意见搜集来。

（本文是记录稿，是谈话大意，未经本人审阅，如有错误由整理人负责。　北京工业大学钢一连　翻印）

★ 天津市民族中学红色暴动兵团红色雷达兵翻印 ★

歌頌毛主席

見到毛主席最幸福　毛主席是我们的大救星

世界上什么最红？
天安门上的太阳最红。
世界上什么人最亲？
毛主席最亲。
世界上什么最幸福？
见到毛主席最幸福。

　　　　　　红卫兵

祝毛伯伯万寿无疆

从上寨到下寨，
人民心中盛开着鲜花，
这充满着友谊的鲜花啊！
让我献给您——
伟大的领袖毛主席！
我们学习您的革命真理，
改造思想永不懈！
勤苦锻炼自己，
按照您的指示永向前。
愿毛伯伯的理想实现，
祝毛伯伯万寿无疆。

　　　　　　老挝一朋友

天上星，亮晶晶，
颗颗向着北斗星。
北斗星最亮也比不上毛主席，
我心中只有毛主席这颗星。

天上星，亮晶晶，
我在大桥望北京，
望到北京天安门，
毛主席是我们的大救星。

　　　　　　蔡永祥

红心捧给毛主席

千遍欢呼，万遍歌唱，
无限热爱我们心中的红太阳！
太阳红，太阳亮，
毛泽东思想光芒万丈！
颗颗红心捧给毛主席，
红卫兵祝您万寿无疆！

　　　　　　红卫兵

红色雷达兵

第 3 期

天津市民族中学红色暴动兵团

红色雷达兵战斗队

1967.1.11.

目录

放开眼界看未来，坚定不移向前进！

本刊评论员

光辉灿烂、风云突变的一九六六年过去了，新的伟大的一九六七年在核爆炸的礼炮声中来临了。

一月一日，人民日报、红旗杂志联合发表文章《把无产阶级文化大革命进行到底》，这是半年来我国无产阶级文化大革命的总结，为一九六七年文化大革命的新战役吹响了进军号

半年来，由我们伟大的领袖毛主席亲自发动和领导的无产阶级文化大革命，已经冲破重重障碍，在全国猛烈地开展起来。广大革命学生在这场运动中成了勇敢的闯将　他们毫无畏惧地向党内资产阶级代表人物，向资产阶级反动"权威"向一切不符合毛泽东思想的东西展开猛烈的攻击，其势如暴风骤雨迅猛异常。但是正如毛主席早已英明论断过的"在社会主义革命时期，两个阶级、两条道路的斗争还是长期的、复杂的、尖锐的。事实证明，在社会主义革命的新阶段——无产阶级文化大革命中，两个阶级、两条道路的斗争还是长期的，复杂的，尖锐的。党内一些思想没有改造或没有改造好的党员干部，乘毛主席不在北京之机，抛出了资产阶级反动路线，同以毛主席为代表的无产阶级革命路线相对抗。他们搬出国民党的败训来，

对待群众，他们压制群众，打击群众，由不相信群众到镇压群众的革命行动。对他们镇压群众革命行动的作法，广大革命师生进行了顽强的抵制和坚决的斗争。特别是毛主席回到北京后，召开了八届十一中全会，彻底清除了资产阶级反动路线的恶劣影响，并号召人民奋起向资产阶级反动路线猛烈开火、彻底批判和揭发资产阶级反动路线这才根本扭转了形势，使广大革命造反者有了甩头放，这是毛泽东思想的伟大胜利。

目前，一个揭发、批判资产阶级反动路线的斗争正在全国迅速地猛烈地开展，我校也同全国各单位一样，势形大好。去年双十一红色暴动吹响了向资产阶级反动路线进攻的冲锋号。双十一红色暴动有力地打击了一小撮顽固坚持资产阶级反动路线的人，使他们的丑恶嘴脸暴露在光天化日下，缴他们的"械"。双十一红色暴动后，革命的教师起来造反了，他们纷纷起来，冲破重重碍障，开始向张玉柱展开强大攻势。由于资产阶级反动路线宣布破产，以毛主席为代表的无产阶级革命路线日益深入人心，一些受张玉柱蒙蔽的同志开始觉醒了，起来向蒙蔽他们人的反了，这些都表明我校目前形势是大好的。

但是，贯彻、执行过资产阶级反动路线的"元勋"张玉柱怎么样呢？种种迹象表明，张玉柱还没有下最大的狠心改正错误，至少还不肯下决心。

首先，评评张玉柱的"初步检查"。全校革命师生看了这份检查以后，是非常不满意的，原因是，这篇检查极不深刻，极不老实没有触及灵魂不象样的东西，拿这样一篇假检查真耍赖的东西来蒙骗广大革命群众，张玉柱真是太愚蠢了，从这件事本身也可以看出，研究张玉柱还是不相信群众的。张玉柱想："好歹来个检查"骗一骗他们算了。张玉柱，你收起这一篇吧！用毛泽东思想武装起来的广大革命师生一眼就看出你的本质了。

（三）张玉柱等还没有给其受蒙蔽的同学做细致、艰苦的工作，使那些同学回到正确的道路上来，故此，一些组织间矛盾对立仍是很深、很严重，以致类次发生武斗事件，我们明确指出，张玉柱要对这些武斗事件负完全责任

第三：一个良好的辩论风气没形成起来，坚持文斗　不用武斗，做得很不够，这表明，张玉柱等人执行的资产阶级反动路线流毒还起作用。

因此可见，张玉柱等不相信群众，挑动学生斗学生，以保住自己，资产阶级反动路线的流毒还没肃清，张玉柱还没有下决心彻底清洗这些流毒。

张玉柱目前要做的事很多，最主要的是，你应当放下臭架子深入到广大革命师生倾听对你的批评，再有就是开大会为被打成"反革命"的人平反，然后触及灵魂地写检查，再检查，老老实实地听广大革命师生对你的批评，老老实实地检查，这样，广大革命师生还可以原谅你的。如若不然，继续摆官老爷臭架子，不老实检查，为革命师生实行真正平反，那么广大革命师生定会把你史拉极堆里的！

广大革命师生同志们：新的一年赋予我们新的革命任务，我校党支部执行的资产阶级反动路线还远远没有批深批透。我们要"宜将剩勇追穷寇，不可沽名学霸王。"再接再励向资产阶级反动路线发起新攻势，力争在今春战役中打个全胜！从而在这个基础上，胜利地开展一斗、二批、三改的光荣任务，将无产阶级文化大革命进行到底！

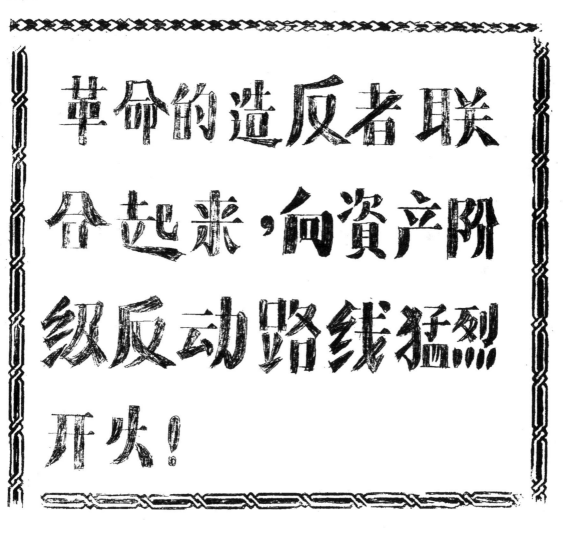

革命的造反者联合起来，向资产阶级反动路线猛烈开火！

红色暴动万万岁!

——纪念红色暴动两周月

一月十一日，是红色暴动两周月，我们这些红色造反者们，对红色暴动两个月来的重大的政治影响表示最最热烈的欢呼。

双十一红色暴动吹响了向我校党支部资产阶级反动路线进军的冲锋号，双十一红色暴动的闪电撕破了我校党支部资产阶级反动路线的浓重的黑暗，双十一红色暴动的疹雷声，解放了那些被资产阶级反动路线压制的群众，激励着人们奋起，勇往战斗。

双十一红色暴动好的很，两个月来，红色暴动深入人心，取到了巨大的政治影响，成为我校的无产阶级文化大革命一个重要转折点。短短的红色暴动后的两个月，我校的革命形势发生了很大的变化，我校的教工队伍开始动起来了！资产阶级反动路线的表钟敲响了。以党支部为首的资产阶级反动路线即将宣告破产！这是毛泽东思想的新的伟大胜利！这是以毛主席为代表的无产阶级革命路线在我校所取得的又一重大的决定性的胜利！

回顾红色暴动以前，我校到处一片乌烟瘴气，资产阶级反动路线的流毒到处泛滥。那些党支部的"官老爷"们，操纵指使着一小撮人为自己效劳，操纵指使着金德、利生、家符、曼华、妈芳等这帮跳梁小丑们，操纵指使着我校红工兵红旗战斗组这个革命的组织暗地里干着见不得人的黑勾当，极力推行着一条资产阶级反动路线和以毛主席为代表的无产阶级革命路线相顽抗。他们千方百计地压制革命群众，搞暗中调查，企图用大字报压制革命师生，把敢于给党支部贴大字报的革命同志整理黑材料，还扬言要什么"秋后算帐"党支部的这一系列毒辣的手段压得革命群众抬不起头来，一时嚣张得好！

双十一红色暴动惊醒了这批混蛋老爷们的美梦，他们对红色暴动恨之入骨，极力地污蔑、造谣生事，什么"红色暴动是违背毛主席的教导进行武斗呀！……"这些造谣诬蔑的家伙们，在他们主子的指使下，极力掀起一股黑风，企图蒙蔽众人，反咬一口。但事不如愿，事实还是事实，红色暴动以他势不可挡的阵式，彻底摧毁这些干巴巴的、不象样的东西，红色暴动深入人心。这正象毛主席所教导的那样：他们对于革命人民所做的种种迫害，归根结底、只能促进人民的更广泛更剧烈的革命。

实践证明了毛主席的英明论断，而今革命的教职员工不是也经蓬起来了吗？尤其是革命的教工不是冲锋在斗争的最前列吗？那些一贯胡说非为的党支部的左膀右臂们，那些资产阶级反动路线的推行干将们，现在不也是威风扫地、狗咬狗了吗？

哪里有压制，哪里就有反抗，我们是毛主席的红小兵，是文化大革命中顶天立地的主人。哪里有不符合毛泽东思想的东西，我们革命团将就坚决怎那里的反，就坚决斗争，就红色暴动！

让我们最最热烈地欢呼：红色暴动方万岁！

145

革命师生大团结万岁！

社讯

当前，我校的形势大好。形势大好的主要特点是：革命左派学生和革命左派教工在斗争中联合起来，团结起来了！这是令人万分欢欣鼓舞的新气象！

在革命左派师生大联合、大团结的基础上，我校革命左派的力量日益发展壮大起来，尤其是连日来教师座谈会更是取得重大的胜利。这在资产阶级反动路线穷途末路，红色暴动日益深入人心的今天，有着重大的政治影响。这完全是实现无产阶级专政的结果，这都是毛泽东思想的胜利！这是革命左派师生大团结的新胜利！

在我校党支部资产阶级反动路线控制、统治下的民族中学，革命的左派学生能够密切地联合、团结起来，共同战斗，共同大造其资产阶级的反，这是需要冲破资产阶级反动路线的重之障碍，需要摆脱资产阶级反动路线的种之束缚，需要的艰苦的工作，这是来之不易的。

以往，我校党支部资产阶级反动路线流毒甚于，党支部指使操纵着一小撮人到处招摇撞骗，干尽了坏事。文化大革命开始至今，革命师生一直是在他们的控制打击下，甚至威胁革命师生，制造白色恐怖事件，组织特务活动。象韩之强、张志江等的革命教工都成了他们的眼中钉。这些资产阶级反动路线的忠实推行者们，时之刻之幻想着打击革命左派队伍以达其不可告人的目的。他们是一小撮最坏部的政治野心家，一伙丑恶的狗嘴脸，他们对革命教工的迫害太深了，他们欠下的一笔笔的债，是一定要由革命群众来清算的。

用毛泽东思想武装起来的革命群众是真正的铜墙铁壁。革命师生联合起来，团结起来，就有无穷的力量，就能移山填海，改天换地，那怕你党支卫的资产阶级反动路线再顽固，也要把你砸了稀巴烂！

团结起来的革命师生，在短短的十几天里，就以锐不可挡的势力彻底摧毁了我校的资产阶级反动路线。走日的座谈会上革命左派士气大振，保皇派们垂头丧气。革命师生遵照毛主席的教导用文斗不用武斗的指示，在这场意识形态领域斗争里，把党支部那些祖师爷及左瘤右臂们批判，揭露的威风扫地，革命师生的大团结发挥了巨大的威力。

回想以往不足之处，就是因为革命师生没有能够联合、团结起来，资产阶级反动路线就像一堵墙，把我们革命师生隔离开，绝大多数不敢和革命学生主动接触，很被扣上挑动群众斗群众，有话不敢说，有争不敢做，过着"哑吧"似的生活，严重损伤了革命师生的革命热情。由于师生没有结合成一个体，革命的左派队伍在党支部前一于破坏下，道路曲折，困难重重，革命进度发展的很慢，这完全是由于党支

部的资产阶级反动路线所造成的。有些教工在文化大革命运动中，曾被贴过大字报，有的存在一些问题而被党支部打成牛鬼蛇神。这些人好象思想上有包袱，看来有些隔离。我们都是革命同志，我们应该在批评与自我批评的基础上搞好关系，通过自我批评，达到新的团结，而不要被敌人所利用，不要让那些坏人钻空子。

革命的左派队伍应该在批判资产阶级反动路线中，学习和掌握主席的战略和策略思想，争取中间派，团结大多数，把那些推行资产阶级反动路线的顽固分子，最大限度地孤立起来。

革命左派队伍，在批判资产阶级反动路线中，应该把活学活用毛主席著作放在第一位，把老三篇当作座右铭来学。改造自己的世界观，不断进行内部整顿，保证内部团结。以利于对敌斗争。

阶级斗争是尖锐复杂的，这场意识形态领域里的斗争会更激烈。每一个革命者都应该捍卫组织团结。革命师生应该在团结的基础上，进一步团结起来。

革命左派师生大团结万岁！

最高指示

国家的统一，人民的团结，┅┅这是我们事业必定胜利的基本保证。

谁顽固地执行资产阶级反动路线
我们就叫它彻底完蛋！

我们誓做教师的坚强后盾！

誓死捍为以毛主席为代表
的无产阶级革命路线！

彻底批判肃清以校党支部为首的
资产阶级反动路线！

破私立公闹革命

—— 致我校革命教师 ·永敬·

革命的教师们，在这革命师生联合向资产阶级反动路线进攻，并且"首战告捷"的时候；在一些革命造反教师不顾个人利害奋起造反的时候，你是否还受资产阶级反动路线流毒的压迫？而不敢起来揭发、批判？你是否仍受"秋后算帐论"的影响和控制而"瞻前顾后，不寒而栗"？你是否怕"运动后期见"？

想当初，革命的教师们，执行资产阶级反动路线者真是猖獗一时：颠倒是非，混淆黑白，围剿革命派，压制不同意见，实行白色恐怖。归根到底，这条路线是要把中国引向资本主义复辟！

还是我们伟大舵手毛主席在这关键的时刻，把好了舵，拨正了航向；召开八届十一中全会，愤怒谴责和深刻揭露了资产阶级反动路线，避免了文化大革命走入歧途，避免了文化大革命半途而废，避免了在中国重新埋下亡党亡国的祸根。

从此，革命造反派们又获得解放了！

革命造反派们被解放后的第一件事就是学习毛主席的光辉实践，起而猛烈揭露批判资产阶级反动路线。因为他们深知：不批判这条反动路线就不能正确贯彻无产阶级的十六条，就不能揭深透当权派的问题，不能正确进行斗、批、改，就不能把无产阶级文化大革命进行到底，而会半途而废。如果这样的话，我们的国家就危险了，把那些钻进党内走资本主义道路当权派蒙混过关，有朝一日，这些人就会象赫鲁晓夫一样篡党、篡军、篡政，向革命人民开刀，那时就会亡党亡国啊！

这是多么令人可怕的后果呵！

中国革命如果失败，那对世界革命的危害是多么大呵！

革命的教师们，你们听完我们这番叙述后，你有何感想？

你说怕运动后期攻何为何，故不敢揭发。请问，如果放过了那些资产阶级代言人，使其过关从而伺机东山再起，那就不只是运动后期攻谁为何了，那就有亡党亡国的危险！那就有千百万人头落地的危险了！！！这是关系我国革命和世界革命的大事啊！你能只顾一己之利实而使中国和世界的革命遭受失败废于一旦吗？

不能！ 不能！ 决不能！

革命的教师们要起来！

革命的教师们，你说我想揭发但受秋后秋帐拔影响决心不大，请问：有我们伟大的领袖毛主席作我们的主心骨，有党中央的正确领导，我们怕什么"秋后秋帐"？革命派是不怕秋帐的，秋后秋帐这是吓不倒革命群众的。真正关心中国革命世界革命的教师们，让我们好好学习老三篇吧！毛主席说："为人民利益而死就比泰山还重。"为了人民的利益我们就是要搞好文化大革命，就是要狠揭，狠批资产阶级反动路线，如果这样做死了也有意义也是值得的。何况我们的面前只是坚持资产阶级反动路的纸老虎吸？你现在乘胜乘勇打死了它

151

就兒免后患。如果你害怕的话，也免过了关它也总会吃你的。

革命的教师们，资产阶级反动路线已经彻底完蛋了！批判资产阶级反动路线的斗争也正乘胜前进，而更加光辉灿烂的新胜利不久的将来也就在麻帐说"滚他妈的去吧！"垃运动后期见说"见鬼去吧！

近日来大部分的教工勇敢地站起来了，勇敢地投入到批判资产阶级反动路线的激流里去了！革命的大风暴已经来临了。

革命无罪，造反有理。还没有站起来的教工们，去掉"私"字，扔掉包袱，勇敢地站起来闹革命！

知识分子同工农群众相结合，把文化大革命进行到底！

用敢于斗争的精神大学大用「老三篇」

——《战胜报》社论 摘要

林彪同志给我们提出了一门改造世界观的最根本的基础课，这就是「老三篇」。「老三篇」，是改造人的灵魂，实现思想革命化的锐利武器，是革命者做人的根本。要彻底改造世界观，就必须老老实实地学好用好「老三篇」。

怎样用好「老三篇」呢？一条基本经验，就是必须具有敢于斗争的精神、自我革命的精神和彻底革命的精神。每个同志都应当自觉地在自己的头脑里大摆灭资兴无的战场，以「老三篇」为武器，以「野战」「拼刺刀」和「连续作战」的精神，大破以「私」字为核心的资产阶级世界观，大立以「公」字为核心的无产阶级世界观。

私，是我们思想的「大敌」。在改造世界观中，就要用「老三篇」这个锐利武器，狠挖灵魂深处的「我」字，狠斗「私」字。不把自私自利之心挖掉，「老三篇」就无法真正学到手。只有在灵魂深处把资产阶级世界观彻底铲除，毛泽东思想才能化为我们的灵魂，无产阶级世界观才能牢固地树立起来。

老三篇万岁！

悬崖勒马，回头是岸

·本刊评论员·

资产阶级反动路线的丧钟急骤地响了！

金宽、利生、家符、妈芳、曼华你们这帮跳梁小丑们，靠造谣吃饭的家伙们，张玉柱的小伙计们，你们心里是什么滋味？！是酸？是苦？是辣？还是——？！

群众起来了！你们的肚皮快要吓破了，革命师生跺一跺脚，都会吓得你们屎滚尿流。你们那象失去祖宗似的，牵肠挂肚的哀号声，你们那狗咬狗的哀吠声，恐怕就是你们以失败告终的结局吧？！

在这场无产阶级文化大革命运动中，你们一直是充当着什么角色呢？当初张玉柱招兵买马，镇压革命师生时，你们是张玉柱、吴树遂的"左膀右臂"，"得力将军"。你们受党支部组织到处散毒，做尽了坏事。搞暗调查，打击挑拨细织关系，冒充党员进行调查，给革命教工贴大字报，总结黑材料。甘当党支部资产阶级反动路线的急先锋，甘当资产阶级铁杆保皇派。

你们这些政治野心家们回顾一下，你们在党支部的指使下都干了些什么？！你们一保而再保，你们要保到何时？难道你们还想捞点政治资本，捞几根稻草吗？还眼巴巴望着当上什么候补书记吗？！哼！那是蛤蟆想吃天鹅肉！

毛主席教导我们说："在人类历史上，凡是将要灭亡的反动势力，总是要向革命势力进行最后挣扎…"。

确是这样，在5次教师座谈会中就明显看示，象牵纪。等待这船主人虽们，统评是要弄花招，心蒙混过关，迷惑群众。逼一说一，逼二说二，死不承认，不见棺材不掉泪，十足的狗奴才！

保字号遵义战斗队垮台了。它垮的是组织形垮，是剥奎队长不干了，而遵义战斗队的幽魂没散。在党支部的资产阶级反动路线临彻底垮台，而拼命顽抗的时抗，这些见不得天日的幽灵们，还在我们民族中学东飘西逛。

这些都应值得人们提示注意。張玉柱的检查又云笼了，这根本是一篇不象样的文章。5次教师座谈会揭发的大男事实，心及关于黑材料的内，都没有认真交代。我们要警告張玉柱，难道还想秋后开帐吗？恐怕那已是梦想了！

无产阶级文化大革命已经是大势所趋，革命师生的革命激流锐不可挡。革命就是要革你们这些资产阶级当权派的命！革命就是要革你们这些死心塌地，顽固推行资产阶级反动路线的坏蛋保皇派们的命！

正告你们一句：悬崖勒马，回头是岸。

最高指示

什么人站在革命人们方面他就是革命派，什么人站在帝国主义封建主义官僚资本主义方面，他就是反革命派。什么人只是口头上站在革命人民方面而在行动上则另是一样，他就是一个口头革命派，如果不但在口头上而且在行动上也站在革命人民方面他就是一个完全的革命

彻底批判资产阶级反动路线的标准

—陈伯达—

搞好对资产阶级反动路线的批判和肃清影响的标准。

〈一〉要看革命师生员工对两条路线斗争的性质、意义是否有比较深刻的认识，从而真正行动起来。

〈二〉要看广大革命师生员工是否把毛主席关于无产阶级文化大革命的理论和路线的精神实质、要信任群众，依靠群众，放手发动群众，尊重群众的首创精神有比较清楚的认识，并认真、全面，彻底、不折不扣地执行。

〈三〉要看广大革命师生员工是否对资产阶级反动路线的内容及在学校的影响认识清楚，用资产阶级反动路线所产生的恶劣影响是否基本解决了和肃清了

〈四〉一个好的辩论风气，一个好的政治局面，即一个又有民主又有集中，又有纪律，又有自由，又有统一意志，又有个人心情舒畅的局面是形成还是没形成。

〈五〉学校文革组织打下牢固基础和组织基础没有。

〈六〉党的阶级路线是否真正贯彻执行，即敌我是否分清了、支敌想，敌说、敌造反的革命左派队伍是否发展壮大起来了，争取中间大多数是否做得好了。

一小撮极端反动的资产阶级分子，反革命分子，修正主义分子是否

最大限度地孤立起来了。

总之，明确了斗争什么，批什么，改什么，依靠谁云斗，谁来批，谁来改，从而使革命师生起来．沿着毛主席指引斗、批、改方向前进。

天津市民族中学红色暴动兵团

红色雷达兵战斗队　翻印

★★★★★★★★★★★★★★★★★★★★★★★★★★★★★★★★

资产阶级反动路线十大罪状

〈一〉框：框住群众手脚，束傅群众头脑、把群众当成阿斗。

〈二〉吓：恐吓群众，横加罪名，对左派组织则改进行政治陷害。

〈三〉拉：拉拢一批，打击一批，挑动群众斗群众、自己退居幕后策划指挥去达到他们的目的。

〈四〉打：打着红旗反红旗，打击革命群众热情，把群众打成反革命。

〈五〉转：转移矛头，转移斗争目标，转移革命大方向，把矛头转向群众。

〈六〉压：镇压革命群众和学生、实行白色恐佈。

〈七〉蒙：蒙蔽群众，欺侮群众、利用一部分群众对党的无比热爱来保护自己。

〈八〉涓：混战一场，坏蛋混水摸鱼，涓之大吉，使群众上当。

〈九〉抗：对抗十六条，对抗以毛主席为代表的无产阶级革命路线。

〈十〉把无产阶级文化大革命引向歧途，使文化大革命中断和断送社会主义江山。

向资产阶级反动路线猛烈开火。

走访 中央国务院文革联合接待站

—接谈记要—

时间：1966. 11.29 下午。接待员 王化善同志。

一、在我院给革命群众贴成批的大字报集体签名林不林画攻？

答：开展争鸣，对当权派集体写大字报是可以的，但对于群众写集体签名的大字报就属于画攻。

二、给革命群众贴了成批大字报，斗了，并挂牌送进劳改队，实行了专政，可是有的领导说，当时就未打成反革命，并出通告，故不必平反不平反，对不对？

答：那应当反，应当恢复名誉，不然群众不知道是怎么回事，在运动中被打成反革命的那多人是正式通过宣布过的呢？绝大多数没有，既是革命群众被批了、斗了，实际上"享受"了被管制专政待遇的，就当平反，人家精神受了很大刺激，弄得还不承认错误不给平反那怎么行呢。

三、关于平反，有的领导说那是群众搞的，不是领导搞的，故不必反平反，对不对？

答：所谓群众搞的就是推说责任是错的；这是错误的，实际上都是在领导的同意，支持或默许下的，当批革命群众时领导站云没有？没有站云来就是同意，支持默许就是有错误上的责任。要求领导者要敢"字当头，一面要敢于发动群众，一面要敢于坚持政策，如果领导上站出来阻止这所责在逞轻桌，如果没有站出来顶止，那就是领导的责任，推不掉，就应当领导上来平反。平反是党委工作组或文革负责人来作。

如宣武区，某工厂的一位女工被街道红卫兵打了，剪头发，现在才十天长，还不敢脱帽子，这领导上要负责任，没有领导上的同意群众是不会那样做的困头，应当平，赔礼，道歉。

四、现在有的领导人还说，搞错了那是群众搞的，这是不是林继续坚持资产阶级反动路线？挑动群众斗群众？

答：可以说继续坚持资产阶级反动路线是继续挑动群众斗群众。

五、有的人给革命群众组织了成批大字报，并强迫写检查对不对？

答：那是搞错的应当退还检查，销毁材料。

六、有人借口革命群众"态度"不好，恶语相挟掛牌"送给劳改队"养殖之又解除了其爱人近十年的合同工作，犯什么问题？

答：借口态度"不好挂牌罚劳改队是错误的。一步解除其爱人的工作那态度不对，这类问题负责立要负责任。（有人问：有人说是群众要求的？那同样是借口，谁决定的，堆鼓动的那一定是领导、别的合同工解除了没有？答：别的合同工没有解除，又吸收了新的临时工所以那态度不对了，几个月的工资怎么办呢？根据政策研究喔，这也是平反内容，应当平反道歉，对于揭破群众挂牌手劳改也须平反道歉。

七、关于材料的销毁，各级领导及有文革成员所写的记录，日记小组记录，大字报底稿等算不算黑材料？

答：杯、凡是整理过的和没有整理过的（日记本，会议记录和审报底稿等）都应是请集中销毁，凡是五月六月以后，各种有关整群众的材料都杯（整当权派的材料砸如）一律作废销毁，但不公布免得引起群众和群众的隔阂。

八、科研单位当权派指的那一级？

答：在中央机关是局，司长级以上，因为他们决定都通过他们，他们说了祘数，他们签了字全国都要执行。

在现场一般说来、车间主任科长就算当权派。

科研单位都说有具体视定听参考其它单位。

九、我院处理了一批人有了戴了帽子有的未戴，有的送回乡，有的送往现在为了处理你对不对？

答：那不合中央精神，十六条中规定群众当中所发有了右派分子也要到运动后期处理，当然现行允够处理条件的应当处理。

159

十．这次运动整不整革命群众？

答：这次运动不是整革命群众，群众是自我教育问题，是帮助问题，不是整的问题这话林彪同志讲过。

十一．抓革命促生产怎么搞？

答：工厂方面是业余时间搞，科研单位没有具体规定，社农业没有具体说，可以到其它单位了解一下，大家商量解决。

十二．有的群众被贴过成批的大字报，现在要他下现场合适不合适？

答：你们说搞生产要到现场去，有的人被贴过成批大字报，要他去思想业负担，精神不畅快，也不能搞好生产，要搞好生产必须提高觉悟心情舒畅的情况下，如果领导业为了减轻压力，支他去那是不对的，但不能都那样想，我们要注意组织纪律，可以给领导提出意见，在这种情况下他去不合适。

但领导业决定要去还是要去，提示保留意见，回来再提。

十三．中央文件中提到的其他有关组织是指的什么组织？

答：是指的文革委员会，红卫兵等．（向造团包括不包括？）造反团也包括在内。

十四．在平反问题业领导怎样做才对？

答：如果领导业现在还躲躲闪闪不敢勇于承认错误，勇于承担责任，不彻底给打击的革命群众平反，而想推脱责任继续挑动群众斗群众，那他检查五六次也是通不过的，那他就会滑到与党相对抗的地步。如果是一个愿意革命的领导，他就会勇敢起来，彻底检查承认错误，给被打击的革命群众平反，这样革命群众会原谅他们检查一两次就会过关的。

天津轧钢厂 32111 战斗队 翻印 1967年1月5日

最高指示

彻底的唯物主义者是无所畏惧的，我们希望一切同我们共同奋斗的人能够勇敢地负起责任，克服困难，不要怕挫折，不要怕有人议论讥笑，也不要怕向我们共产党人提批评建议。"舍得一身剐，敢把皇帝拉下马，"我们在为社会主义共产主义而斗争的时候，必须有这种大无畏的精神。

《在中国共产党全国宣传工作会议上的讲话》 毛泽东

打倒资产阶级保皇派

大连工学院毛泽东主义红卫兵总部

3/4

i i | i·5 | 6 6 | 6 0 | i·6 | 5 i | 2 2 | 2 0 |

资产阶级 保皇派，破坏革命坏坏坏，

3·2 | i 3 | 2 i | 6 56 | 5 5 | 3·5 | 2 3 |

死心踏地专保 皇甘当黑 帮的 狗奴

i —‖

才！

打！ 打！打！打！ 打倒保皇派！

打！打！打！ 打倒狗奴才！

保皇有罪， 罪该万死！

161

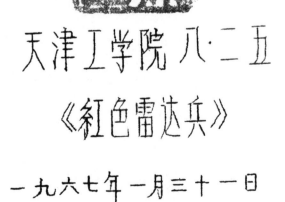

天津工学院 八·二五

《紅色雷达兵》

一九六七年一月三十一日

毛主席語录

人民靠我们去組织，中国的反动分子靠我们組织起人民/去把他打倒。凡是反动的东西，你不打，他就不倒。这也和扫地一样，扫帚不到，灰尘照例不会自己跑掉。

前言

中共中央候补委员，河北省委书记处书记李颉伯是一个叛党分子，党内走资本主义道路的当权派，刘、邓资产阶级反动路线的忠实执行者。

今根据大字报揭发材料，汇集成五十个问题，做为李颉伯反党、反社会主义、反毛泽东思想的五十罪状，供同志们分析和批判。

天工八·二五《红色雷达兵》

一九六七年一月三十一日

1 貶低毛澤東思想的偉大意義

林彪同志說："毛澤東思想是在帝國主義走向全面崩潰，社會主義走向全世界勝利的時代的馬克思列寧主義。毛澤東思想是反對帝國主義的強大思想武器，是反對修正主義和教條主義的強大思想武器，毛澤東思想是全黨、全軍和全國一切工作的指導方針。"

而李頡伯在全國總工會工作期間，極力貶低毛澤東思想的偉大意義，胡說什麼："毛主席著作是解決歷史問題的，不知歷史怎麼學毛選，不結合歷史就學不了毛選。"

2. 以"組織學習近代史"之名，行砍殺毛主席著作學習之實

林彪同志指示我們："讀毛主席的書，聽毛主席的話，照毛主席的指示辦事，做毛主席的好戰士。"

李頡伯在總工會工作期間，不是把工會變成學習毛澤東思想的大學校，而是抓什麼"學近代史"。責成總工會宣傳部與前北京市委搞"近代史訓練班"並總結所謂"學近代史的經驗"，推廣到全國，極端惡劣地壓制了全國職工學習毛主席著作的群眾運動。

3. "請"吳晗、劉大年大放其毒

林彪同志說："人民群眾掌握了毛澤東思想，就變得最聰明、最勇敢，就能發揮無窮無盡的力量。"

李頡伯打著"歷史教育是基礎，搞政治教育不能不搞歷史教育"的旗號，在全總搞"近代史訓練班"，請"三家村"的急先鋒吳晗以及資產階級反動學術權威劉大年等講近代史，實際上是大放其毒，如講太平天國時，為

太平天国叛徒李秀成查脂抹粉。"

4 挥午"不科学"大棒，妄图阻止毛泽东思想的传播

林彪同志说、"我国是一个伟大的无产阶级专政的社会主义国家，有七亿人口，需要有一个统一的思想，革命的思想，正确的思想，这就是毛泽东思想。"

李颉伯极端仇视毛泽东思想，非常害怕工农兵群众掌握毛泽东思想，竭力加以制止·胡说什么："过去人人学毛选是不科学的。"

5. 以"提高工人文化"之名，行压制职工学习主席著作之实

八届十一中全会公报指出："用毛泽东思想武装工农兵群众革命知识分子和广大干部，进一步促进人的思想革命化，是防止修正主义、防止资本主义复辟，使我们社会主义和共产主义事业取得胜利的最可靠、最根本的保证。"

李颉伯胡说什么："工人不适合学习毛主席著作"、"工人文化低，不知历史背景，就学不懂毛主席著作"、他恶毒提出"提高工人的文化水平为战略任务"的口号，来压制全国职工活学活用毛主席著作。"

6. 散布工会抓主席著作学习是"配角"的谬论

1960年军委扩大会议决议指出："……高高地举起毛泽东思想红旗，进一步用毛泽东思想树炉，这是我军政治思想工作的最根本的任务。"

李颉伯公然反对工会工作要突出毛泽东思想，偷梁换柱地散布说·"工会把组织职工学习毛主席著作例为第一项任务我没意见，但工会在这项工作中只是"配角"，主要的工作还是抓群众监督，抓职工代表大会。"

7 攻击我们心中最红最红的红太阳毛主席

165

林彪同志说："毛主席是当代无产阶级最杰出的领袖；是当代最伟大的天才。"

李颂伯抛大包天挡狂巴极，合着修反修报告之务大肆攻击和低毁毛主席，胡说什么"任何人都有错误——我们毛主席也能作自我批评，承认自己有错误。"

8. 吹捧刘少奇贬低毛主席

八届十一中全会指出："毛泽东同志是我们这个时代的马克思列宁主义者。毛泽东同志天才地创造性地、全面地继承、捍卫和发展了马克思列宁主义，把马克思列宁主义提高到一个崭新的阶段。"李颂伯极力吹捧党内最大的走资本主义道路的当权派刘少奇，贬低毛主席，说什么："刘主席，毛主席会是我们伟大的领袖，会是我们的马列主义者，毛主席功史上多次没打来，刘主席也是……会是我们伟大领袖。"

9. 大肆贩卖前北京市委的黑货

八届十一中全会公报指出："全会认为，林彪同志号召人民解放军全军要好好学习毛泽东同志著作的群众运动，为全党全国树立了光辉的榜样。"

而李颂伯根据黑帮头子林铁的旨意，在机关干部学习毛主席著作动员大会上，公然把前北京市委的所谓经验"联系实际，带着问题学"硬搬来和当前工作结合起来，用毛泽东思想解决当前问题。工人是职工，农民"从"单位实际情况出发"实事求是，不要求过期，区别对待。

10. 鼓吹"阶级斗争熄灭论"

毛主席教导我们："一阶级斗争并没有结束。无产阶级和资产阶级之间的阶级斗争，各派政治力量之间的阶级斗争，无产阶级和资产阶级之间在意识形态方面的阶级斗争，还是长期的、曲折的，有时甚至是很激烈的。"

李颂伯公然和毛主席的阶级斗争学说唱反调，说什么："工会是阶级斗争的产物，随着阶级斗争的消亡而消亡。现在人民公社成立，亦工亦农……阶级消亡了共产主义来到了，工会也就取消了否则就成为行帮，行帮思想是工会干中的职业病。"

11. 极力推销安子文的工会"消亡论"

毛主席教导我们："政治工作是一切经济工作的生命线。在社会经济制度发生根本变革的时期，尤其是这样。"

五八年黑帮分子安子文在中央妇联工作会议上，提出"取消工会"李颂伯紧张尝伍，大肆贩卖和强行推销"工会消亡论"这一黑货，使全国全省工会工作受到很大冲击。

12. 搞"纳入公私"之争头，卖取工会之树肉

4

毛主席在《关于纠正党内的错误思想》一文中，指出单纯军事观点的表现之一是"认为军事政治二者是对立的，不承认军事只是完成政治任务的工具之一。"

李颉伯的"工会消亡论"受到基层和工人抵制之后，又提出"工会纳入公社"之修说，说什么"支持公社、少谈工会"、"公社可以万岁、工会不能万岁"、"工会要以发展和巩固人民公社为基本任务"，这是把纳入公社的"变羊头"，卖"取消工会"之狗肉。

13. 为资本家"连脓抹粉"

毛主席说："在绝大部分敌人被消灭以后，不拿枪的敌人依然存在，他们必然地要和我们作拼死的斗争，我们决不可以轻视这些敌人。"

李颉伯在主持我工会工作期间，对河北省委统战部为省工会提出的资产阶级右派分子可以当选代表大会的代表"甚至可以参加大会主席团的通知不加制止。斗争改期间一些职工提出不发资本家戏票，或影响评，李颉伯不但不支持反说"照旧不动"，阶级观点对误不在于一张电影票。

14. 京剧故事的"后裔"

毛主席尖锐地指出："各种艺术形式——戏剧、曲艺、音乐美术、舞蹈、电影、诗和文学等，问题不少，人数很多，社会主义改造在许多部门中，至今收效甚微，许多部门至今还是死人统治着。"

五七年出现于京剧故事的渺渺状，上演了"窦娥女"，而李颉伯对这一事物极为欣赏，在一次会上公开说："我是京剧故事的后裔。"

15. 宣扬"实事尾巴的人"

毛主席说："凡是错误的思想，凡是毒草，凡是牛鬼蛇神，都应该进行批判，决不能让他们自由泛滥。"

在李颉伯主持全总工作期间不是抓紧工会的思想工作，开展误形态领域内的阶级斗争，而是到处宣扬"实事尾巴的人"的论调，为资产阶级个人主义泛滥大开绿灯。

16. 吹捧苏修二十大"有积极的东西"

八届十一中全会指出："对于苏、共领导为中心的现代修正主义集团，必须划清界限，坚决揭穿他们的赋的真面目，不可能同他们搞什么"联合行动"。

李颉伯在调总工作期间在对工人作反修报告公然吹捧苏修，说什么"1956年有两件大事，苏共开了二十次代表大会，这次会议有积极的也有错误的东西。"

17. 贩卖"和平共处"
李停的

八届十一中全会公报指出："苏联修正主义领导集团奉行美苏合作主宰世界的政策，在国际共产主义运动和民族解放运动中进行分裂，破坏和颠复活动，积极为美帝国主义效劳。"

寮颔伯在所谓的反修报告中竭力贩卖苏修的"和平共处"说什么"他们列主义"认为"和平共处是对外政策的一个方面，其目的是稳定资产阶级，缓和手段，改善人民生活。"

另，"推销彭真的"民主表现"的黑货

"在产阶级和资产阶级社会里，每一个人都在一定的阶级地位中生活……种思……"

李颔伯抗……毛指示，大力推销彭真的"重在表现的黑货，说什么"……招牌的论讲评想，地富子女是争取团结的对象……当拿枪罪子的民兵也行。"

19伙同邓小平，荷一波抛出"工业七十条"

毛主席说，"武器是战争的重要因素，但不是决定的因素，决定的因素是人不是物。"

"工业七十条"是修正主义的货色。这个文件是邓小平、荷一波主持编写的，李颔伯也参与了起草工作，其中工会一章就是李颔伯勾顾大捧出的。

20忠实执行邓小平的"三条线"黑指示

毛主席教导我们："掌握思想教育，是团结全党进行伟大政治斗争的中心环节。如果这个任务不解决，党的一切政治任务是不能完成的。"

一九六一年，邓小平提出三个成堆："生产问题成堆、生活问题成堆、思想问题成堆"，并提出"三条线"的解决方法："行政抓生产、工会抓生活、党抓思想"李颔伯根据邓的指示提出："工会侧重抓生活"实际上是把工会变成"劳工会"。

21独创"三位一体"，抵制政治挂帅是

毛主席教导我们："政治是统帅是灵魂。"

李颔伯在全总工作期间提出一套反革命修正主义的"三位一体"即生产为中心，从生活、生产、教育"三位一体"，又提出"产生工会由生产办公室领导，只管生产，不管其他"实质上都是反对无产阶级政治挂帅的。"

22从"班组运动"对抗大抓阶级斗争

毛主席说："社会主义社会是一个相当长的历史阶段，在社会主义这个历史阶段中，还存在着阶级，阶级矛盾和阶级斗争，存在着社会主义同资本主义两条道路的斗争，存在着资本主义复辟的危险性。"

62年，李颔伯听了邓小平的访朝报告后，极力吹捧"千里马运动"实际上就是拿物质刺激和个人特惠化，以对抗大抓阶级斗争，对抗中央提出的切产节约运动和反反运动。

23推行修正主义的业余教育制度

毛主席说："除了学习业务之外，在思想上要有所进步，政治上要有所进步，这就需要学习马克思主义，学习时事政治。没有正确的政治观点，就等于没有灵魂。"

李颔伯抓业余教育工作中推行一套修正主义教育制度提出"提高工人的文化水平为首要任务"还说什么"中国工人阶级的政策水平是世界上最高的，但文化水平是很低的，所以如果不提高文化水平，就摆不不了生产水平。"

24 与赫鲁晓夫一唱一合

毛主席说:"凡是敌人反对的,我们就要拥护;凡是敌人拥护的,我们就要反对。"

国际上反华浪潮中赫鲁晓夫大骂:中国是喝大锅清水汤,王个人时,李颁伯在62年讲过赫鲁晓夫、罗马尼亚、保加利亚外宾农寒一条裤子。"讲赫鲁晓夫颁农是"都不多""像我们穿的太少了,我这衣裳也是破的。"为修正主义反华提供材料、与赫鲁晓夫一唱一合。

25 推行苏修的一套制度

毛主席说:"修正主义者抹杀社会主义和资本主义的区别,抹杀无产阶级和资产阶级思想的区别。他们所主张的,在实际上并不是社会主义路线,而是资本主义路线。"

李颁伯在铁路工会主席时,就把苏修那一套如以采用,在全国铁路推行"厂长经验"实际上就是苏修的一套管理和经营制度。而在61年李颁伯又接受邓小平,彭真旨意大抓苏修的物质刺激。宣扬什么"抓生活促生产""搞计件工资奖励""女工部的工作就是三关(恋爱、结婚生孩子)"世。

26 把王光美的所谓"蹲点"捧上天

毛主席教导我们:"要了解情况,唯一的方法是向社会调查,调查社会各阶级的生活情况。"

李颁伯在64年一次为女工作会议上关于五反工作的报告中大讲特讲刘少奇和他姿娘王光美,吹捧王光美的"桃园经验",肉麻的说:"的确,有里没有一个象王光美那样,讲那套(指"桃园经验")。"

27 在四清中大抓刘少奇的"人海战术。"毛主席指出:"在运动中要大胆放手发动群众。"而李抱不执行如华北药厂五千多人,开始派110人工作队,群众基本发动起来了,而李颁伯又派三百多人去该厂,当时生厂的工作队提出:"已有一百多人,别再来了"而李都指出刘少奇说什么"少奇令志提出要派大工作队,混合编队。"

28 在四清中大搞"机密工作"

《红旗》1966年14期社论指出:"两条路线的斗争,一直围绕着对待群众采取什么立场,采取什么态度的问题上。"

李颁伯在华北制药厂搞四清,一进厂就说:"要捣旅息鼓,不要登白表演""扎搞串联 他(群众)不怕了,才能说话"执行的是刘少奇的刑"左"实右的四清路线。

29 四清中包庇走资本主义道路的当权派

《23条》明确指出:"这次运动的重点,是查党内那些走资本主义道路的当权派。"

李颁伯却包庇觉内走资本主义道路的当权派。华北药厂党委名记张颜东是一个有两大混入党内的阶级异己分子,四清中查清他的历史问题,但李却以"调查为名"行包庇之实,以"三结合"为名,让这个所级异己分子担任工作队党委。

30 否定轰轰烈烈的大字报

毛主席说:"大字报是种极其有用的新武器。城市、乡村、工厂、合作社、商店、机关、学校、部队、街道,第二句有群众的地方都可可以使用。

李颉伯在抓四清时极力否定革命的大字报,说什么"对于大字报我是不摸的,大字报容易伤感情太丑化人,在延安时一个同志写了大字报,至今嵌一辈子恶语伤人恨难消"。"大字报是好人也用坏人也用,无产阶级用资产阶级也利用大字报乱箭齐发,最后不就害着专家?"

31. 反对毛主席提出的"鞍钢宪法"

毛主席说:"没有中国共产党的努力,没有中国共产党人做中国人民的中流砥柱,中国的独立和解放是不可能的,中国的工业化和农业近代化也是不可能的。"

五八年以来毛主席提出了办社会主义企业的三项方针"鞍钢宪法"这一波,李颉伯等人极力反对,认为"党的统一领导是空的不行业务",所在李颉伯的授意下抛出"基础工会五十条例"工会工作基层教材书。

32. 写"香坊公社"假报告欺骗中央

毛主席教导我们、"一个共产党员应该是襟怀坦白忠实积极以革命利益为第一生命,以个人利益服从革命利益"。

李颉伯接受邓小平的委托抓城市人民公社,他亲率调查组到哈尔滨"香坊公社"写出一个欺骗中央的坏报告混淆两种所有制的界限,把缺点说成实际成绩,把缺点列为注意事项,给工作带来很大损失。

33. 李颉伯阻挠石油工会参加大庆会战

毛主席说:"共产党员必须懂得,局部需要服从全局需要这一个道理。"

一九六〇年中央批准石油部在大庆地区组织大会战,全国各地积极支援,石油部一再要求石油工会参加大庆会战,而李颉伯却说:"让他们(指石油部)自己去搞好了。"而且借故把抽调去的干部又先后撤回,这实际上是用釜底抽薪的办法阻挠石油工会参加大庆会战。

34. 反对大庆大抓农业生产,以粮为主的方针

毛主席说:"工人也是这样以工为主也要兼学军事,政治文化也要抓四清也要批判资产阶级,在有条件的地方也要从事农付业生产,例如大庆油田那样。"参加

李颉伯极力反对大庆抓农业生产,说什么"这是与民争地",对于大庆职工分到农付业生产的粮食,李颉伯污蔑为这是变相的提高职工粮食定量,并把有关材料汇报给杨尚昆,得到杨的支持。

35. 否定大庆经验

八届十一中全会公报指出:"全会完全同意毛泽东同志近四年提出的一系列英明政策,这些政策主要是……关于工业学大庆,农业学大寨,全国学人民解放军,加强政治思想工作的号召。"

以李颉伯为首的全总,对大庆会战的经验抱怀疑否定态度,六〇年石油部机关党委写的大庆会战报告,六二年以肖兆美为首的工作组报告,六三年石油工会的大庆1202队反浪费报告等经验,李颉伯等人视而不见,听而不闻,还说什么"大庆好是好,就是工会工作还不到"。

36. 吃喝玩乐,工作稀松

毛主席说:"共产党员的先锋作用和模范作用是十分重要的。"

李颉伯在全总期间,住房挑有单独暖气锅炉的,可调剂冷热。管理科准备钢丝床不要,换西蒙斯床,全家不过三口人吃饭除使用娘姆外,还有一个

炊事员。大0年一次去东北公社杀一人民公社时在烈属的...搬工作的同志他不接见，却让京剧团给他们三十多人演戏，看完戏又无将未使汇报的同志据义而归。

37.道德败坏 乱搞男女关系

《中国人民解放军总部关于重新颁布三大纪律八项注意的训令》中的八项注意第七项是"不调戏妇女"。

李颉伯在全总工作期间，与有夫之妇乱搞男女关系在反修最激烈的时候还不断乱搞，并说是反修斗争中建立的爱情。为了达到个人慾望不惜对女方的爱人进行政治陷害，说他有严重的历史问题不许贝参加十一级以上干部会。

38.不顾党纪国法与奸妇保持不正当关系

毛主席教导我们："必须重申党的纪律(一)个人服从组织......一些组织对李颉伯的男女关系问题提出要他中断时他不顾党纪国法仍然用地下工作的一套密定方法通仪，甚至就他的秘书传递，更有严重的是当大一年将匪军龙大陆时，李颉伯到福州视查战备，抛掉秘书又去上海与奸妇取法。

39.散布淫乱"道德"

毛主席说："共产主义的思想体系和社会制度，正以排山倒海之势、雷霆万钧之力磅礴于世界全，而操其美妙之青春。"

李颉伯为其道德败坏到处散布淫乱"道德"胡说什么将来共产主义社会时，也不会是一夫一妇男女间完全可以自由结合爱和谁好就和谁好，到了共产主义家庭变了人也要变。我们现在看祖宗是猴子样，将来后代看也是猴子样将来人具高级的，也不是一夫一妻了，都是某种纯粹的，还借城市人民公社成立，鼓吹家庭消亡论"说什么家庭要变成只是一养子女的地方。"

40.散布生活问题"舒起千斤放下八两"的谬论

毛主席教导我们："务必使同志们继续地保持谦虚谨慎不骄不躁的作风，务必使同志们继续地保持艰苦朴素的作风。"

李颉伯从生活腐化到道德败坏之后，还散布一套谬论为自己辩护，对他的奸妇说："怕什么没关系，你看刘少奇不还搞了个王光美吗？"我们也在生活上犯些错误，只要不犯政治错误，生活问题舒起千斤，放下八两。

41.被刘少奇称为"少壮派"

毛主席在八届十一中全会上说："我们这个党不是党外无党，我们是党外有党，党内也有派。"

党内最大的走资本主义道路的当权派刘少奇曾说："吴德(已批斗)李颉伯是青年有为，"少壮派"而李颉伯也极力吹捧刘少奇说："我是很崇拜刘少奇的，"当别人有思想问题时李颉伯就说："你学习少奇的《论关于党员的修养》。

（接下页）

171

42. 黑司令部成员串通一气包庇李颉伯.

毛主席说:"共产党的干部改革必须以能否坚决地执行党的路线、服从党的纪律，和群众有密切地联系，有独立工作能力、热爱肯干，不谋私利为标准，这就是"任人唯贤"的路线。"

李颉伯对这露点女干部之事，女方家人曾多次向中央控告，但当时对小郑黑司令的王从吾（中央监委付书记）李雪峰传艺、彭德（原革命传之骨文分子）钱英、中央监委付书记乙诚区、马文瑞（中央监委付书记分子）郝尚昌（中央书记处书记、原部分子）都不予理会，一直没做处理，後直接报告到毛主席，毛主席亲作批示。令令他们去处理时，中央监委才给李以包庇（警告处分）

43. 政治野心不小.

毛主席说:"我们要把我们党的一切力量茎在民主集中制的组织和纪律的原则之下，坚决地团结起来"

李颉伯政治野心本不小领神就很大，曾讲过他的讲过说"柯庆说同志同意我去学地质了，将来要搞钢铁了"60年李颉伯去华东反对他说部老欢迎我，刘兰涛（西北局第一记心领中）也讽迎我"你庵去就欢迎"许告子常在欢流之争好。"你论果欢爱王庵庵"。

44. 彭真、郝尚昆保李过美。

毛主席说:"谁是我们的敌人，谁是我们的朋友？这个问题是革命的首要问题"

李颉伯推消变工会的工会消云记，受到基层工会和广大工人抵制之後，黑部大云彭真、郝尚昆势不妙在62年一次全国总地工会主席会上说:"工会消云问题是中央做好""你们受受教育过了不放，不向前看这是没有阶级感情。"其实当时中央者做这些行决定，只是敌我抹黑李过关的一君毒杂针。

45. 李颉伯包庇右派狄子才

毛主席说:"我们是站在无产阶级的和人民大众的立场，对共产党来说，也就是站在党的立场，站在党性和党的改革的立场。"

狄子才是反党史王辣若恶的一名干将，在第三次党组扩大会上已宣布颍狄美的尾巴，但李颉伯本人替狄解围，面说证狄子才揭赖反狄从颍的干将摇身一变成托赖的"怨报分子"

46. 李颉伯上交下的关系。

毛主席并恣颍党的作风"中搞私闹独主性的人"拉拢一些人、排挤一些人、在同志中吹、拉、拱、批、把资产阶级工农的腐朽作风也披进共产党里来了。"

李颉伯不但上缘搜刻刘少奇、邓小平、彭真、郝尚昆等人忠实执行黑省面里上、下、还有许多熟人。李颉伯及其老婆和里部分了抹拟及其老婆郭明秋（原东北区妇委主任现为高级党校技委委，里部分子）关系密切。李之女在国唯时期体学在家过寄生生活，後被郭明秋拉入高级党校，是至破坏党的干部改革。李颉伯还也抹拟反党拟长春面乃对关系也很密切，本之女软拟长春乃干爸爸。此类了不胜权举。

47. 勾结坏派压制革命。

《十六条》第廿五"有些单位是被一些混进党的走资本主义道路的当权派"

把持着。这些当权派都害怕群众揭露他们，因而就各种借口压制群众。

李世珍说刘邓是好人，又说是右派。当有人要罢刘邓的官时，她说"如果刘邓是坏蛋就罢他官，可刘邓并不是"他一直是党内的优秀的革命左派，当然刘邓总是这样的同志，而且他是着坚革命左派队伍领袖"，而刘邓还十分谦虚"我是向他们（刘邓）他们学习的。

48. 欺软怕硬，压制革命造反者

《红旗》给人民时报在论指出："革命每前进一步，坏人都会玩弄花招阻挠他们的十分阴谋，他们总是一计不成又生一计，硬的不行来软的，软的不行来文的，欺软怕硬，文武并用。"

李颉伯的反革命两手对待革命造反者，一月霸委会上，密谋破坏大联合和如何撤退，可以闾不华伯鼓发真的想借"八一三"卫东它日搞大连委一些行游草，放火长话说什么"你们抓一下"八二五"和东风要搞一面旗帜，支持他们一下，挑动革命造反派之间互相斗争，破坏大联合进行分裂，以达到保护自己的目的。而只文"八一三"充当了推行资产阶级反动路线的急先锋。

47. 千方百计支持保守派，挑动群众斗群众

《红旗》1966年十五期社论指出："现在党内一小撮走资本主义道路的当权派，极少数顽固坚持资产阶级反动路线的人，有一个特点，就是自己出面荒波，操纵蒙蔽他蒙蔽的学生群、组织工人群上组织，挑拨离间，制造宗派挑起武斗……"

天工红工总于八月二十五日造反革命修正主义分子地方民的反动要破坏达当权官，撤了些的职。李颉伯说在26日老大会上主席誓言说了"代人人说绝食是违不合乎的革命的"而事当地方民的保护突天工泽东思想红工兵面前都说26斗讲话是错误的"是不符合毛主席思想的，不符合什么某的。这是明目张胆地把天工红工兵、红卫队及四千多人的革命行动说成灵反毛泽东思想的"反革命行动"而嘎使天二毛泽东思想红卫兵大，当天工红卫兵是反革命实践。

50. 以死人害活人的阴谋之一

《红旗》十五期社论指出："党内一小撮走资本主义道路的当权派，极少数顽固坚持资产阶级反动路线的人，并不甘心他们的失败，他们错误地估计了形势。他们还在玩弄新花样，采取新的形势或来欺骗群众，继续对抗以毛主席为代表的无产阶级革命路线。"

李颉伯的世伙闾天军东委，主方晓塘之死闾报上大要阴谋以死人害活人，参加追悼会的约有二千七百多个单位，五千多万人，送花围挽联七千多个。李颉伯世人对方的死因是一清二楚的，他欺骗党中央、毛主席，欺骗群众，在工作会议上书延说"天津不卧天津群众对方晓塘这样热爱。"由此可看出用死人害活人之心何其毒也。

天津工学院 红卫兵 红战友

1967·1·31

173

在内部，压制自由，压制人民对党和政府的錯誤缺点的批評，压制学术界的自由討論，是犯罪的行为。这是我們的制度。而这些，在资本主义国家里，则是合法的行为。

新中醫

可笑！

鸡疗专刊（第二期）　4版

1967.10.20（內部参考，注意保存）

上海中医学院《新中医》編輯部主办

郭沫若同志給上海中医学院《紅卫兵新中医团》战士的一封信

中国科学院革委会郭沫若院长在接见上海赴京汇报战士之前，写了一封热情洋溢的信給我兵团战士，对今后研究工作指出了不少重要而具体的問題。我兵团战士据全国范围調查資料分析后，已就某些情况向郭老作了彙报，同时强调了不少实质性問題还有待加强政治領导和深入研究后去解决。我們表示，在捍卫毛主席的医药科研路綫的斗爭中，坚决与全国无产阶级革命派一起携手前进！

郭老来信全文如下：（見图）

①我对于鸡血疗法，的确关心，认为很值得作进一步的調查研究。

②鸡血的疗效因素是什么？是血清？血球？或血中其他的成分？何以有效？别的鳥类或兽类的血怎样？动脉的血和静脉的血当有不同。这些都值得作科学的研究。

③鸡血对于何种病症有效，宜作明确的临床鑑定。有无病症忌避鸡血？传统医学有时要病人忌食雄鸡，这个經驗可能是有根据的。因此，鸡血与各种病症之間的关系，更宜作广泛的检验。

④鸡的选择要紧，提防使用了有病的鸡，招致不良效果。在抽血使用之前，鸡之健康鑑定，大有必要。

⑤是否有办法让鸡血能储藏保存，随时可以取用，省却临时抱鸡抽血的麻煩？

⑥我自己沒有深入的研究，也沒有亲身的体驗，提不出进一步的意見，乞諒。

郭沫若
一九六七　九　二十七

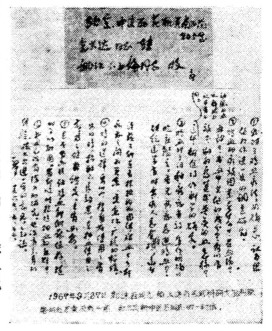

狂飇驟起，星火燎原。随着伟大統帅毛主席发出"斗私批修"的伟大战斗号召，波瀾壮阔的砸烂刘邓陶的革命大批判运动推向了嶄新的阶段。

經过长期艰难而又激烈的阶级大搏斗，医药战綫上又一个新生事物——祖国宝貴的医学遺产"鸡血疗法"获得了光荣的新生。在全国人民热情支持、迫切需要，革命派欢欣鼓舞，鳴鑼开道的努力下，这顆奋斗八年的星星之火終成燎原之势，不可抗拒。今天，我們兴奋地向全国工农兵和革命派汇报，中央首长再次明确給予了我們坚决的支持！我們为之奔走相告，为之大喊大叫，为革命的新生事物的必胜再次鳴鑼开道！

革命的新生事物代表着先进阶级、先进的科学理論、代表着历史前进的方向。腐朽沒落的旧势力

星火燎原

——欢呼"鸡血疗法"新生

本报編輯部

则代表着反动的阶级，代表着陈旧的、自欺欺人的荒謬理論，它頑固地阻挠着社会的向前发展。因此，对待革命的新生事物，不同的阶级有着截然不同的态度。伟大統帅毛主席教导我們說：

"对待新事物采取什么态度，也就是对待群众的态度，对待革命的态度，对待革命的群众运动的态度。"

"鸡血疗法"的血液来源方便，使用簡单，对一些常見疾病及疑难病症有着特殊的疗效，故而临床价值极高。并符合毛主席关于"卫生工作要面向工农兵"和"备战、备荒、为人民"的伟大指示。"鸡疗"一旦推广，就会彫成一股不可抗拒的社会潮流。因此大大触怒了医药界一小撮走资派及反动学术"权威"，

（下转第三版）

174

我所以来反对鸡血能治病，因为它没有科学根据。

·2

地　点：国务院

时　间：1967年9月5日及1967年10月8日

参加者：总理联絡員：王成之同志。

上海医药科研大批判联絡站赴京汇报战斗组：上海中医学院红卫兵新中医团、上海第一医学院革命到底委員会战士五人。

（9月5日）

你們上次送来的材料，已送給总理看了。現在应当参加大批判，主要批判刘、邓。在业余时間、工作時間搞一些科学研究是可以的。有些医院搞"鸡血疗法"的事情，現在又沒有人干涉他們，只要有經費、有人，可以搞嘛！可以积累一些資料，可以作分析。是否每一个医务所都搞，那就不一定了。

对"鸡血疗法"的情况进行調查研究，分析一些病例，搞科学鑑定，为劳动人民服务，这是好的。中央沒有这样讲："不支持鸡血疗法"。如果这样，中央卫生部的那个禁令怎么可能撤消呢？

有沒有人束縛你們搞呀？（我們說：有，上海市卫生局）到今天还扣住"12.28"撤銷黑禁令的通知。眞的吗？眞的就造他們的反嘛！可以向上海市革委会汇报嘛！

科学是老老实实的，靠老老实实的工作，不是靠什么材料宣传一下就行了，要靠

总理联絡員两次談「鸡血疗法」

群众，在群众中生根，再也压不下去。

如果压制不准你們翻案这不行吧！重要的是在群众中扎根，也就翻过来了，如果一个国务院大印，群众中不扎根，也是沒有用的，这也要靠你們努力。

（10月8日）

对鸡血疗法如何进一步开展科学研究呢？我看要坚决走群众路綫，哪些工厂、单位群众要求迫切，积极性高，兴趣大的，你們找几个，帮助他們搞，不就起来了嗎！（我們汇报了上海无綫电三厂、上海鍋炉厂、燎原化工厂、上海嘉定城厢卫生院、上海浦江机床厂的工总司造反派都很支持，而且搞得很好。还說了全国各地如天津墨水厂，青岛疗养院、河南襄城才孙大队，河北靜海陈官屯、江苏宝应等造反派干得特别好。）如这些单位想串联起来、组织起来搞群众科研組，那就更好了。群众都自己解放自己了。現在很多医务人員不敢用，就希望中央現在就表态，我看不一定要这样，主要依靠群众，关鍵在經得起实践的检验。你們可以搞嘛！

即使上海老爷卫生局还在发禁令，但現在群众也都起来了，他們能管那么多？你們不是就在搞嘛，我們也在搞呢！（指国务院医务所）何况你們不是已經得到郭老的支持和回信了嗎？他是科学院院长，是权威嘛！这就很好了。这回总理也知道了，你們神通很大嘛！你們不要去理它（指老爷卫生部、局），要是我是你們，就不管它那一套！

老爷卫生部、上海卫生局扼杀《鸡血疗法》鉄証如山

上海城市老爷卫生局和城市老爷卫生部互相勾結，狼狈为奸扼杀鸡血疗法。一九六五年六月二十八日上海老爷卫生局給城市老爷卫生部打了一个黑报告，黑报告中竭尽造謠，汚蔑之能事，故意夸大和强調反应的"严重性"，以达到扼杀鸡血疗法的阴险目的。黑报告中最后甚至提出要"沒收銷毁"有关"鸡疗"的一切資料，"一切試驗限令立即停止"。可見上海老爷卫生局的一小撮走資派，嚣张何等！奴才效劳，主子尝識，中央卫生部，立即下了一个黑禁令《关于鸡血疗法的通知》（右图）疯狂地扼杀新生事物。

在黑禁令下达以后，全国各省市的老爷卫生厅、局大部分立即照发无誤，甚至逐级加碼附上許多更残酷的条件，又是"坚决取締群众地下門診部"又是"要有关部門协同对不听劝阻者严肃处理"……。上海卫生局还与武汉卫生局、武汉晚报等勾結起来，在报紙上发表了所謂批判文章。此后鞍鋼日报、武鋼日报、鞍山日报等报刊上又先后轉载了这篇大毒草……刹时間在全国許多省市形成了一片混乱，就这样，一个活生生的新生事物被扼杀了，不少革命同志就此也遭到了打击，更严重的給全国人民康健带来了巨大的损失。罪証如山，不容抵賴，老爷卫生部、局欠下人民的这笔债是一定要清算的！

175

星 火 燎 原

——欢呼《鸡血疗法》新生

（上接第一版） 动摇了他们的宝座。就在卫生部及上海市卫生局一小撮反革命修正主义分子策划下，这颗夺目的星火遭到惨无人道的扑灭。据我《毛主席的红卫兵》合北京红卫兵调查组全国28省市普查，已有不少从事鸡疗研究的同志被打成"骗子"、把无视老爷卫生部禁令敢于造反的同志打成了"反中央"、"反党"、"反革命"和"阶级报复"分子，在医药科研上造成了一定的白色恐怖。毛主席早就指出："**在内部，压制自由，压制人民对党和政府的错误缺点的批评，压制学术界的自由讨论，是犯罪的行为。这是我们的制度。而这些，在资本主义国家里，则是合法的行为。**"卫生部黑老爷及其背后支持他们的中国赫鲁晓夫复辟资本主义的狼子野心不是昭然若揭了吗？

毛主席英明地指出："**任何新生事物的成长都是要经过艰难曲折的。**"但革命的新生事物在与旧事物进行激烈的斗争时，不論斗爭多么曲折艰难，新生事物总要胜利，这是不以任何人意志为轉移的客观规律。沒有革命新事物对旧事物的坚决打击，旧事物就不会自动死亡，社会就会停滞不前。

如今，"鸡血疗法"在轰轰烈烈的无产阶级文化大革命中，无产阶级革命派为它翻了案，使之获得了新生，这就使我国医药学的发展向前迈进了一步，这是光焰无际的毛泽东思想的巨大胜利！

毛主席又指出："**不破不立、不塞不流、不止不行。**"破就是批判、就是斗争、就是革命。我们要把毛泽东思想伟大红旗插到医药科研阵地上，就必須彻底批判刘邓在医药战綫上推行的修正主义科研路綫，把顛倒的历史重新由历史的主人顛倒过来，树立起毛泽东思想的絕对权威，才能在砸烂老爷卫生部的废墟上建立起人民卫生部来！

誠然，新生事物在成长过程中，在斗争中要受挫折，要犯各种错误。恩格斯說："要知道，群众只是从自己错誤的后果中学习，从自身的感受中取得經驗。"所以，对于革命新生事物的缺点，应该釆取爱护帮助的态度，决不能任意夸大，甚至恶意中伤，百般嘲笑和刁难。对革命的新生事物"拆台"还是"补台"，这是个立場問题。但必須严肃地指出，曾有人，以极"左"思潮，借用鸡疗的巨大优越性宣传"鸡血万能"的唯心論和资产阶级保命哲学，阻碍了鸡疗的健康发展，更被黑老爷找到了扼杀的借口。无产阶级革命派同志们，我们应該迎头痛击党內一小撮走资派和反动"学术权威"所散布的一切流言蜚語，坚定不移地热情支持革命的新生事物！

同时应該指出旧事物总是通过各种渠道，千丝万縷地纏住新事物，阻碍新事物前进。因此新事物的壮大，必須同时摆脱旧事物对自己的影响。无情的阶级斗争，使新生的无产阶级懂得，不克服自己头脑中的资产阶级思想，不在斗爭中摆脱资产阶级思想对自己的束缚，是没有办法取得彻底胜利的。为了战胜敌人，必須抛弃自己身上的一切非无产阶级思想，克服盲目性，提高科学性，加强无产阶级党性，克服小资产阶级派性。在同资产阶级斗爭中改造自己。

眞正的无产阶级革命家，从来都是把目光注视着新生事物，把希望完全寄托在新生事物上，坚信"**星星之火，可以燎原**"。在伟大的毛泽东时代，革命的新生事物迅速成长，不管旧事物如何声嘶力竭，丧心病狂，終将被燎原烈火所吞沒！

毛主席的医药科研路綫胜利万岁！

《鸡鲜血注射疗法》对疗效较高病种的例举

病 种	病例数	疗效(%)	报 告 单 位	病 种	病例数	疗效(%)	报 告 单 位
麻疹（預防）	263	96	哈尔滨铁路中心医院	肝炎、肝大	19	90	北京协和医院
月經过多	数百例	97.8	卫生部(103)号黑禁令	支气管炎	13	92	天津墨水厂鸡研組
神經衰弱	105	83.8	西安市第一医院	神經性皮炎	20	85	北京十院15所等綜合
神經官能症	181	69.7	北京十院15所等綜合	溁蔓性表层角膜炎	22	86.4	上海曙光医院
高血压	28	82.1	上海嘉定城厢卫生院	贫血体弱	43	79	上海嘉定城厢卫生院
消化系统溃疡	数百例	76	卫生部(103)号黑禁令	关节炎	9	67	青島疗养院
支气管哮喘	41	90.2	西安市第一医院	夜尿症	31	54.8	西安市第一医院

以上病种疗效統计仅为无数病例之路举，因"鸡血疗法"实为"来源容易、制备简单，应用方便，效果良好，副作用少，成本經济"，故极易为广大工农兵所掌握。现在，"鸡血疗法"已普及全国28个省、市，經过大量的实践，証实了它的巨大生命力，即使注射純鸡血反应率达到16.6%，但經过全国数十万人次的临床使用，至今八年来未有过后遗症或血中毒等情况及死亡事故发生，証明多为生理反应。只要掌握反应的规律，則可以有效地克服反应，提高疗效。上海老爷局的鸡血粉，反应大、价格贵，且疗效远比鲜血差。这里选登的只是几个医院过去的报告綜合材料。仅供同志們参考。

我一贯主步高、精、尖，反对低浅俗！

看不懂《茶花女》，喜欢《白毛女》这个民族还有希望吗？

革命无罪　　造反有理
——追记卫生部撤销禁令的战斗

在毛主席亲自发动、领导的无产阶級文化大革命中，上海中醫學院《毛主席的紅卫兵》和北京电影学院《东方紅》公社紅卫兵合組，于1966年11月首先对鸡血疗法进行了大量调查，分赴全国各地核实了老爷卫生部8年来扼杀鸡血疗法的罪行及疗效、反应等问题，最后回到北京又得中央首长大力支持。《毛主席的紅卫兵》在全国广大工农兵的坚决支持下，对卫生部黑老爷黄树则、崔义田、林士笑等作了长达一个月的面对面的英勇斗争，以铁的事实驳得黑老爷們哑口无言、低头认罪。終于在1966年12月28日被迫撤銷了"103"黑禁令，初步打开了"万马齐痞"的局面，这是战无不胜的毛泽东思想又一伟大胜利！是全国广大工农兵坚持八年斗争的巨大成績！是紅卫兵大造刘邓黑司令部的黑据点——老爷卫生部反的不朽功勋！

启　事

为满足全国工农兵医疗迫切需要，本报迫載有关鸡疗政治及学术的完整資料。每本成本费二角。需要本料者，請于11月邮現款至上海中醫学院鸡血疗法专案組预訂即可。
本刊編輯部

《命令》
中华人民共和国卫生部
关于撤销一九六五年七月二十三日《关于"鸡血疗法"的通知》

（67）卫医字第90号

上图即是〔67〕卫医字第90号急件：关于撤銷1965.7.23《关于"鸡血疗法"的通知》的通知

今日欢呼孙大聖

"103"黑禁令撤銷后，全国各地无产阶級革命派及广大工农兵群众无不欢欣鼓午。在千百万人民的热望中，被压制八年之久的鸡血疗法重見了光明，开始真正为广大劳动人民服务了。喜訊飞速传

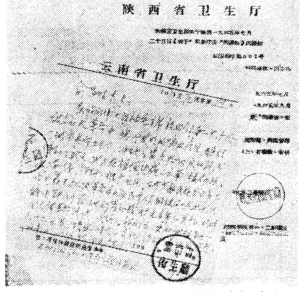

陝西省卫生厅

云南省卫生厅

图中是陝西省卫生厅〔67〕卫科字 001 号及云南省卫生厅〔67〕卫医便字第51号研究推广的公文

只緣妖雾又重来

遍了城市、农村和山区。陝西省、云南省、吉林省、江西省等不少省市卫生厅局的革命派，为捍卫毛主席的革命路綫，坚决执行"卫生工作要面向工农兵"和"抓革命，促生产"的伟大号召，紛紛轉发了《12·28》撤銷通知，有的省市恢复了几年前的研究、試点；有的重新组织了研究推广班子，积极为新生事物大喊大叫。就連祖国边疆少数民族地区，甚至抗美援越第一綫也广泛推广使用起来，展现出一派蓬勃的新气象。我們深为毛主席的医药科研路綫胜利而欢呼！

但是，"敌人是不会自行消灭的。""他们必然地要和我们作拼死的斗争，我们决不可以轻视这些敌人。"上海老爷卫生局至今还扣压《12·28》通知，禁止患者使用、禁买抗凝剂、禁給存血空瓶，并向去信去访者散布什么"黑老爷只是不重視"的謠言，严重地阻碍了鸡血注射疗法的蓬勃发展，企图掩盖修正主义科研方向，混淆視听。呸！难道反倒是群众扼杀了鸡疗不成？保皇有罪，反戈有功！8 年来的黑专家会、黑报告、黑公文、黑档案、黑禁令、被烧毁的大量研究資料，全国工农兵大量来信……直至文化大革命初被整的群众，全国而論，不胜枚举，这还"不重視"么？够了！这一切罄竹难书。罪証如山，不容狡賴！（詳見第三期）我們将牢記毛主席"千万不要忘記阶級斗争"的教导，誓将医药科研上两条路綫斗争进行到底！

本报联系地址：上海零陵路 530 号　　　电话：372632　　　定价：　2 分

红旗

国营天津印染厂红旗造反兵团

第5期　1967年1月29日

毛主席語录

政策是革命政党一切实际行动的出发点，并且表现于行动的过程和归宿。一个革命政党的任何行动都是实行政策。不是实行正确的政策，就是实行错误的政策；不是自觉地，就是盲目地实行某种政策。所谓经验，就是实行政策的过程和归宿。

毛主席給林彪同志的信

林彪同志：

应派解放军支持左派广大革命群众。以后，有真正革命派要求军队支持，都应该这样做。

所谓不介入是假的，早已介入了。此事重新发出命令，以前的命令作废，照办。

毛泽东

一月廿三日

中共中央关于保卫四清运动成果的通知

各级党委、各级军区党委：

现在有些农村和企业、事业作单位把四清工作队抽回斗。中央认为四清运动有伟大的成绩。

农村社会主义教育"十条"、"二十三条"都是毛主席亲自主持制定的，是伟大的马克思列宁主义的文件，这是必须肯定的。根据"十条"和"二十三条"的规定，在当时派出工作队是正确的，不能说是错误的。

至于有些同志在工作中受形"左"实右路线的影响犯了一些错误主要应由错误路线的提出者负责。因此，中央决定：

（一）四清工作队的同志一般的不要撤回去斗。

（二）对于四清工作队的同志有意见可以写信送大字报或者其他方式提出。

（三）必须保卫四清运动成果，不许那些党内走资本主义道路的下台干部和地、富、反、坏、右分子翻案，不许他们兴风作浪。

中共中央

一九六七年一月廿五日

中共中央、国务院、中央军委、中央文革小组意见

据悉中共中央、国务院、中央军委、中央文革小组遵照我们最敬爱的领袖毛主席的指示于今天（一月廿三日）发出意见，通知驻各地部队：过去所发的部队不介入地方文化大革命的一切规定一律作废。部队要坚决支持真正无产阶级革命左派的夺权斗争，要坚决镇压反对革命左派的一切反革命行动，部队不得做走资本主义道路当权派的防空洞。

无产阶级革命造反派要开展夺权斗争，就必须大联合。没有大联合，夺走资本主义道路当权派的权就只是一句空话。……四十九年前，我们的伟大领袖毛主席提出了"民众的大联合"的伟大号召，吹响了我国新民主主义革命的进军号。今天，在我国文化大革命的新形势下，红色革命群众正在毛主席的新的伟大号召下，在"无产阶级革命大联合，夺走资本主义道路当权派的权"的伟大口号下动员起来，投入战斗。这场预示着党内一小撮走资本主义道路的当权派和坚持资产阶级反动路线的顽固分子的末日，已经来到了。

（摘自《人民日报》一月廿一日社论）

周总理关于夺权問题的重要指示

在一月廿六日晚五至九时，周总理和已夺权的工交化表产委纪要：

夺权问题，一般地说要先夺文化大革命的领导权。

夺权对象：（1）反党集团，（2）一小撮走资本主义道路的当权派，（3）坚持资产阶级反动路线的，（4）犯了严重错误而更改的（但领导不得力），（5）一般领导不得力，但不意各种情况不同夺取不同先夺文化大革命的领导权而有有业务权。监督他们的人从中学会管理业务，个别吸收保守等的到造反派里来。

谈有总理谈了财务钟人的处理问题，（1）烂了要罢官，（2）可以求取物职留用一个时期，定期考查，以观后效，带罪立功（3）行职留用，定期考查，以现石数，边工作边地类地监督（4）监督使用（5）职务不夺。

总理指示：（3）、（4）是大多数，多数都可以用的。

用人的方法：（1）我们只能帮助你们不能用色色去代替。（2）夺权必须是革命造反派。领导不行，保卫的夺权是官方的。夺了有什么不起，造反派还可以夺过来（3）不能没有中间，也不断分化。革命造反重大联合，但一个单位，一个学校就把定不对尚不要色本位置，不要成为工作组。

据你的提示：（1）要高举毛泽东思想伟大红旗。（2）承认党的领导，要抓毛主席的指示方向，走社会主义道路，执行"十六条"和两个"十条"，这是指导的纲领，如果违反这个就是三反分子。

红与专

HONG YU ZHUAN

7

1959.4.1.

红与专 半月刊

中國共产党福建省委員会主办

一九五九年　第七期

目　录

加强工业生产的具体組織領导
是超額完成計划的关鍵

許　　亞

我省由于貫彻了党的社会主义建設总路綫，1958年在工业战綫上获得了巨大胜利。这个胜利超过了以往任何一年。工业总产值翻了一番，完成了煉鉄十五万吨的任务，其他各方面也都有极大的增长。在去年跃进的基础上，今年第一季度工业生产又取得了很大的跃进。第一季度工业总产值預計将达到三亿六千九百一十万元，比去年同期增长百分之一百零八点九。列入中央計划的十六种产品，比去年同期增长十倍以上的有六种（木材，水泥，糖、油、炭黑等）；試制成功了不少新产品，包括五百吨糖机、高压水泵、二十八立方米的高炉配套、紆維板、硫酸、純碱、六六六原粉、盐滷化工、自行車、灯泡、鈡等，这些新产品，有的已正式投入生产，有的正在准备投入生产。我省第一季度工业战綫上所取得的成就，已为超額完成全年生产計划打下了有利基础。

第一季度工业生产上所以能取得如此巨大的胜利，是与广大群众的冲天干勁分不开的。全省各地依靠群众广泛地开展了以技尤革命为中心的群众运动，充分发揮了群众的积极性和創造性，掀起了生产高潮，从而保証了生产的高速度增长。森林工业实行木材生产"三化"（采伐弯把鋸化、集材索道滑道化、运輸車子化），推行"大河赶羊"和"大排流送"，超額完成了到材計划。电力工业开展了提高設备出力运动，全省共提高設备出力一千四百三十八瓩，綏和了春季全省电力供应紧張的状况。輕工业厦門橡胶厂創造"电力皮胶法"，提高效率四倍。第一季度原材料供应比較紧張，但各行各业千方百計地克服这方面的困难显得十分突出。如福州台江机器厂承担二十八立方米高炉十三套配套設备以后，为了克服矽鉄缺乏的困难，奋战两昼夜，修成了热风炉，把白口鉄加溫增加含矽量，保証了鑄件的质量。在輕工业中，各地都發揚了自力更生的精神。厦門酒厂利用甘蔗渣釀酒；厦門皮革厂自己生产栲胶；福州火柴厂自办氯酸鉀、硫酸等卫星厂；福州搪瓷厂利用碎角鉄制造小搪瓷器皿等。福州、厦門两市由于采取了以上的积极性措施，不少輕工业部門都超額完成了生产計划。

我省第一季度工业生产的增长速度是很快的，成績也是很大的。但是，如果按照第一季度所拟訂的工业生产計划來檢查，则全面計划完成的还不够好。总产值預計只能完成省訂季度計划的百分之九十一点二五，占年度計划的百分之十五点五。从具体行业分析，重工业不如輕工业，輕、重工业的重点产品又不如一般产品。但必須指出，我省在保証国家調撥重点产品方面，如木材，是尽了最大努力的，曾克服了交通工具缺乏、物资供应不足等一系列具体困难，采取了积极措施，从而超额百分之二十完成了国家計划。

根据初步分析，第一季度工业生产未能全面地均衡地完成国家計划的主要原因是：

（1）对基本建设新增生产能力估計偏高，产量打得偏紧，以致計划指标完不成。我們体会到，要使新增项目能迅速投入生产，除要集中力量解决主机和原材料問題以外，还必须克服种种困难来解决配套和非标准設备，以及一系列具体問題，忽视了这一点，工厂要迅速投入生产是不可能的。同时必须指出，配套和非标准設备的制造是一个相当复杂的任务，即使所有設备都有了着落，施工安装也还需要早作打算，如技术力量如何調配，施工机械能否解决，焊接的設备和材料有无准备等等，都要及早考虑，任何一个环节衔接不好，都会影响如期投入生产。由此可見，經济工作必须愈做愈細致，愈来愈要求深入具体，在制訂生产計划时，对新增生产能力应作具体分析，既要从积极方面考虑，又要把生产指标放在切实可靠的基础上。

（2）对原材料供应上的困难和問題估計不足，平衡工作也做得不深不透。如机械制造所需生鉄，过去几年都依靠外省供应，当时需要量不大，可以得到满足。但今年生产大跃进以后，鑄造用鉄大量增加，再靠外省供应，势必有困难，这就必须依靠自力更生来解决；而我省所产生鉄大部分系白口鉄，不加矽鉄就无法翻砂，因此，矽鉄就成为机械制造的关键問題。可是，我們对这一情况估計不足，放松了对矽鉄生产的領导，以致矽鉄远不能满足鑄造的需要。其次，鋼鉄供应也不够及时，数量上虽可满足，但品种规格往往不完全符合要求，加上到貨时間有先有后，就使机械产品难于按时交貨。化工原料的供应不足，对造紙制药及炼鋼等都有很大影响。其他輕工业原料也一直未能如数供应，在不同程度上影响了生产的进一步提高。

（3）工业生产的組織工作做得不够。今年的工业計划是一个全面大跃进的計划，指标訂得很先进，这就要求認真地周密地进行組織工作。但现在看来，第一季度对生产、基建、物资、交通四个环节的計划衔接和平衡是作得不够的，解决不协調现象也不及时。安排生产不够落实，抓生产也抓得不紧、不死，大部分精力陷在編計划的圈子里拔不出来。其次，没有建立强有力的生产調度机构，对重要产品没有按月、按旬、按日地抓紧檢查，及时发現問題，及时加以解决。

（4）交通运輸不能适应工业生产的需要，已成为当前生产中的一个突出問題。由于短途运輸未能得到妥善安排，或因缺乏交通运輸工具，使某些原材料不能及时供应，影响了生产。

（5）貫彻"全国一盘棋"的精神还不够。各地在执行第一季度計划过程中，虽然一般都已能注意从全局出发，并主动讓路，以保证重点。但仍有一些单位、一些同志，往往考虑自己的困难和自己的发展多了一些，考虑全局的利益少了一些，例如在原材料的調撥供应，以及設备配套的制造安排方面，有时就不能从全局出发。当然，这些同志也是从积极做好工作出发的，但从客观效果来說，却影响了全局和重点。

指出問題，分析缺点，这是为了更好地前进。我省第二季度工业生产計划将在第一季度已获得成績的基础上有更大的跃进，这就要求我們以更大的干劲，継續依靠群众，从各方面采取积极有效的措施，克服存在的各种困难，力爭超額完成計划。根据第一季度的經驗，以及反映出來的問題，我省第二季度生产安排的方針应当是：

首先要大抓原材料工业的生产。原材料供应問題，是当前工业生产和基本建設中的主要关键，如果不首先解决这一問題，不論生产和基本建設都将无法前进。因此，必須把鋼鉄、煤炭、木材、水泥及基本化学产品列为重点，优先安排生产，采用一切办法來保証生产計划的实现。其次，必須抓紧配套及非标准設备的生产。第一季度的实践証明，主机到貨以后，制造配套設备的工作量往往超过了主机的工作量，而且配套各不相同，沒有通用图紙，木模、翻砂都要另起炉灶，耗費工时較多。为了保証基建任务的完成，必須把配套及非标准設备列为机械制造的第一位任务。再次，要抓农业生产資料的生产，特別是要抓农具、农葯、化肥的生产，这是支援农业大跃进，实行工农业并举的一个十分重要的环节。最后，要抓輕工业生产。輕工业在我省有相当基础，只要安排得当，生产跃进是完全有条件的。具体來說，应该抓住糖、纸（包括土紙）、盐三大重点，这不仅对人民生活有密切关系，而且对保証財政收入、支援工农业建設也有重大关系。

在明確方針，重視以往經驗的基础上，我們还应该采取各种积极的措施。应该采取哪些措施呢？

（1）积极做好生产准备工作，是生产正常化的必要条件。我省从大煉鋼鉄以來，不少新建企业吸收了大量职工，由于技术操作水平还不够熟練，停机檢修时間較多，对企业生产計划的完成影响較大。针对这种现实情况，除积极培訓职工，加强教育，經常注意机器設备的維护保养外，今后要求有一定数量的备用部件，以防万一发生故障，仍能保持正常生产。各企业，特別是煉鉄小土群基地，应有适当的原材料和燃料的儲备，卽使遇到雨季，也可以照常生产。新产品必須經过檢驗合格后，始能成批生产。

（2）进一步发动群众，大鬧技术革命，継續推行"一交、二参、三結合、四大"的領导經驗，掀起一个轟轟烈烈的生产竞赛高潮。随着第二季度計划的下达，应召开职工代表大会，向群众"交底"，講清当前形势与生产任务。領导参加生产，工人参加管理，坚决做到領导、工人和技术人員三者相結合。継續采取大鳴、大放、大辯論、大字报的方法來进一步发动群众。群众的思想明確了，認識提高了，他們的創造性和积极性就能充分发揮起來，工作中的困难也就能迎刃而解。

（3）建立正常的生产秩序，整頓劳动組織和管理制度，以搞好生产。目前不少工厂的生产秩序比較混乱，沒有定額，缺乏适当的規章制度。因此，各企业应根据具体情况，实行定員、定額；对大跃进以來所吸收的职工要作一次整頓，有多余者，可以首先在工业內部調剂，并設法抽調一部分支援农业生产。各单位要千方百計提高劳动生产率，做到增产不增人，甚至增产减人。要加强計划管理，建立原始記錄，制訂每周作业計划及確定日产水平，根据計划，定期进行檢查。此外，还应建立生产責任制和其他各种必要的制度，并加强企业的經济核算。

（4）加强对生产的具体組織領导是完成計划的关鍵。工业生产有严密的科学性和組織性，它們之間相互联系，相互依存，因此每一个环节都必須紧密結合，稍有脱节，生产就会受到影响。各单位对各种具体問題都必須重視解决，只有一般号召而元具体組織措施，生产是搞不好的。强化各級領导生产的指揮机构，也很重要，这个机构应当象作战司令部一样地建立起来，各級負責人应亲临前綫掌握調度，随时作具体指导。在作战策略上，面不宜鋪得过宽，要集中力量，縮短战綫，突击重点，发现薄弱环节及缺口，就迅速加以克服解决。

当前的形势是有利的，跃进的条件是具备的。既然我們已經有了明確的方向和方針，群众又有了冲天的革命干劲，现在的关键就在于領导。只要領导能够把群众的干劲同切实可行的措施結合起来，把政治挂帅同細致的具体的組織工作結合起来，那么，第二季度的工业生产战綫上就必将取得更大更好更全面的跃进。

初 到 福 州

林伯渠

面向大海盡群山。　　　　八閩分疆多少年。
只有春雷能起蟄，　　　　才將生气滿东南。

（一九五九年二月十九日）

厦 門 卽 事

林伯渠

雄風表海史无先，　　　　八閩來苏此紀元。
鼓浪成功昭日月，　　　　胥濤怒吼起东南。
頻添生力水云閣，　　　　净扫么麼指頏間。
誰能深耕輕刈穫，　　　　行將举世証同安。

（一九五九年三月四日）

1959年

184

我們從福州通用机器厂学到些什么？

何　左

福州通用机器厂，這個在兩年前還只能制造中世紀馬車的小厂子，現在已經能制造現代化的汽車；一年前還只能作些修修配配的零活，現在已經能够成批地制造大型机器——日榨五百吨的制糖机。值得特別指出的是：在1958年的大跃进中他們利用极其簡陋的設备，在技尤經驗十分缺乏的情況下，破天荒地自己炼出鋼水（也是福建省的第一炉鋼），澆鑄鋼件；他們制造糖机所需的許多設备，如龙門刨床、电动机床、大型吊車等，也都同樣是利用簡陋的生產設备，自己試制成功的。在通过技尤革命提高劳动生產率的道路上，福州通用机器厂在兩年來（主要是1958年），走了在通常情況下需要走許多年的历史行程。在去年一年中，這個厂和別的許多工厂一樣，打破了工业产值每年只能增长一成二成的慣例，在一年之內就翻了二番；在今年，他們还要在去年大跃进的基础上翻三番。

象通用机器厂這樣的跃进事例，在我們這個偉大的时代里，可以举出許多許多。我們从許許多多這樣的事例中，可以看到，工人阶級和广大的劳动人民，在共产党的領导下，在我国社会主义建設总路綫的鼓舞下，是怎樣在以自己的自覺活动和創造性劳动，迅速地提高我們社会生产力的水平，加速历史發展的进程。从這里我們也可以看出，我們党，作为我国社会主义建設的領导者，用极大的注意力來調动广大人民群众中一切潜在的积极因素，充分發揮人們无穷无尽的智慧和創造力量，对加速我們社会主义建設的發展，具有何等重要的意义。

馬克思主义訊为：人类社会历史的發展有它的客观规律性和必然性，但历史的必然性只有通过人們的活动才能实现；如果沒有人們的參加，沒有人們的活动，任何历史事变都不能發生。而当人們認識到這种客观存在的规律性和必然性，幷充分發揮人的主观能动作用，努力提高自己活动的組織性和自覺性的时候，历史的进程就可以加速地發展。作为領导者，如能善于掌握历史發展的客观规律，正確認識时代的条件和时代的任务，幷想尽一切办法來發揚群众中的先进力量，提高群众活动的組織性和自覺性，領导群众前进再前进，那就能够加速事变的进程；否則，他就会以自己錯誤的領导，妨碍先进力量的發生、發展，使事变的进程在一定程度上受到阻碍。我們的党中央和毛主席，从來就是根据上述这一客观眞理指导我国的革命和建設的。党的社会主义建設总路綫，就是根据我国經济战綫、政治战綫和思想战綫上的社会主义革命已經基本完成、群众对于生产建設充满着信心的时代条件下，提出的加速我国社会主义建設进程的历史任务。正因为这条路綫正确反映了历史的客观規律性和历史規律性同人的自觉活动的辩証关系，所以它才起了組織和动员广大群众的偉大作用，产生了巨大的物貭力量。党的总路綫所規定的技朮革命的任务，已經逐漸发展成为广大工人、农民的規模壯闊的自觉的革命运动，这个运动正在迅速地提高我国的劳动生产率，发展我国社会的生产水平。

可是人們的思想总是落后于客观实际。馬克思主义的上述重要眞理，要为我們所有的同志所理解和掌握，是需要一个过程，需要經过一番斗爭的。在1958年的工业生产大跃进中，尽管由于貫彻了党的政治挂帅和大搞群众运动的領导方法取得了巨大的成效，領导干部的思想水平有了很大的提高，但目前在工业部門中，仍有一些人，总是抓住許多过了时的"常規"不放，深怕工人在生产技朮、操作規程中有所革新；他們往往是过分强調了物貭技朮条件，忽視了人的因素，或者是夸大物貭技朮条件的作用，有意无意地貶低群众的作用；或者他們只是抽象地看工人群众的积极性，而看不到工人眞正力量的所在，或者仅仅看到工人的体力劳动，而看不到工人群众的无穷的智慧和創造力量。因此，他們在大跃进面前往往表現迟疑不

决，缺乏飽滿的干勁和足够的信心。这种傾向，在大型的现代化的企业中，要比在"小的土的"企业严重一些。这种思想观点，从本貭上說，是无視人民群众在历史上的作用。这些同志也承訒社会发展的客观規律性，承訒历史发展的客观物貭条件，但是他們把客观規律、物貭条件絕对化、偶象化了，不承訒人的自觉活动可以改变物貭技朮条件、加速历史的进程，而是見物不見人，把人看作是历史規律的奴隶。这种庸俗唯物主义的陈腐观点，就必然要束縛工人群众的手脚，使社会先进力量陷于消极等待，从而延綏社会发展的进程。福州通用机器厂所以能够取得大跃进的胜利，就是由于先进的思想战胜了陈腐的庸俗唯物主义的观点。去年春天，当大跃进开始席卷全省工矿企业，福州全市"比先进、赶先进"搞得热火朝天，新紀錄、新产品、新人新事不断涌现的时候，通用机器厂却无声无息。究竟是什么原因呢？原来是在領导干部中对如何对待群众运动的根本問題，存在着分歧。有一部分人，訒为本厂設备条件差，工人又都是来自私营厂店的，思想比較"落后"。因此，他們說："别的厂能跃进，我們厂不行"。但另一部分人持着相反的看法，訒为工人群众并不落后，他們缺乏文化技朮，缺乏管理的技能，只是过去长期受剥削受奴役的結果，现在既成了社会主义企业的主人，就具有着无法估量的革命积极性和創造性；福州通用机器厂確是个穷厂，設备条件差，但正因为設备落后，更需要充分調动群众的一切积极因

1959年

素；尽可能迅速地改变落后面貌，何况厂子劳的本身就具有着无穷的跃进潜力。党总支据此先后在领导干部和工人群众中组织了辩論，并且在整个生产过程中始終坚持地开展了两种方法，两条路线的斗爭，不断用力爭上游的先进思想战胜了右傾保守、見物不見人的落后思想，大力开展了以技朮革命为中心的群众运动，充分发揮了广大职工的积极性和創造性，从而取得了大跃进的胜利。

充分的事实証明：工人群众不但有着冲天的革命干劲，而且有着无穷无尽的智慧和創造才能；为着完成每一項任务，他們不但进行忘我的辛勤劳动，而且更能刻苦鉆研，坚持完成一系列的技朮改造。他們在着着实实地征服着空間和时間，一步步認識和掌握客观規律，加速历史演变的进程。通用机器厂的工人在客观物貭条件十分差的情况下，炼出了本省第一炉鋼，結束了本省不能炼鋼的历史，制成了本省第一台糖机，支援了制糖工业的发展，这难道不是他們利用客观物貭条件、征服困难的胜利嗎？該厂鑄工车間的工人由于大胆地革新了翻砂技朮，提高了工效四、五倍，使原需四年完成的工作量在半年多的时間內完成了，并且节約了大量的木材及其他原材料，这难道不是他們征服时間的胜利嗎？事实也証明：那些觉悟較低的所謂落后工人，并不是生來就是落后的，更不是注定永远都是落后的，特別是在党的正確領導下，在社会主义制度中，他們經过教育后是完全可以轉变的；某些人总是嫌这些工人落后，指責多，帮助少，实

际上也是缺乏群众观点的一种表现。通用机器厂第一个大胆提出试制吉普車的建議的，恰恰是过去被認为生产落后的工人王二俤；該厂工人林必吉、毛維根、阮章斌等，过去不遵守劳动紀律，生产磨洋工，被称为落后分子，现在也都一变而为生产上的积极分子了。由此可見：只要領导者善于耐心帮助工人群众克服某些消极因素，并充分調动广大群众的一切积极因素，我們的事业就一定会出现一种轟轟烈烈、生气勃勃的局面。事实証明：工人不論工种粗細、工龄长短、文化高低，都一样可以在生产技朮革新的道路上发揮各自的智慧，作出貢献的。通用机器厂冷作工人郑心銓并不識字，但他却根据縫紉机原理，創造了一种自动冲孔机；仓庫有一个搬运工，也設計了一种又簡便又适用的土鋸床。連一个进厂才二个月的学徒也在老师傅的帮助下，大胆設計制造剪床。

福州通用机器厂的經驗告訴我們：为了实现高速度发展我們的生产事业的目的，在实行政治挂帅，不断提高工人群众政治觉悟的基础上，把群众运动引导到不断改进生产技朮，不断提高劳动生产率方面來，并使不断革新技朮和不断提高劳动效率貫穿在整个生产过程和一切生产活动中。福州通用机器厂之所以能够在短短的一、二年时間內，由原来基本上是手工操作的水平，跃进到較为现代化的生产技朮水平，正是在试制汽車、炼鋼鑄鋼到整批机械制造的整个过程中，在生产的各个环节，充分发揮群众的智慧和

（下轉第18頁）

187

从制造馬車到制造机械

——福州通用机器厂技术革新运动介紹

中共福州市委工交部

要不断提高劳动生产率，促进生产更快地发展，中心的一环是在提高广大工人群众思想觉悟的基础上，大力开展以技术革命为中心的群众运动。在这个运动中，坚决地相信群众、依靠群众，大胆放手地发动群众，并热情地支持和鼓励先进事物的成长，对于我們生产上的跃进再跃进、胜利再胜利，有着十分重大的意义。这已为1958年大跃进的实践所充分证明。福州通用机器厂正是在这种思想指导下，发动了大规模的以技术革命为中心的群众运动，取得了大跃进的胜利。

1958年春天，在福州通用机器厂的领导干部当中，曾經发生过一场争论。事情是这样：經过伟大的整风和双反双比运动，在党的社会主义建设总路綫和"十五年赶上英国"的号召鼓舞下，福州市和全国各地一样，各行各业、各个工厂掀起了热火朝天的"比先进，赶先进"的大跃进热潮，新紀錄、新产品、新人新事不断涌现。但在这时，通用机器厂却无声无息，部分职工还在鬧工資、講待遇，歪风邪气占了上風，个别坏分子即乘机拉攏落后分子，打击先进，对抗领导，厂里曾一度呈现着混乱。在这种情况面前，一部分同志认为：别的厂"設备好，群众条件好"，可以大跃进，本厂"設备差、群众落后"，不能跃进。与此針鋒相对，另一部分同志則认为，看問題要看主流、看本質，群众多数是好的，落后的只是极少数，要相

信群众的多数，教育和团结少数；要大跃进，必須先从調动积极因素入手，满腔热情地去支持先进事物的生长；正因为設备条件差，更須要調动群众的积极因素，以便迅速地改变这种面貌。

这是一场原則性的爭论。是党的群众路綫占上风，还是官僚主义占上风？是群众观点占上风，还是非群众观点占上风？这就是爭論的实質。因此，这场爭论直接关系到群众积极性和創造性的发揚，关系到該厂局面的改变和生产的跃进。厂党总支及时看到了这个政治气候，在总支委員会上就群众观点問題展开了大辩論。辩論结果，先进思想迅速战胜了落后思想，大家认識到要迅速提高生产率，改变工厂的落后面貌，就必須坚定地相信群众的多数，依靠群众，广泛調动群众的积极因素，大力开展以技术革命为中心的群众运动，并通过支持、帮助、鼓励先进，树立旗帜，帮助落后群众提高觉悟，掀起一个比先进、赶先进的热潮。

党总支会議成了扭轉落后局面的开端。领导上打掉了官气，轉变了作风，集中力量組織了生产大高潮。在党的领导和大力支持下，群众的积极性和創造性得到了大大的发揚，敢想敢干，大鬧技术革命，創造了一个又一个的奇迹。翻砂車間的五个青年工人，在6月3日炼出了福建省的第一炉鋼，揭开了福建炼鋼史的第一頁。在福州炼鋼"高产

1959年

日"（11月13日），成了全市第一个日产百吨厂。先后试制成功了吉普车、龙门刨床、电动车床、电动吊车等三十七项新产品，并以二十天的时间突击抢建了年产二万吨和五万吨的炼钢车间各一座。值得特别提出来是，职工在设备落后，技术力量薄弱的情况下，大闹技术革新，大搞蚂蚁啃骨头，小机干大活，在半年多的时间内，造出日榨五百吨的糖机两套；全年产值比1957年增长二倍。今年这个厂还要生产糖机八套，总产值要比去年再翻三番，实现更大更好更全面的跃进。

原来，该厂某些领导同志一直埋怨"群众落后"，是不是真的这样呢？当然不是的。恰恰相反，不是群众落后于领导，而是领导大大落后于群众。去年4月，全市掀起了一个轰轰烈烈的试制新产品的热潮，在全市职工跃进比武大会上，只有几部旧车床的福州汽车修配厂造出了一辆三轮摩托车向大会献礼，其他各厂也都有很多礼物，唯通用机器厂没有拿出什么东西来。该厂职工为此感到十分难堪，也非常着急，在会场上就酝酿着要试制新产品，一向被人视为生产"落

金工的老张正在紧张地进行操作。（蔡星摄）

第 7 期

后"的工人王二俤，提出要试制吉普车，并表示要苦战五十天完成任务，作为"七一"向党献礼，当场得到了许多职工的热烈赞同和支持。而这个大胆创议也给了全体职工很大的震动。人们还忘不了：就在两年以前，这个厂还是只能制造马车的小厂子，直到1958年初，对于机器也还只是修修配配，没有独立制造的能力。于是有人说王二俤"吹牛皮"，也有人说："汽车修配厂还不能造汽车，我们是蛤蟆想吃天鹅肉"；有些领导干部也没信心，说"还是造牛马车吧！"但是党总支认为这是工人的大胆创议，是新生事物的萌芽，应该给以热情的、积极的支持。随即将有关老工人、技术人员组成了一个试制小组，领导干部也深入车间，与工人一道苦战。在党的大力支持下，工人们热情高涨，干劲冲天，起半夜，睡三更，废寝忘餐，结果吉普车提前二十天制成。与此同时，翻砂工人也用废铁水包炼出了全省第一炉钢。

试制吉普车和炼钢成功的意义，不仅在于创造成功这两项产品的本身，更重要的意义在于通过这两件事，深刻地教育了领导，也教育了群众，使他们从实践中，找到了以技术革命为中心大搞群众运动，提高劳动生产率，实现跃进计划的正确途径。从这两件事的实践中，领导上深刻地认识到，工人的力量和智慧是无穷无尽的，只要坚定地依靠群众，充分发挥群众的积极性和创造性，并热情地支持新生事物，就能够战胜各种困难，创造出伟大的奇迹，从而彻底改变了那种认为群众"落后"的错误看法。而广大职工也进一步认识到，在党的鼓舞下，自己能够发挥巨大

的力量，大大破除了迷信，解放了思想，形成了人人講革新、談干勁、提建議、論奇迹的風气。干群关系得到大大改善，領導和群众打成了一片，一些思想落后的工人也迅速轉變，坏分子陷于孤立。因此，試制吉普車和煉鋼，成了扭轉該厂生产落后局面的轉折点，从这时起，群众发动起来了，干勁鼓舞起来了，打开了大跃进的新局面。

去年4月，該厂接受了在年内制造二套五百吨糖机的任务，这对該厂來說，困难確是很大的。該厂沒有工程师，沒有大型設備和吊車，職工們也缺乏制造糖机的技朮和經驗，有的連糖机是个什么样子还沒有看見过。一套糖机大小部件达一万多件，光翻砂就要十万多个工时，需要四十八个技工一年才能干完，而該厂翻砂車間共只有十八个技工，以此計算，完成二套糖机的翻砂任务，需要四年时間。糖机部件很大，一个大齒輪就有三千多斤，凭几部满清时代留下來的老爷机床，怎么能啃得动呢？糖机有一半需要鑄鋼件，这在本省还无法解决，下半年又增加了一項繁重的煉鋼和搶建煉鋼設備的任务。但是該厂勇敢地接受了这个任务。領導上采取了"逼"、"交"、"圍"的一系列措施，緊緊依靠職工群众，圍繞生产关鍵，把群众的革命干勁引导到大鬧技朮革新方面去，终于胜利地战胜了各种困难，保证了各項任务的完成。

一、"逼"：在繁重的生产任务面前，有的人表示沒有信心，特別在科室干部和技朮人員中間，不少有保守思想的人，看不到群众的力量，根本不相信糖机任务能完成，在一个很长时間內，他們不把生产計划安排

下去，或只是根据老的工时定額安排計划。計划排得不緊，工人感到很輕松，也就不大动脑筋鑽研和改進技朮。有的工人們提出了合理化建議，却常受到有保守思想的人借按規章办事，加以阻止。如鑄工車間工人陈隆英提出用湿模代替干模澆鑄几吨重的大鑄件，卽被車間主任以"湿模澆鑄不得超过五百公斤"的常規而制止。厂党总支經过了一場辯論，彻底批判了那种只迷信书本不相信群众的观点，坚决把生产任务交給了群众。这样一"逼"，逼出了很多好主意、好办法來。如翻砂工人改变了福州市几十年來翻砂的老习慣，把泥模全部改为砂模、干模改为湿模，生产效率提高了四、五倍，并节約了大量木材及其他原材料。青年翻砂工陈隆英还創造了一年培养六十三个学徒的成績，有效地解决了技朮力量不足的問題。加上其他各种革新，使原需要四年才能完成的翻砂任务在半年多的时間內就完成了。过去翻砂用的生鉄都是用外省供应的灰口鉄，今年灰口鉄供应困难，只能用本省生产的白口鉄，白口鉄必須加矽鉄把它变成适用机器加工的灰口鉄，可是又碰上矽鉄緊張，職工們又克服种种困难，建成二个土风炉和四个土冲天炉，不用矽鉄制成了灰口鉄，基本上解决了生鉄的問題。正如工人說的："任务越重，勁头越足，压力越大，决心更強"。

二、"交"：把生产任务、具体作业計划以及完成这些任务的意义和可能遇到的困难，向群众交代清楚，讓群众掌握生产命运。这方面該厂有經驗也有敎訓。在糖机具体作业計划很长时間沒有交下去之前，今天叫做这个，明天又插上那个，工人做了今天，

1959年

190

工人們用他們煉成的灰口鉄澆鑄机件。(戴星攝)

不知道明天的，工人說："作业无計划，我們搞技朮革新也无从着手。"后來，对生产任务和具体作业計划作了全面大交底，不仅使工人們懂得了按时完成糖机制造任务，对于加速国家制糖工业建設和支援农民兄弟发展甘蔗生产的重大意义，生产劲头更大；而且，使每个职工明確了完成任务和提高劳动效率的总方向，也明確了自己在整个生产过程中所担负的具体任务，推动了技朮革新迅速地在全厂遍地开花。各車間的生产任务虽都超过了生产能力的一倍到几倍，但工人們想出了一个办法又一个办法，技朮革新越來越多，工作效率普遍提高。翻砂工人彻夜不眠，刻苦鑽研，終于炼出第一炉鋼，解决了鑄造糖机所需的原材料；金工車間机床轉速普遍提高二至三倍；一套糖机要鑽十几万个小孔，过去用手工操作，不能保証质量，工效也低，冷作工鄭心銓根据縫級机原理，創造了自动冲孔机，大量节省了人力和时間。全厂眞正做到人人动脑，个个动手，把技朮革新运动推向高潮。

三、"圍"：根据各車間、各工序的薄弱环节和生产关键，发动群众进行圍攻。全

厂在完成糖机任务中，上下結合，进行了生产关键排队，針对关键实行課題挂帅，缺什么改什么，保証了糖机任务的完成。为了实现1959年的跃进計划，今年初全厂又排出了新的十一"关"，各車間、小組也都排出了各自的"关"，又形成一个人人攻关的新的群众运动。党总支书記、厂长都下車間同工人一道苦战，共同包干打关。如不用矽鉄把白口鉄变灰口鉄、試制自动冲孔机代替手工鑽孔等等大关，就都是上下結合，互相支援，大家动手攻破的。

經过采取上述措施，以技朮革命为中心的群众运动很快地形成了高潮。在运动中，党总支对每一个工人的創造积极性都大力予以支持，对群众的每一件合理化建議和每一項創造，都訒眞作了審查研究，及时地进行总結，把技朮革命眞正地貫彻到整个生产过程和整个的群众运动中去。同时，对于群众的发明創造，又都及时地通过喜报、拍照、广播、戴紅花等多种形式加以表揚和宣傳，大大鼓舞了群众鑽研技朮的干劲，充分調动了工人群众的劳动积极性，推动了运动的不断发展。过去生产磨洋工、不遵守劳动紀律的阮章斌、林必吉、毛維根等，在党的敎育和群众运动推动下，也都积极动脑筋革新技朮，工作效率都大大提高了，变成了生产的积极分子。厂里的粗工、杂工过去訒为沒有什么好革新的，现在也都紛紛找竅門提高工作效率。过去安装一台車床要7天，去年12月份他們在一个晚上就安装好了15台。现在全厂职工响应市委号召，正在进一步开展一个以技朮革命为中心的紅旗竞賽运动，掀起新的生产高潮，争取实现1959年生产上更大的跃进。

偉 大 的 平 凡

当我們一口气讀完了阮思珍同志用她平易而真挚的口吻，敍述自己如何同劳动人民群众建立起血肉关系的記錄稿之后，我們想用"偉大的平凡"这句話來比拟共產党員阮思珍同志和群众关系的表現，应該是适宜的吧。

阮思珍同志和劳动人民群众，特别是和她周圍直接接触的群众之間的关系，真可以說是血肉相連，親密无間了。为什么阮思珍同志能夠与群众建立如此密切的联系呢？这首先是由于阮思珍同志出身于貧農家庭，从小在地主家里做零工，备尝地主階級殘酷的压迫与剥削，自幼年时代起，就培养了对劳动人民的深厚的階級同情心。这使她能处处关心并了解劳动群众的困难和要求，与劳动群众心心相印。另一个更重要的原因，是阮思珍同志在党的長期教育下，樹立起忠心耿耿为广大人民群众服务的思想，因而在她的一切行动中，都能自覺地和群众保持密切联系。每当阮思珍同志看到劳动群众的疾苦和困难时，她总是奋不顧身地去設法帮助，直到問题解决而后止。同样，每当阮思珍同志遇到困难或危险时，在她周圍的劳动群众，也总是时刻为她揪心，挺身而出保护她渡过难关，从而使她在各种困难和艰险的斗爭中取得勝利。

經过党的教育和实际斗爭鍛煉，阮思珍同志樹立了明确的群众观点，养成了遇事和群众商量的作風，学会了处处走群众路綫的工作方法。正如她自己所親身体会到的，在保証完成党的各項任务中，千条万条，群众路綫是头一条。她堅定地相信，只要处处走群众路綫，就沒有解决不了的問题，反之，不联系群众，沒有群众的信任，就算自己有多大本領，也将一事无成。正由于阮思珍同志在自己的行动中，堅持走群众路綫这一条真理，所以每当她在工作中遇到疑难和踌躇不决的时候，就去找群众，虛心向群众請教，誠懇地同群众商量，終能在群众的帮助和支持下，克服种种困难，完成任务。

阮思珍同志在工作中，遇到群众暂时覺悟不夠和認識不清时，总是堅决貫徹党对群众啟發教育和耐心說服的原則，而不是强使群众接受自己的意見。即使說服教育一时不能見效，也从不利用自己的地位和职权，强制群众或命令群众去做他們所不愿做的事，而是耐心地教育和等待群众的覺悟。同时，她在这样的时候，总是以一个普通劳动者的姿态和自己的模范行动去影

1959年

响群众，带动群众为党的事业、也是为群众自己的事业而积極斗争。

疾風知勁草、当資產階級右派向党發动猖狂進攻时，阮思珍同志所在的農村也曾經刮起了一陣妖風。階級敵人乘机組織力量，对堅決維护党的利益的阮思珍同志發动了惡毒的攻击，甚至妄圖以死相威脅，來动搖她的立場。但阮思珍同志此刻却表現出一个党員应当具有的从容不迫、臨危不懼、头腦清醒和堅不动搖的立場。在她这种勇敢无畏的精神鼓舞下，群众也自动出來支持她，保护她，粉碎了階級敵人的卑鄙陰謀。

阮思珍同志对自己經歷的介紹，看來似乎都是平凡的，也是每一个普通的共產党員所应具有的本色。但是，对不少同志來説，要想具有象阮思珍同志的強烈的階級感情、明確的群众观点、群众路綫的工作作風，以及忠实于党的事業的观念和堅定的階級立場，还需要在党的教育下，在長期革命实践中，經过努力鍛煉才能獲得的。因此，把阮思珍同志所具有一个普通党員应具有的特色，作为我們学習的榜樣，是有着深刻的現实意义的。

此外，在这里还需要提到的是：中共福安地委党校，把如象請阮思珍同志介紹自己联系群众的体会，作为教育的方式之一，是值得提倡的。这种形象的教育方法，是具有深刻的感染力的。无疑地，运用这样的教育方法是能夠收到深刻的教育效果的。

我願意忠心聯系群众服務

——阮思珍同志在中共福安地委党校談联系群众的体会

程 祖 莊 整 理

阮思珍是周宁李墩鄉竹下村人，中共党員，今年三十八歲。从小在地主家做零工，受尽打罵欺凌，忍飢挨餓，弟妹都活活地餓死了。解放后，在党的領導下翻了身，忠心耿耿地为党为人民工作，歷次运动都是站在最前列，深得群众热烈愛戴，連任七年鄉長，現在担任了人民公社党委副書記。九年來，她始終保持着艱苦樸素，勤勤懇懇，忠于革命事業，和群众之間血肉相連的关系。群众有首贊歌：

193

提起阮思珍，
人人記在心，
党的好儿女，
人民勤务兵，
九年如一日，
事事作先锋。

下面是她的口述：

八年前，我第一次当选为乡长。周宁县还没有听說过妇女当乡长的，所以很多人都以惊异的眼光看着我。我呢，哭得两眼紅肿，觉得千斤重担压在身上，整夜睡不着觉，回想着解放前后党領导人民所做的一切事业：土地革命时期打土豪、抗租、分土地；解放后减租反霸、土地改革、互助合作……件件事都是为了群众，因此党在广大农民中有着很高的威信，人人都說要跟共产党走，听毛主席的話，这正是我們党为群众服务的結果。想到这里，我觉得渾身是劲。旣然党代表群众的利益，党员就应当忠心耿耿为群众服务，遇事同群众商量，走群众路綫。这就是我几年來工作中的信条。再說，象我这样一个农家妇女，能力差，不依靠群众，就更难完成党所交給我的任务。正如俗話所說的：“单竹不成排，独树不成林”，“三个臭皮匠，賽过諸葛亮”，只要处处依靠群众，就沒有解决不了的问题。党的一切工作所以能够取得胜利，正是由于党坚决貫彻了群众路綫。千条万条，群众路綫是头一条，干部不联系群众，做事群众不信任，就算自己手行脚行，但群众不同意，什么事也办不成。

关心群众，帮助群众解决困难

我从小生长在貧农家庭里，受尽穷苦的磨难，因此在工作中我也就經常想到群众的疾苦和困难。一有空总爱到各村各戶去了解訪问，发现问题就帮助群众解决。解放初期，有一次有个农民死了妻子，孩子沒有奶吃，死人沒有棺木收殮。我看了心里很难受，决心克服一切困难，帮助他撫育孩子，当我剛把他的孩子抱过手时，在旁边的群众說：“思珍已經有六个孩子了，工作又忙，怎能带？”有个妇女连忙搶着把孩子接过去說：“如果要你看养，还不如我來看养。”带孩子的问题解决了，又帮助这位乡亲解决了棺木问题，他感动地說：“干部眞是自己的亲人。”从此以后，群众遇到生老病死的困难，都要來找我帮助解决。

村上有对叶德姿夫妇，老俩都已六十多岁了，生过五个孩子都未成人，抱來一个儿子和媳妇也都夭折了，精神上受了很大的刺激，性情暴燥，經常嘈駡，家里沒有劳力，生活非常困难，又因人緣不好，所以很少受人关怀。有一年冬天，雪下得很大，我在乡政府办公，想起过去風雪夜里，飢寒交迫的情景，又联想到德姿夫妇沒有被子盖，就把民兵盖过不要的破棉絮一块一块地縫成一条棉被送給她，她感动地掉下眼泪，說：“古話有雪中送炭，你眞是雪夜送被”。此后在党不断敎育和关怀下，她几十年失儿的痛苦受到安慰，滿脸皺紋的脸上渐渐露出笑容，心情渐渐平靜了，从此，也不再嘈駡了。去年办公社以后，她的情緒更高了，一清早就提着奋箕到处拾猪粪，自动帮助单身汉洗衣服、扫地，倒成为处处关心集体，帮助大家的好母亲了。

去年大跃进中，特别在大搞鋼鉄阶段，群众干劲冲天，日以継夜辛勤劳动。我想：要群众的干劲长期保持下去，必须注意群众

1959年

的健康，搞好群众的生活。因此每逢夜里加班，我就三更半夜給他們挑茶水送点心，讓大家吃飽，身体溫暖、精力充沛。有時夜里洗砂，为了防止山土崩塌发生事故，就帮助拿火把照明。燒炭民工赤脚在山上披荆踏刺，就发动妇女夜里加班打草鞋。他們激动地說："共产党干部真是有情有义的人。"

耐心說服是党教給我的法宝

在日常工作中，用耐心說服的办法教育群众，是党教給我的法宝。解放初期，我参加开会，斗地主、抓恶霸，我想有党有群众什么都不怕，但我丈夫顾虑很大，經常拉后腿。开始我对他用的是硬办法，干脆不理他，結果鬧的关系很不好，为此他曾經提出要离婚。我丈夫埋怨共产党把我教育坏了。不了解我的群众也議論紛紛。这使我思想上很苦惱。恰巧，这时組織上調我到福安地委党校学习，在三十多天中，学习了党員八大标准和三大作風，尤其是联系群众、耐心說服这一条，对我启发最大。我联系到自己对丈夫的态度，联系到党的威信，群众的影响，我想，連自己的家庭都搞不好又怎能領导全乡呢？便下定决心用耐心說服的方法去教育自已的丈夫。从党校回來，把路上节余下的旅費給丈夫剪了一件布料。每天起早摸黑料理家务，带好六个孩子，为了不致因家务影响工作，我經常在深夜做好第二天要做的家务事。我还經常对丈夫进行阶級教育，帮助他挖穷根。由于他从小也是一个深受地主压迫的农民，解放前六个兄弟有两个被抽去当壮丁，逼得全家流落外乡，靠作苦力度生，直到解放后才回乡团聚。他因为觉悟低，对地主非

常畏惧，深怕参加了斗爭日后会受地主的报复。經过用回憶、对比的办法耐心对他进行启发教育，終于打通了他的思想，提高了阶級觉悟，家庭重归和睦。1955年他也加入了党。此后他不但自己积极参加工作，还积极鼓励我努力工作。在我們的影响下，乡里原来要离婚的十多对夫妇也重归于好了。

从这件事实里我深深地体会到，用講道理的办法耐心教育群众，再用实际行动去影响群众，群众就容易接受，思想容易通，更加相信党、拥护党。每当工作中碰到困难时，我就回想到党是怎样教育自己的。我从前出門不过十里，話不講三句，目不識丁，更不会工作，但党启发誘导我，耐心帮助我，使我担負了现在的工作。将心比心，难道我对群众能不耐心說服和帮助嗎？

在工作中我經常运用这个方法鼓励进步，带动落后。贫农何天佑从互助組到办公社都不愿参加，老想单干，平时不講話，开会也不來，对他为什么这样大家很少过問，只是感到头痛。实际上是我們对他关心不够。后來，經过了解，才弄清楚，主要是因为他家里粮食有困难，就請他到食堂吃飯，給他安排了工作。果然他很快就轉变了，欢欢喜喜入了社，他当了食堂管理員，工作作的很出色。他說："共产党領导，跌倒有人牵；同志們的帮助，使我心里开了竅。"我村上有个农民陈細弟，群众称他家是"三代懶汉"，解放前，他們宁愿求乞过日，也不去作工，土地改革时，分到了土地，未曾动鋤就出典了，連救济來的谷子也懶得舂，拿去和别人换米吃，經常飽一餐飢一日，大家認为这是个无药可医的人。村里办起初級

社，既不让他入社也不要他帮工。我总想，人是可以改造的，懒是能够变勤的，问题还是我们过去对他帮助教育不够，因此我下决心首先对他进行阶级教育，说明过去穷人受剥削，终日劳动不得温饱，劳动积极性受打击，干活劲头不大；解放后劳动成为改善生活和创造社会财富的源泉，劳动是光荣的，受到社会上的尊敬，"穷"只有不劳动才会形成。这番话虽然打动了他的心，可是由于他过去受人歧视，心灰意懒地说："人家看不起，做死也没有用"。我一面继续帮助他认识劳动光荣的道理，一面从生活上对他关心照顾。过去他是救济款一发到手，就大吃大喝，群众很有意见，有人不同意给他救济，后来当发救济款时，我就帮助他订好开支计划，帮助他解决没衣穿、没被盖、没饭吃不能劳动的困难。另外，在群众中也进行阶级教育，从挖穷根说明翻身不忘苦中人，改变社会上对他的歧视态度，并同社长商量，由社长带领他参加劳动。开始从轻活做起，分配他看鸭，培养他的劳动兴趣。这一来他出工就逐渐的积极起来了。父亲变了，孩子也跟着参加了劳动，现在他们父子已成为社内积极劳动的好社员。

让群众当家，有事同群众商量

我在工作中不论遇到什么困难，总要找群众商量。有人说，任务指标交给群众讨论会愈变愈小，救济款、贷款会愈要愈多，好象对待群众非用强迫命令的办法不行。其实不是这样，关键在于相信群众。去年大炼钢铁时，洗铁砂没有水，完成炼铁任务有困难，有人主张用锅铁顶任务，我觉得这不是办法，就找群众商量，群众办法很多，第二天大家一起上山，找到三个水源和洗砂地方，超额四倍完成了炼铁任务。因此，我深深体会到，对待群众不能象抓小鸟一样，抓的紧怕死掉，放得松又怕飞掉，而是要大胆地相信群众，放手发动群众，这样一切事情就都能解决。

以身作则，自己带头

凡是对的事情，就要下定决心，理直气壮地去办；而以身作则，自己带头，就一定能够把群众发动起来，作到无事不成。去年上级号召大力发展毛猪生产，开始宣传时，群众提了很多难题：没有饲料，没有小猪，没有资金，孩子多，忙不过来等等，还有人故意为难我说："你养一头，我养十头"。我家里本来每年都养一头荣猪，因为孩子多，家务牵累，加上工作又忙，养多了确实有点照顾不过来。但要开展工作，光动口不动手是不行的，于是，我决心带头养猪，用自己的实际行动去影响群众。我买了一头母猪，养了七头小猪，在山上找空地种了许多南瓜，每天天不亮就上山采猪菜，夜里开会回来赶着煮猪食，两头挤时间，把七头小猪喂得又大又肥。群众说："思珍整天工作，家里六个孩子，没有帮手能养那么多猪，我们还有什么话说呢？"于是我村扩大饲养毛猪的运动很快就推开了。

去年炼钢铁时，大家为没有铁砂发愁，我连铁砂是什么样子也没见过，到哪里找呢？想来想去，还是找群众商量去。我找来了七个老农，开了个座谈会。老农们说，十五里外有座流矿山，相传一百年前有人在那

1959年

196

里洗过砂。我就根据这个綫索和几个群众带着干粮、锄头去找，一路上撥开树枝杂草，翻山越嶺，有的人跌得头青臉肿，我的皮肤也被荆棘刺破，鲜血直流，但我們仍堅持地爬上了那座連羊腸小道也沒有的流矿山。可是跑了一天連一点矿砂影子也看不到，有的思想就动搖了，扫兴地說："流矿山的砂怕是流完了"，"山路崎嶇，就是有砂也挑不回去"。很清楚，这时我要稍有动搖，那就只有白跑一趟，空着两手回去，如要硬堅持繼續下去，群众不积极也是办不到。这时我就給大家講过去鬧革命打反动派艰苦斗爭的故事，他們听了很受感动，大家又堅持了两天，好容易找到了矿砂，但铁砂含量很少，一百五十斤土只能洗二两砂，大家又失望了。我又同大家商量，既能找到一处，难道就不能找到两处、三处吗？只要能堅持下去就有希望。这样大家又分头出发，繼續寻找，終于找到了四处铁砂矿和一个铜矿。铁矿找到了，但沒有水还是不能洗砂，怎么办？夜里我翻来复去不能入睡，次晨东方一发白，我就带上干粮独自上山找水。我想，有山就有水，抱着强烈的希望，跑遍了五座大山，有时，全神貫注地凝視山壁发呆，有时钻进深谷傾听流水声，就在这天終于找到了水源。当我听到潺潺的流水声，高兴得叫起來，簡直比生下第一个孩子还高兴。

有一次深夜，我接到党委书記緊急通知："李墩铁厂木炭告急，有停火危險……。"我立即起床，跑到竹下村去，喚醒刚入睡的燒炭工人刘詩若，把急需炭的情况告訴他，他說几个炭窑都是中午封火的，还不到开窑的时候，我再三請他下决心、想办法，把炭取出來。他看到任务紧迫，就拿起工具带領大家挑着水桶去工地。开了窑只見红通通的一片火光，用水澆上去，热气逼得人不敢靠近，看到大家犹豫，我心一横，牙一咬，纵身入窑，却被詩若硬拉住了。他說："你有决心，我有技朮，咱合起來干"，說着他把衣服头巾澆湿了水，钻进炭窑取出木炭，保証了铁厂的供应。

群众是針，干部是綫

1957年当右派分子向党瘋狂进攻时，乡里一些坏分子也乘机兴风作浪。地主的狗腿陈酬勤企图利用族弟陈酬弟陷害我，夺取乡政权，造謠說："共产党要下台了，将來斗干部和斗地主一样"，來势汹汹。許多群众都暗地劝我行动要小心，免遭陷害，有的还劝我放弃工作。我仔細揣摸：乡里要鬧的，也不过是有数的几个坏分子，广大群众是拥护党的，群众力量是大的，想到这里，我就理直气壮，有恃无恐。一天夜里，陈酬弟借着他任治安委员的名义，把我叫到乡政府三层楼上，威吓說："群众痛恨你，要是国民党时候，早就把你杀掉，連血都不見"。我从容地說："看到我那里有缺点，尽管批評，帮助我改进，今后好多替群众办些事"。酬弟听了暴跳如雷，把桌一搥，打翻了灯，想乘机打我。楼下群众一听見响声，簇拥而上，七十多岁的老人陈成料气愤地挤在前面說："要打和群众打，不能打她"，群众你一句我一句，逼得酬弟狠狠而去。坏分子見这次阴謀未能得逞，又捏造事实，在酬弟面前煽动說："思珍有貪汚，自任乡长以來，大权都握在她手，你轉业时群众送你很多东西都被她貪污了"。砌弟又被这把火点着了，气势汹汹地跑到我家來，一进門就拿刀揮棒威脅我，說轉业时分給他的东西不多又不好，連菜刀也是坏的，說着把刀对我一幌。我知道群众的眼睛是雪亮的，他对我再栽赃誣陷也是沒用。这时我仍不动声色，在旁的群众十分气憤，連忙从他手里把菜刀搶走。我严正地对砌弟說："你轉业回來，分了房子和四十七件家具，党敎育你、关心你，你还当上了治安委員，那点亏待了你？可是你上了坏分子的当，把这些都忘得干干淨淨了。要动手就由你吧，一个共产党員是沒有什么可畏惧的！"他见对我威吓无用，眞想动扁担打我，群众看到他这样蛮橫，早沉不住气了，一声哄叫，要把他捆起來，当时被我劝阻了。事后群众联名上告，他终于受到应得的处理。

在这些日子里，我虽然經历了些風险，但我始終是坚定的。群众說我是："任凭風浪险，稳坐釣魚船。"其实这是党和群众給我的力量。不論在任何危急艰难的情况下，

（上接第7頁）
創造性，不断推广群众性的技朮革新运动，不断提高劳动生产率的结果。通用机器厂在1958年的大跃进中，在技朮革新运动中所取得的巨大成績，深刻地敎育了工厂的領导干部：工人的智慧和創造力量是无穷无尽的，只要能够眞正相信群众，坚定地依靠群众，充分发揮工人群众的积极性和創造性，在整个生产过程和一切生产活动中，坚持貫彻以技朮革命为中心的群众运动，热情地支持和发揚群众中的先进事物，不断地提高劳动生产率，在我們前进道路上的任何困难都是可

我一想到有党和群众，就感到渾身都是勇气，什么也不怕。在日常工作中，我想着党，党也不断地給我指引；我关心群众，群众更关心我，一有風吹草动都來相告，每次出門摸黑走远路，群众一定要告件我。一天夜里，我去溪头开会，回來时，大地漆黑，又要翻过一座崎嶇山嶺，群众怕我发生意外，要送我又怕我不会答应，贫农安嫩就借口东西丢在路亭上，相随我翻过大山，穿出密林，快到乡政府时，才和我告别。这使我感激得流下眼泪，自語說：贫农的心是連在一起的，革命的理想是一致的。每当我想起这些事情，我就更感到群众力量的偉大，沒有群众也沒有我阮思珍，这就使我每做一件事都想到群众。大搞鋼鉄运动时，任务比較繁重，我常工作到深夜，因为过分疲劳，有几次昏倒不省人事。群众听說我病了，每天都有上百人來探望，这使我感到群众对我的关心是大海的水，我替群众做的事又是大海中的一滴。今后我要在党的領导下，更好地为人民服务，把我的一生全部貢献給党的事业！

以战胜的，我們生产事业的前景将是无限量的。同时也敎育了工人自己，使他們更加深信自己的智慧和創造力量，坚决抛弃在旧社会由于沉重的压迫与剥削所养成的自卑感，从而进一步破除迷信，解放思想，精力旺盛，意志坚定，为不断提高劳动效率，加速生产事业的发展而斗争。这些也为今后創造更大的奇迹，争取更大的成績准备了新的条件。我們完全有理由相信，在我省的一切厂矿中普遍开展以技朮革命为中心的群众运动，必将把我省的工业建设推向新的高潮，使我省1959年的工业取得更大更好更全面的跃进！

1959年

关于洋口人民公社發展商品生產的調查

廈門大学闽北經济調查隊

党的八届六中全会关于人民公社若干問題的決議指出："人民公社无論在工业方面和农业方面，既要发展直接满足本社需要的自給性生产，又必須尽可能广泛地发展商品性生产。"广泛地发展人民公社的商品性生产，对整个国民經济的发展，对公社积累資金，实现农业机械化、电气化，以及改善社員的生活等等，都具有重大意义。今年二、三月間，我們廈大闽北經济調查队來到順昌县洋口人民公社，就公社的商品生产問題作了一些調查。

順昌县洋口人民公社位于闽江富屯溪中游和鷹廈鉄路沿綫，山林資源丰富，商品經济較发达，向为闽北集散市鎮。公社剛成立时，由于忙于其他生产任务，曾一度相对地放松了商品生产的領导。公社在去年十二月加强了对商品生产的領导，积极組織劳力，大抓副业，在两个月内就組織了二十五万六千余元的貨币收入，平均每个劳动力增加收入达二十一元六角。公社以这項收入的70%分配給社員，以13%即三万余元用于公共积累，占該社1959年预計生产成本的35％。目前，广大社員和干部都从自己生产活动与实际生活中認識到发展商品生产的重要意义，亲切地体会到只有发展商品生产，才能增加公社的貨币收入，扩大积累，提高社員工資和生活水平。

但目前在发展公社的商品生产中，也遇到不少問題，主要的有如下几方面：由于农业劳动生产率还較低，在农业生产特别是粮食作物方面还必須投放較多的劳动力，因而出現了大力发展商品生产和劳动力不足之間的矛盾。例如山区的木材、毛竹、桐子等都是国家迫切需要的物資，但由于劳力的缺乏，不能很好地得到供应。今年际会大队的伐木任务是五千二百立方米，估計約需六十个劳力才能完成这个任务，但目前伐木专业队只有二十五个劳力。石溪大队也因劳力不足，无法把去年已經砍倒在山上的木材及时运下山來，这是劳力調配上相当突出的矛盾。特别是某些与农忙季节相冲突的带有季节性的商品生产，如造紙所需的竹漿，須在春季插秧季节臨时組織劳力进行，就更显得劳力不足。其次，某些品种的生产与技朮劳力不足之間也存在矛盾。如香菇和紙张都是洋口鎮有名的土特产，过去培植香菇与造紙的技朮劳力大部分系浙江人与闽西人，公社化后，由于各地劳力都显得紧张，大部分的浙江人与闽西人都回到原籍去，因此依靠本地现有的技朮劳力进行生产，在一定时間内要使产量大量增长是有困难的。再次，还存在原料与加工之間的矛盾。沙壋大队篾筘加工厂用竹篾制繩，质量好，銷路广。其原料毛竹由大队的伐木专业队到离厂十七华里的山区砍伐供应。由于劳力有限，供应数量上不能充分满足加工厂的需要，加工厂本身也没有多余劳力去山上进行砍伐，經常产生原料供应脱节的现象。

以上这些問題，都影响着商品生产的发展。怎样解决这些問題呢？根据洋口人民公社着手解决这个問題所采取的一些办法，并結合我們的看法，提出下面几点意见：

第一、合理地安排、組織和使用劳力：

人民公社除了在年度生产計划中確定生产的品种和数量以外，还应制訂劳动力使用計划來保证生产計划的实现。今年在劳动力的安排中，应该首先確保粮食作物产量的大丰收（实现一年每人平均二千斤粮）的前提下，統籌兼顧，合理安排工、农（包括林、牧、副等）业所需的劳动力。洋口人民公社对劳力安排的比例是：农业（粮食作物和經济作物）劳力占52%；工业占10%；林业及其他副业占17%；畜牧业占5%；福利事业（包括食堂养猪、种菜劳力）占10%；外調劳力有6%。其中从事商品性生产的劳力估計约占总劳力的40%左右。由于对在大跃进的新形势下如何具体安排劳力还缺乏經驗，以上比例是否恰当，公社党委尙在进一步研究。当然，其他公社也都应该根据自己的自然条件和特点具体地进行安排。

其次，根据不同品种的生产，固定人员建立专业生产队，如伐木队、养猪场、鸡鸭场、果桑队等，把生产人员适当地固定下來。这样，既有利于制訂专业的年度生产計划，確定劳动定額，又能使这些生产人员熟悉本行业的生产技朮，提高工效。养猪场飼养员在1957年每人管理二十头，今年已提高到管理四十头。养蚕专业队从1957年开始建立，經过两年來的实践和技朮的提高，今年养蚕張数比去年增长270%左右。这些說明了专业生产能較快速度提高社员的技朮水平，并能培养大批技朮力量，有利于生产的迅速发展。

再次，注意按农事季节安排商品生产的劳动力，农忙时可以少搞，甚至不搞，农閑时多搞或大搞，甚至开展突击性的群众运动。一般的规律是在十二月、一月、二月和五月份可以多安排副业生产。有的大队因时制宜，分清輕重緩急，制訂农閑季节的生产計划，統一安排劳力。例如在农閑期間从各生产队中抽出一定劳力（如十个人或抽調20%左右）組織副业生产临时专业队，这样既有利于商品生产的进行，又保证农业生产的劳力。

第二、进行技朮革新，开展工具改革：

提高劳动生产率除了合理組織和妥善安排劳力以外，实行工具改革是一个很重要的措施。不仅在农业生产上应的工具要劳力，而且在工、农、林、牧、副、渔各个战綫上都应使工具改革全面开花。洋口鎭在1958年十六个工业企业中共有职工九百十五人，总产值六十六万八千四百五十一元，每个人平均年产值只有七百三十元。其主要原因是由于手工操作，工效不高。只有实行技朮革新才能高速度发展生产。同样在群众的生活福利事业上实行技朮革新，也能节省劳力，支援生产发展。例如食堂实行沼气煮飯菜代替烧柴火，就可节省砍柴火的全劳力二至三人，食堂工作人员可以从5%的比例下降到3%。因此，实行技朮革新大搞工具改革是解决劳力

1959年

不足的最有效的措施。

第三、发展交通运輸：

在劳力紧張的情况下，发展交通运輸、实现运輸車船化就显得特别重要。离洋口鎮有三十五华里的际会大队南山生产队是盛产木材、毛竹、冬筍、筍干、香菇的好地方，但是交通不便，既沒有河流，又沒有公路，只有一条山路小道，物資都依靠人工挑担运輸，所以木材和毛竹基本上都沒有办法运出來。冬筍埋在土下无人挖，因为挖得太多沒有劳力运。公社成立以后，际会大队立即开始建筑一条可通汽車、馬車的交通大道，于今年上半年可完工，这将大大有利于开发山区的丰富的資源，促进商品經济的发展。如按馬車运輸能力估计，运輸效率可提高二十倍到三十倍，不仅得到貨暢其流，而且可以节省大批劳动力。

第四、利用劳动业余时間搞副业：

发展商品生产也应該采取二条腿走路的办法，一方面要积极发展集体生产，另方面也应該发动群众利用劳动的业余时間搞副业。由于妇女走出厨房参加生产劳动，家庭副业生产比公社化以前可能减少些，但不等于說完全不可能再搞家庭副业。农忙时的劳动量大，应該保证晚上多休息。在农閑时，农活虽然多，但劳动量較輕，一般晚上还是有較多的空閑时間可以兼做一些副业。但应該注意要有領导有組織的进行。大队对社員可实行四定：定任务（確定生产数量指标）、定时間（以不影响白天生产、政治文化学习和休息为原則）、定質量和定报酬。为了使社員能随时出售自己經营的副业产品，各大队的供銷店应尽量給予收购上的便利。在不妨碍参加集体劳动前提下，允許社員在副业生产上有一定"小自由"。同时，必須注意思想教育工作，使社員正確認識国家与集体、公社与个人的关系，防止个別社員不顾集体利益，滋长个人主义的傾向。有的干部为了怕社員不积极参加农业生产而反对搞零星副业的做法是不对的，只要加强思想教育和組織領导，經营一些家庭小副业生产不仅能增加社員收入，而且会进一步促进社員劳动积极性的发揮。有的生产队采取在按質按量提前完成小段作业包干任务的情况下，利用多余的一部分时間，集体进行副业生产。这种办法可以适当采用，但不可能是經常性的。如成为經常現象，則說明这生产队的包干任务过低，或是劳力有多余，应根据具体情况进行調整。

此外，还有一部分沒有直接参加生产的半劳力和輔助劳力，如学生、机关干部、商业人員、集鎮居民等。公社可根据不同对象，提出不同要求，有計划、有指导的組織这部分劳力在假期或星期日参加一部分副业生产的劳动，这也能适当帮助解决劳力不足的困难。例如去年商业部門收购到的桐子，就是由际会大队小学生上山撿來的。

在目前全面大跃进的形势下，劳力紧張的情况是存在的，問題在于如何开展技朮革命、健全劳动組織、合理安排劳动力，使专业生产与群众运动有机的结合起來，使农忙季节与农閑季节的生产很好地配合起來，这样就能逐步解决劳力不足的困难，为順利地发展商品生产創造条件。

第 7 期

瘦山出了丈八楹

王永龍

我們漳浦机器厂的設备很簡陋，厂房是臨时盖的，工具是鉄匠木匠随身帶來，只有鑿車、板鉛、銼刀、砂輪石、鋸鑢、破車床等。但是工人們在党的領導下，在大躍進形勢的鼓舞下，發揚了敢想敢做的冲天干勁，动手制造工作母机，

开始时，有人說："瘦山难出丈八楹"，"沒見过，沒技朮，沒工具，十項欠九項，想做龍門刨床真是'蚊釘牛角'。"保守者一心想靠上級解决，只是伸手向上級要車床，

可是工人們認为，事在人为，机器是人造出來的，路是人踏出來的，难道世界上第一台机器不是靠双手造成的嗎？大工厂不是从小工厂發展起來的嗎？我們有鉄，又有四十多只手，一人智慧有限，众人智慧无窮，只要我們工人敢想敢干，通力合作，加上党的領導和支持，龍門刨床一定能够試制成功。

于是我們就动手干起來了。我看过刨床形狀后，就按照实际样子設計繪草圖，把主要部分精心細琢地画出來，江奎同志文化程度高些帮我設計，明慶同志再把圖改正，其他零件边做边画呈上去。我們厂木模工也是半路出家，不会看圖做活，尤其是龍門刨床这种較复杂的圖更看不懂，我便和郭細水参与指導和制模，大大提高了木模工的信心。他們鼓足干勁，整天守在車間，失败了再从头搞，整套机床的木模都是用木匠工具，鋸鑢磨鉋做成功的。二百多件形狀大小不一，銜接分毫不差的木模配件制好后，馬上進行翻砂

模，熔灰口鉄水澆鑄成初材料，但是初材料結結班班，凹凸不平，要逐件細刨精刨。女青年技工柯素英拉大板磨代替磨床，手拉破也堅持把齒輪擋磨好，老技工張貞善改進螺絲板牙用來做螺絲母，打鑿手把手打腫了，銼刀和砂輪石的工人把手指銼破磨破了，血和机油混在一起，也不肯下火线，螞蟻啃骨头，一人啃一粒，百人啃一塊，克服了重重困难，制成了二百多件精密配件。大家欢天喜地地把它安裝起來，終于制成了一台長达三公尺，寬一公尺的龍門刨床。

这一事实教育了人們，劳动能够創造一切，技朮是从实踐中学到的，沒有洋工具就用土工具，發揚集体智慧和敢想敢做的風格，克服困难，搞好協作，小工厂也能够造出大机器洋机器，瘦山出了丈八楹，正是給保守者的迎头一棒，

（本文作者是漳浦机器厂技朮工人）

只有下游思想，没有下游田地

庄丙丁

有人說："地瘦不能高產，人少地多不能躍進，"这話完全不对。我們生產大隊半徑村共二十七戶，一百二十七人，土地二百五十七畝，每人平均二畝多，論土地面積是全大隊最多的，論地質又是全大隊最瘦的，論產量，过去全年畝產只有四百五十五斤，又是全大隊最低的一个村。可是1958年來了一个大变，早季畝產四百二十五斤，晚季畝產四百五十斤，合計畝產八百七十五斤，增產九万二千多斤，相当于过去兩年的收成。有人說一个旧半徑变成了兩个新半徑。

为什么半徑村各方面条件都比別村坏，却能轉变得那末好呢？这是因为半徑村的群众樹立了窮要有志、力爭上游的思想，决心大，干勁大，增產措施足。別村有人看不起半徑村，說1957年

1959年

牛徑村的產量是最低的，我們馬馬虎虎也毡比他們的產量高，可是牛徑村的干部和群众并不怕别人的蒎諷，他們的干勁愈來愈大，信心百倍地改造大自然，結果產量翻一番，把黄竹埤等村拋在后面了。牛徑村戰勝困难、爭得上游的事实說

明：只有下游思想，沒有下游田地，樹立起力爭上游的思想，鼓足干勁，低產能够变高產，下游能够变上游，如果驕傲自滿，主觀不努力，即使條件好，也会变成下游。

（本文作者是云霄縣火箭公社生產隊長）

＊　　＊　　＊

兩條腿走路
許有亮

漳浦縣深土公社車鰲大隊農冲中隊是著名的花生產地。1958年他們种了二百零三畝花生，平均畝產一千六百三十一点五斤，比1957年畝產三百三十三斤增產四倍多，还出現了一塊花生畝產二万四千多斤的高額丰產田。空前的大丰收是怎样得來的呢？我覺得最主要的是全体社員在党的正確領導下，既發揮了敢想敢做的冲天干勁，又發揮了实干巧干的科学分析精神，既有先進的生產指标，又有切实可行的先進措施的結果。这兩方面正如人的兩条腿一样，缺一不可。

去年初，農冲中隊干部只訂了畝產二百六十斤的指标，这个低于1957年產量的生產計划受到了区委的批評，后來提高到畝產三百五十斤。不久，縣委在車鰲开了一次全縣擴大干部会，以党的建設社会主義總路綫的精神，大破右傾保守思想，農冲中隊的干部也受到了深刻的教育，思想進一步解放，把指标修訂到畝產由五百斤到一千斤。但当这些指标同下貫徹時，有的人說："一畝花生要產八百斤是比登天还难，三百多斤就很不錯，再高是吹牛皮，將來叫人笑話"；老農李陽听說高額丰產田要搞一千四百斤，就說："我种田五十多年，千斤就沒有見过，你們后輩会吹牛，敢吹一千四百斤，不怕丢臉！"認为不能增產的意見归納起來有三点：①歷來最高產量才有七百多斤，不怹再躍進了；②密植不能增產；③密植虽然好，但肥料跟不上。

根据这个情况，隊里組織了一場大辯論。参观过山东省畝產千斤花生的林水利等同志，以事实說明生產远沒有到頂，山东的經驗証明密植是增產的关鍵，湖北紅安六寸見方三角密植也証明

密植能高產。同時，沿海有取不尽的肥源，只要鼓起干勁，肥料不成問題，通过这場辯論，敢想敢干，爭先進、爭第一的思想占了上風，群众的干勁空前高漲，打下了采取各种新技朮措施的思想基礎。

先進指标与先進措施結合，本地經驗与外來經驗結合，接受以往成功經驗与積極革新結合，干勁与鑽勁結合，这些都是我們生產中的兩条腿。既要敢想敢干，有先進的指标，又必須因時、因地制宜，有切实可行的措施，我們提出一千斤指标，有早耕、密植、餓苗、壓蔓等可靠的革新措施做保証。高額丰產田是以密植1.5×2.5寸，每畝种十二万穴，每穴三株，株結荚二十荚为基礎，直立种花生，根群分布面較窄，密植后仍然有生長余地。餓苗控制徒長的办法主要是總結过去餓苗的經驗，但又認真加以研究分析，采用分期餓苗。培土壓蔓的办法有三方面根据，有1956年楊养坤同志在院前試驗獲增產一倍的事实，有山东壓蔓的增產經驗，还有社員在往年栽培花生所發現的花生蔓被稻草壓着部分結荚特別多的事实。因此，这些新措施是先進的又是切实可靠的措施。有了群众的冲天干勁，有了充分的切实的措施，先進指标也就成为有保証的指标。

走路必須用兩条腿，一前一后，一左一右，互相配合，才能前進，我們做工作，搞生產也应該这样，把冲天干勁和科学分析結合起來，用兩条腿走路。当群众的思想还沒有解放的時候，就应該想尽各种办法，破除迷信，克服右傾保守思想，鼓起群众的冲天干勁。在鼓足干勁的同時，一定要指出正確的方向，提出積極的而又切实可行的办法。办法可靠，措施合理，又会進一步鼓舞群众的劳动热情。有了群众的冲天干勁，有了先進的切实可行的措施，就一定能創造奇迹。

（本文作者是漳浦縣深土公社車鰲大隊農民）

发展海带养殖事业的热潮

成波平

有了党的領導，有了广大群众的革命干勁，就能創造奇迹。海带南移养殖成功的事实，再次雄辯地証明了这个眞理。

海带，是一种二年生的經济藻类，原產于苏联东部、朝鲜北部、日本北海道沿岸和我國渤海湾一带，它是鲜美的有营养的副食品，还可以提煉出褐藻膠、氯化鈉、鈣、鎂、碘等十多种工業、医藥原料，用途很广。西方的資產阶級学者們向來認为海带是寒带植物，亞热带地区受水溫限制，是不可能养殖的。我們南移养殖成功，在世界科学上还是一种創举。在南方大量繁殖海带，不仅能更好地滿足广大人民生活需要，而且还丰富了出口物資。

今年，我縣坚决貫徹了"以海带为綱，带动水產工作全面躍进"的方針，海带的养殖面積由去年的四十畝擴大到一万二千畝，增加三百五十倍。目前，已完成的一部分分苗工作，生长良好，丰收在望。

但是，海带南移，过程是貫串着先进与落后，大胆創造与因循守旧兩种思想的斗争的。剛开始試驗时，有一部分人不相信南方可以养殖海带，他們說："南方如果可以养殖海带，过去歷史上为什么从未养殖呢？"为了建立和發展这个新的事業，我們在小垾海面上作了試驗。試驗的結果証明，小程垾海灣海面的水溫一年有九十天是在十度以下的，这种水溫最适宜于海带生长。而且，根据試驗分析，这里的海水含氮量高达一百二十到一百八十毫克升，比北方营养含量最肥沃的海区还高五至八倍。这就說明这里不仅可以养殖海带，而且还是养殖海带的优良場所。从而推

翻了某些資產阶級学者們的所謂亞热带不能养殖海带的錯誤論断，为我國海带养殖事業开辟了广闊的前景。

肯定我縣能养殖海带后，在"大搞或是小搞海带养殖"这个問題上也有过尖銳的斗争。有些人主張"以捕撈为主，养殖为輔"，反对大量繁殖。还有一些好心腸的人，則担心沒經驗，提倡慢慢來。面对着这些錯綜复雜的思想，縣委坚持走群众路綫，組織群众大鳴大放大辯論，辯明了养殖海带的政治意义和經济意义。为了進一步敎育干部破除迷信思想，縣委在小垾鄉召开了現場会議，通过对比、算賬，展开了广泛深入的群众性宣傳敎育工作。黄蚊人民公社算了一筆賬：該社去年漁業收入每人平均一百五十三元，今年計划养殖海带四千五百畝（每畝產一百六十担，每担十二元計），总產值达八千六百四十万元。平均每人光海带一項收入即达三百六十多元。小垾同丰生產隊經过擺事实、算細賬，总結出养殖海带有四大好处：①为漁区解决剩余劳力問題；②生產时間短，收益大；③近岸生產安全可靠，男女老少都可参加生產；④养殖海带能增加公共積累，擴大生產，有力地促进我縣經济事業的發展。群众經过辯論后，認識到大力發展海带生產是利國利社利已的事，一致表示决心，一定要爭取海带生產的大丰收。

但是，大規模的养殖海带，在我縣來說，还是个新兴的事業，在技朮上、物資供应以及劳力上都有着許多困难。但是我們相信，只要能够依靠广大群众，一切困难都是可以克服的。

如海带养殖需要竹子造挂架和大量繩子，群

1959年

众为了取得这些原料，千方百計想法解決，他們跋踄了千里，跑到閩北的邵武、將乐以及閩东各地去砍伐毛竹，民工們为了使海带早日投入生產，每次多扛三至五根竹子，因而保証造挂架能有足够的原料。又如打繩子需要三万零八百担的棕絲，开始的时候，縣上派了干部到外省外縣去采購，結果一无所獲。最后又是發动群众找竅門、想办法，用代用品解決了打繩的原料問題。在找代用品中，群众發揮了高强度積极性，他們歷尽千辛万苦，登山涉水，用繩子繫着身体，垂到縣岩絕壁上去割油草，成千上万的妇女也積极參加了这項生產事業，用龍舌蘭、油草、葛藤、竹壳、榕樹根等十多种代用品，解決了缺乏棕絲不足的困難。原料解決后，又組織沿海地区所有的妇女參加打繩子的工作，她們用几天的时間基本上学会了往常要相当長时間才能学会的打繩技朮。全縣各地为了支援海带生產組織了四十六个繩索加工厂，一千五百四十一人日以繼夜地为海带繩索加工。广大群众就是以这样的冲天干勁，克服了重重困難，順利地完成了發展海带生產的各項艱巨任务。

当"海带苗从大連开始起运的喜訊傳来后，黄岐公社社員們个个心急如焚，許多人竟在海上等了三天三夜。为了使运回的海带苗能以最快的速度挂到海里去，为了做到随到随挂，往往突击挂苗到天亮，苗挂后，还要經常洗刷竹片上的泥土和雜草，社員們天天俯伏在船沿日夜注意着陽光、水溫和气候的变化，及时根据海水透明度的强弱，水溫高低，合理調配水層和調整海带的升降，以防止陽光照射、淡水冲击和海風吹襲。这些操作虽然十分艱苦，时常累得腰酸背痛，但他們从不叫苦，而是干勁十足，象爱护自己的子女一样，細心培养与照看着海带的生產。

在这長年累月的劳动生產实踐中，群众創造了一系列新的海带生產操作法，比如，海带苗長到十五至二十公分后要進行分苗和夾苗，其他地区的經驗，这时都是采用垂直养殖法，小埕群众在二年的試驗实踐中总結了一套把垂直养殖改为平放养殖的先進操作法，这样，不仅可以使每台（一畝四台）增加苗繩十一根，同时可以适当减少夾苗的密度，避免苗挤互相遮光，以促使幼苗生長。同时，他們又巧妙地創造了把夾苗繩浸入尿水里使小苗吸收肥份，并在竹筒底部开孔，插上一支竹管，裝好尿水，綁在夾苗繩上使小管口随着波浪冲击，不断为幼苗輸送养料。这些办法經实行后，有力地促使海带生產，施过肥的海带往往比沒施肥的海带長得大、長得厚和快。

这里距敌人窃据的馬祖列島仅有三十華里，敌人时常出擾，但这絲毫沒影响到沿海漁民生產的热情。他們一面長年累月地不間寒暑和海水打交道，積极生產；一方面时刻警惕着，緊密地和当地人民解放軍配合，准备給前来騷擾的敌人以沉重的还击。他們决心生產出更多的海带，支援解放軍解放金門、馬祖和台灣。

我縣海岸綫很長，可供养殖的淺海灘涂有四十一万畝，除了其他貝类养殖外，还約有五万余畝海面可以用于养殖海带。我們計划在明后兩年内，把它全部利用起来，这样年產可达一千五百万担，相当于二千五百担稻谷的產值。可是，要把計划变成現实，还需要經过一个艱苦的斗爭过程，在这个过程中，将会遇到許多新的矛盾和困難，我們坚信，有党的領導和广大群众的革命干勁，我們的計划一定能够实現！

刻印的太精彩珍藏。
（塔新善本）古月斋

战无不胜的毛澤东思想万岁！

彻底砸烂城市老爷卫生部、厅、局！
——揪出变节分子刘蚕示众！

最高指示： 党政军民学，工厂、农村，商业内部，都混入了少数反革命分子，右派分子，变节分子。此次运动中这些人大都自己跳出来，是大好事。应由革命群众认真查明，彻底批判，然后分别轻重，酌情处理。

刘蚕是天津市卫生局付局长，死工生党委书记。她不仅是为敌反党集团的忠实爪牙，得力干将，反革命修正主义分子，而且是一个隐蒂在革命队伍里三十年的假党员，变节分子。在这次史无前例的文化大革命中，我革命职工遵照毛主席"你们要关心国家大事，把文化大革命进行到底！"的教导，进行了半年多艰苦、细致的调查了解，终于使这个披着共产党员外衣的叛党叛军分子现了原形。

刘蚕出身于江苏镇江一个国民党反动军官的家庭，父亲是闻生，死是蒋匪城的部下，他们镶延安，干着特务勾当，最后出卖了杨虎城，并公开干起职业特务。刘蚕就是在这样一个工特务，大刽子手父亲的手里，一个抱以人民为敌的环境里养育女大的小姐。一九三八年她的特务父亲抱着特殊目的将她送到延安，进了抗大，刘蚕从此打入了革命队伍。

刘蚕到延安后，先到陕北公学，后到抗大学习，抗大毕业后，被分配到晋察方太行区根据地。从延安出发，同行54人，分乘三辆卡车，塔有集

体护照，行至咸阳，后两辆卡车31人被围无党籍口没有护照（护照在第一辆车内）扣押下来，刘蚕在内。

他们在咸阳警察局关押一个多月之后，被送到西安国民党西安行营时工振干部训练第四团（以下简称千四团），威胁兼施，令他们入千四团受训。

千四团于1938年2月成立，团长蒋介石，代团长是陕城，千四团系胡宗南主办。千四团的训练内容有反共的政治课。军事训练课。千四团是训练国民党政工军事干部，三青团骨干等反革命骨干的大本营。被国民党通过审问、考查，认为"坚定""有培养前途"的，才送到千四团训练，就是在千四团，有些稍为"可疑"的也要受到刑处和禁团，有的被关押发疯，有的甚至死在里面。

当八路军西安办事处据走他们被捕后，即指示他们里进斗争，抵制受训，同时被捕的其他人有的同国民党

〈接第2版〉

津卫风云编辑部编　　第7期
1967年9月2日　　本期4版
天津市卫生系统促进无产阶级革命派大联合委员会《津卫联委》宣传部　主办

206

第2版　　　　津卫风云　　　　1967年

首都革命造反派关于天津血研所8.28.武斗事件发表严正声明

【本报讯】八月二十八日中国医学科学院输血及血液学研究所（即中国医学院，简称天津血研所）中保守组织血研所《红旗》及其控制的"八·一八"一小撮坏头头为制造混乱，扭转斗争大方向，继"8.22"，"8.24"武斗事件后，又挑起大规模武斗事件，造成流血惨案。当场现状惨忍，惨不忍睹。他们对血研革命造反派《红色暴动队》的战士，使用匕首、石块、琉璃、大水，高喊着"报仇的日子到了"挂被他们捏住的《红暴》战士的头上浇，脸上揪灌，衣服被烧焦，皮肉被烧烂，眼睛被烧失明，更残忍的是用绳索将被打得的《红暴》战士勒死倒，有的被打断四肢，有的生命垂危。尚持200余名《红暴》战士，经此浩劫无奇，《红暴》队员的家被抄，海光寺大院一片血色恐怖。武斗行止后他们立即开动以传机口，大造谣言，来为他们这种法西斯行开脱，只一晚中型传单上，就造谣近283处，其至矛盾百出，连他们自己也难以置信。

首都无产阶级革命派的战友获悉天津血研所发生8.28武斗事件后，即刻由北京工构及生界大联合革命委员会、中国医学科学院革命造反联络站，卫生口井冈山联合战斗兵团、红代会八·八·八联合总P（北工）、北二医大、二六，联合战斗团等革命造反组织，组成联合调查调查组，进行了深入、详细、周密地调查后发表了严正声明。声明中强烈谴责血研所《红旗》一小撮坏头头，篡改"文攻武卫"的革命口号，无视中央权威，践踏大、大《通令》，破坏血研协议"挑起8.28大型武斗事件，制造流血惨案的滔天罪行。坚决支持《红暴》的革命行动。最后要求立即严惩凶手妥处理此一事件，并呼吁天津都革命造反派关心、密切注视血研所事态的发展。

〈上接第1版〉

进行了斗争，被国民党认为是投诚了部，段入到败挫。刘全根本不可容人进行了针对的斗争，而是被国民党的诱骗，不见了绝地，并对敌人松脱投降，戴上"战斗学实"证章和一袋袋的向国民党所胁像十共十九人顺从的接受了国民党特委风方干力的反共的政训和军训，反动了革命，背叛了找党找革。他们这时毛反革包工组织好，与反动警察、警夜援升、联次警，并参加了到对国民敌，刘全他们展开警察专白政去警察抓捕快速，干尽了丧恶的勾当气。以后刘全更公然对抗而要八路革命军事处、坚持斗争，集体打动"的捕支，买通内奸来向报仇，由共特务父就保秋本末。怪之久东的是革统特务，即调保释只是掩灭气，共回的是继续培刘全打入革命队伍中P。刘全出狱后竟到国民党主委培务家中若门通谍，忍激涕涕，极尽奴颜婢色。

刘金再次混入革命队伍后，她脑脂，自己的可耻历史，混入党内。以后她又凭着极机取巧的本领，藉助于骗友党集团的提培，竟爬到卫生党委书记，卫生局长的要职。这次找津卫联委革命群众戳穿了刘金的风皮，揭出了她的反党反革命的真面目，剥了她披着假党员的外衣，揪出这叛党叛革分子示众。这是毛泽东思想的伟大胜利。

"虫蚌蛸蛸追穷窝，不可沽名学霸王。"

找们无产阶级革命造反派必须发扬穷打落水狗的新革命精神，乘胜追击，把刘金这个为虎反革命修正主义集团的黑爪牙，假党员、叛党分子打翻在地，再踏上一只脚。叫她永世不得翻身！

无产阶级文化大革命万岁！
战无不胜的毛泽东思想万岁！
伟大领袖、伟大导师、伟大统帅、伟大舵手，毛主席万岁！万岁！万万岁！

　　　　　　　津卫联委（作战部）

〈接第四版〉

问：你介绍人是谁？
王：反正不是徐水，对面是谎言。
问：谁？
王：一个姓孙，一个姓赵。
问：叫什么名字？在哪儿工作？
王：（不说）找的历史，找金币向组织汇报过了，你们可以通过组织调查，这些没有必要说。
问：找们就要你说。谁看你档案？说！刘少奇对戚本禹同志文章怎么看？
王：文章发表后，他很仔细地看了两遍，找想他不会承认假革命，反革命。刘少奇说他从来没有说过是爱国主义的。找们一起回忆过这件事，即问是谁推荐的，什么过程，找都忘了，有也是没到一点也就算了，若不讲，找

们什么也没说。

问：你是不是说戚本禹同志，红旗在造谣？
王：戚本禹、找一直认为是好同志。是不是有人造谣，找不知道，反正刘少奇没说过。
问：你说你这个中国头号的糖衣炮弹给刘少奇出过什么坏主意？
王：刘少奇不太听找的话见。他挺警惕找的，老婆的话不太听。
问：你不认罪，以后还是狠斗你！
王：你们可以特殊的态找，狠烧找，找赞同。

　　　　　　　（接下期）

《2审》

时间：4月10日下午1:00
地点：清华主楼803

问：你对戴本属这篇文章怎么看？

王：戴本属同志写得很好，析帜鲜明。根据我知道的事实，刘少奇是假革命，反革命的结论我得不出。1950年我同刘少奇一起看这个电影时，他没有讲什么。主席要批判，他没批判，这是错了。反正我没听他说过这个片子是爱国主义的。戴本属同志文章出来后，我很气愤，也很关心。毛主席说我们要关心国家大事么，我又

问：刘少奇入狱，与他回忆了很久，他也说没说过。我们依仗毛主席，伟大的毛主席会弄清疑的。

问：照你这么说刘少奇还是老革命？文化革命也只是"老革命遇到新问题"。

王：刘少奇在文化革命中犯错误不是偶然的，他的世界观没有根本改变，不可能不违反毛泽东思想，他是要负主要责任。他没有毛主席的胆略和魄力来发动领导这场史无前例的无产阶级文化大革命。过去，我的错误是依仗党、相仗毛主席不够，依仗群众不够。现在我愿意交真心给你们。我对"假革命"、"反革命"的确没有认识到。

问：够了吧！你的立场决定你的认识。你对今天这个大会怎么看？

王：今天大会表现了群众的愤怒。我个人更一些委由也没啥。毛主席教导我们也要经风雨见世面嘛。我希望你们给我听录音，我听到

的太少了，我应知道自己犯了什么错误，也应让刘少奇知道。

问：你自己干的事情自己不知道？

王：我在清华是犯了错误，我什么时候也不翻这个案。

问：犯罪！王光美告诉你老实点。你不翻那个案，那还有什么案要翻的？话中有话。老实告诉你这辈子也甭想翻了，别做梦了。

王：我是说我不翻我案，没说要翻案。

问：按辩！我问你，桃园经验到底怎么样？

王：我认为桃园经验成绩多缺点少。

问：嗬！还成绩呢？你到成了有功之臣了。

王：成绩不是王光美的，是毛主席的，是毛泽东思想的。

问：不许你污蔑毛主席。

王：我去桃园，许多人都不支持。刘少奇是主张我去的，那时就只有毛主席支持我去。

问：毛主席是要你下去改造改造。我问你，23条、16条的核心是什么？群众运动核心是什么？

王：是相仗群众，依靠群众。

问：可是你呢，大查扎贫，大查阶案，毛主席支持吗？

王：……那，人的认识有个过程，这是符合毛泽东思想的，不然正确思想从哪里来？

问：（笑王理屈词穷）我再问你，刘少奇在天津讲的反动话你怎么看？

王：天津的话，有好的，有不好，有错误的。他是毛主席派去的，是针对一些人"左"倾情绪去纠正的，他说的话有些是很不好的。但"红色资本家"不是他讲的，我知道，我不说是谁。刘少奇只讲过进步资本家，资本家是有先进的，落后的。

问：谁说的"红色资本家"。

王：我是中央工作人员，要保密。

问：不行！你是专政对象，说！

王：还是不说的好，我知道你们要搞

问：你想陷害人，我们不上你当！说！欣合作社又是哪个年代

（转次页）

從历史学的
角度看：
第4版
津卫风云

我不知道批斗王光美的
红卫兵今天作何反思？
1967 9 2.

（上接第三版）

王：砍合作社是邓子恢提出的。他说砍十万，实际上砍了二十万。

问：这是什么行为？反革命行为！

王：当时是想慢一点，搞一搞……。

问：去你的吧！毛主席当时主张什么？主席在农业合作化问题上批判的是谁？你们是对抗毛主席！

王：毛主席的话是针对刘少奇的吗？我一向以为是指责邓子恢的。

问：孬种吧！谁不知刘少奇是老机会主义者。

王：是的，是有人批评他老右倾，立三路线时批评他右倾，王明路线时也批评他右倾……（打断）

问：孬种！你说现在是什么路线！不许赖！

王：我不是说过去。

问：王光美，你手又发抖了！

王：我身体不好，我有毛病。

问：你对《论修养》怎么看？

王：我同意报社评论员的话。

问：戚本禹同志文章呢？（念戚文章）

王：（避而不答）

问：快说！

王：我要再看一看，以后再说好不好？

问：你想回去跟刘少奇对口供吗？

王：怎么对口供呢？最近刘少奇病了一场，我又做护士，又做……，自己也差点病倒，没有时间看，刘少奇他也说要身几个版本对题看。

（下面谈到反斯大林问题，反印人逃役问题）

王：刘少奇配合赫鲁晓夫反斯大林了吗？刘少奇不是反斯大林的。国际《关于斯大林问题》他是参加写的。他对斯大林是三七开的，刘少奇从来没有说过根本否定斯大林的话。中央里面……（打断）

问：谁要你讲这么多。

王：主席说要认真，你们不是要抓根问底吗？

问：“三园一包”是哪个混蛋搞的？

王：“三园一包”不是他提出的，他认为这是“历史的大倒退”，是反对的。他的错误是没有向毛主席提出来，提晚了。

问：刘少奇是走资本主义道路的当权派，是三反分子，你同意吗？

王：刘少奇与彭罗陆杨不一样，他根本不是两面派，他根本不是这样的人，我知道他，他提要我结婚时是把年龄、性格、缺点都告诉我的。

问：臭味相投！刘少奇不是，那中国还有谁搞资本主义啊？

王：中国是有人在搞资本主义，谁？我不知道。

问：你对中央文革怎么看？

王：中央文化革命小组在这次运动中建立了不朽的功劳，他的大方向是正确的，不可否定的，但这并不是说一点错误也没有。列宁说过，做工作不犯错误是不可能的。

问：你不是说，这也不是说一点错误也没有吗？那你就说个错误吧！

王：你们不要歪曲，我是肯定中央文革的，我在家里教育孩子是拥护他们拥护中央文革的领导的。

问：你说什么？赶快交待你和刘少奇攻击中央文革的罪行。

王：刘少奇没有罪行，叫我交待什么？

问：少要赖！你对中央文革到底怎么看？

王：她是做工作多的，缺点错误是不可避免的。真正的革命都要叫我批评，中央文革是经常检讨自己的工作的，我从讲话上看到过。大字报上边也有提意见的么。

问：什么大字报？大概是一批反动的联动吧？

（王光美强辩，从此避而不谈）

问：你对今天大会怎么看？

王：我看到群众对资产阶级反动路线很气愤这些情绪我听到一点，看到一点，可惜的是没听全，都是别人说的，希望你们把材料或录音带给我，刘少奇也无法知道这些情况。

问：你放心，我们会把刘少奇拉来斗的。

王：刘少奇来，我也同意，不过，我不同意这种动手的方法。

问：对你这种死不低头认罪的家伙就要专政。

王：不对！我向群众低头了，我还向群众鞠躬了。这不是你们让的，是我主动的。

问：臭无耻！不是人揍你，你低头？！还说你主动？！群众主动一拳早把你揍死了。

王：你们可以做阶级分析么，分析我到底是什么人？

问：什么人？你是三反分子老婆，反动资产阶级分子。我们要打倒小刘少奇，你同意不同意？

王：我同意打倒，打倒他可以更好的领导革命。

问：不是要好地领导问题，是保卫了毛主席。

王：我们是指誓死保卫毛主席的，无限热爱的。

问：撕开“老革命遇到新问题”的画皮，露出假革命，反革命的本质。

王：假革命、反革命我没认识么。老革命也谈不上，但唯心观点、唯心世界观是存在的，这次遇到新问题的人还确实不少。

问：（加剧的）“光美同志是不是革命的，你们可以考验吗。”

（六六年七月廿九日晚讲话）

王：考验到现在也还不能够下定论。

问：三反分子的臭老婆，我们一定保……

（林彪打断）

王：中国的妇女中国的女共产党员是好样的，不能因为丈夫错了，老婆就一定错，老婆错了丈夫就一定错。

问：你们俩本来就是臭味相投，你是什么女共产党员？你是刘少奇拉入党内的阶级异己分子！

王：我入党不是拉进来的，我有手续的。

（转第2版）

东方红

毛主席手书 滿江红 和郭沫若 （临摹）

向刘邓资产阶级反动路线猛烈开火专辑

刘少奇罪状录

看，刘少奇的丑恶咀脸！

邓小平的五大罪状

反革命修正主义分子薄一波的十大罪状

王任重，我们要跟你算账！

一九六七年

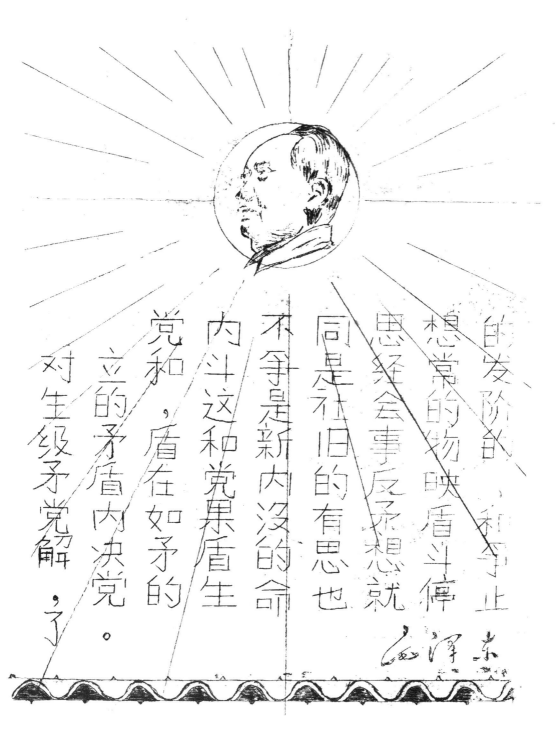

对生级矛党解了，

党和，盾在如矛的立的矛盾内决党。

内斗这和党集盾生

不争是新内沒的命

同是社旧的有思也

思经会事反承想就

想常的物映盾斗偉

的发阶敌、和争止

毛泽东

刘少奇罪状条

东风大学红旗编辑组

我们伟大的导师,伟大的领袖,伟大的统帅,伟大的舵手毛主席教导我们说"革命和反革命阵线都要有一个指令官"在我国革命中,在相当的一段时间内存在着一个反动阵线的指令官所指挥的反动阵线,顽固地抵制以毛主席为首的正确的革命路线,尤其是在无产阶级文化大革命中,这条反动路线发展到了顶点,黑线上的大小半鬼蛇神纷纷出笼,指令官也破门而出赤膊上阵,这样用毛泽东思想武装起来的革命群众就将它们坚决揪了出来。这个反动阵线的指令官不是别人,就是刘少奇!

刘少奇,长期以来打着"红旗"反红旗,招降纳叛,结党营私,在党内组织一个资产阶级反动司令部,大反毛主席,大反毛泽东思想,另立牌号,为自己搞独立王国复辟资本主义作舆论准备,刘少奇是中国头号走资本主义道路的当权派,是镇压无产阶级文化大革命的罪魁祸首,是反党反社会主义反毛泽东思想的总根子,是中国的赫鲁晓夫。

"金猴奋起千钧棒,玉宇澄清万里埃",拔出埋在毛主席身边的这颗定时炸弹,是中国革命的又一胜利,是无产阶级文化大革命的又一胜利,是毛泽东思想的又一伟大胜利。

我们将现在收集的一些刘少奇罪状,按时间按时间顺序摘重整理一下,仅供革命同志批判刘邓反动路线时采放。这份材料肯定不全,随着运动的深入发展,刘少奇的罪状也将越揭越深,批倒斗臭,叫他永世不得翻身。

1939年7月 刘少奇在延安马列主义学院,以《论共产党员修养》为名,发表了一个讲演。这是一篇彻头彻尾反毛泽东思想的大毒草,是一个修正主义纲领,在当时关系到中国共产党抗日战争时期,这篇五万字的讲话,不谈形势、斗争和中国革命,连民族战争和抗日战争的字眼也没有,完全脱离了无产阶级政治和革命实际,一味强调"容忍","委屈求全",阉割马列主义和毛泽东思想的灵魂,抹杀共产党员的革命本质,消磨人民革命斗志。

鼓吹封走逆腐的圣贤之道，鼓吹实用主义组织路线，搞"全民党"。反对党内的兴无灭资，反右反修的斗争。

1946年 幻想旧政协会议实说，向敌人妥协。散佈"中国将走向和平新阶段"的和平幻想，麻痹人民对美蒋反动派的警惕。以错误大针指挥东北战争。

1947年夏 主持土改会议，贯彻了形"左"实右的资产阶级反动路线，东人过多，侵犯中农利益。

1948年 该年下半年是中国人民解放战争的转折点，全国面临解放，十月十四日毛主席指出，战争进程此原来预计大为缩短，并一再教导全党全军再接再励，艰苦奋斗，不怕疲劳，不怕减员，敢于迅速夺取胜利。而刘少奇这个资产阶级革命家被这样大好的革命战争形势吓得目瞪口呆，惊慌失措。12月14日对马列学院第一期学员说："现在革命形势发展很快，出乎我意料之外，现在不是怕太慢了，而是怕太快了，太快了对我们困难很多，不如慢些，我们可以从容准备。"他不承认毛主席天才地、创造性地、全面地继承捍卫和发展了马克恩列宁主义，把马克恩列宁主义提高到一个崭新的阶段，他认为，世界各国的革命问题，都由马恩列斯解决了，毛主席只是把马列主义普遍真理在中国具体运用，没什么新发展。他在同一个会上说，马克恩主义的内容是有世界历史以来无比丰富的世界上任何大的原则性问题，均解决了。如民族问题，工人运动问题，秘密工作问题等等，中国有吃饭住房问题，外国也有，甚至城市地皮问题，也可以参攷苏联参攷马恩列斯的经验。他不要我们先读毛主席的书，要先学外国的，"能这样学就活起来了，不把行了……"。

1949年春 以右倾恩想错误地指挥天津城市工作。

1950年 由解主席在七届三中全会上的"保存富农经济的政策"以此当作长期政策。6月14日，他在政协委员会第二次会议上关于土改恩想问题的报告中说："我们采取保护富农经济的政策，当然不是一种暂时的政策，而是一种长期的政策，这是说在整个新民主主义阶段中都要保存富农经济的。

1952年 一九四九年十月一日中华人民共和国成立了，标志着我们革命和政权的根本转变，标志着资产阶级民主革命进入社会主义革命阶段。毛主席把这段时期称为资本主义到共产主义的过渡时期。可是刘少奇不承认过渡时期是社会主义阶段，把它歪曲为新民主主义时期，企图扭转社会主义方向，幻想恢复新民主主义秩序。6月在全国宣传工作会议上讲：现在是工作准备，十年建设时期，待十年建设后，中国的面貌焕然一新，社会主义引退还将大的事情，现在提出过早。并且断言农村依靠互助组、合作社，也耕不去实现农业集体化，"是一种空想的农村社会主义，是行不通的"，山西把老区提高为合作社也被批了一棒子打死。

1954年 八月 中国正处在社会主义改造的高潮时期，党的过渡时期总路线早已提出来了，可是刘少奇在第一次全国人大代表大会上关于宪法草案的说明的报告中公然说：我国正处在这设社会主义的过渡时期，在我国这个时期也叫新民主主义时期，这个时期在经济上的特点，既有社会主义，又有资本主义。会上还提出三大改造政策，说"国家对资本主义工商业的改造将要经过一个相当长的时期，并经过各种不同形式的国家资本主义来逐步实现"苏修哲学家刘宾曼还咒骂学习毛泽东思想为"商标化""庸俗化"刘少奇大加赞扬。

1956年9月25日 在八大政治报告中说：我国社会主义和资本主义谁胜谁负的问题，现在已经解决了。"外国帝国主义以工具一官僚买办阶级，已经在中国大陆上消灭了，富农阶级也正在消灭中。原来剥削农民的地主和富农正在改造成为自食其力的新人，民族资产阶级分子正处在有利期将变为劳动者的转变过程中。"并且认为在农业合作化运动中解决了农民的自发资本主义倾向。在报告中极力美化资产阶级，吹嘘资产阶级对国家贡献，说他们"接受了社会主义改造。"与毛主席关于社会主义时期阶级斗争的学说唱反调。

苏共廿大许多修正主义观点适应了刘少奇的需要，在"八大"会上他吹捧苏修廿大是具有世界意义的重大事件，鼓吹"和平共处""国际合作"别有用心地大谈"批判""个人崇拜"。

报告中完全否定了毛主席的天才和英明伟大，在如何看待党的领袖问题上他叙述了过去的三十五年中为什么犯了四次严重的路线错误，而从一九三五年一月遵义会议以来，廿一年中以毛主席为首子的党中央为什么没犯过错误？他说，这不能仅用历史的长短、经验的多少来解释，党的经验多少和党的领导人选，对于党是否犯错误有重要关系，更重要的还是不断期大胆疑点，有生具志的高级干部，是否善于运用马列主义和主席，和无方法去总结斗争中的经验，坚持真理，修正错误。"

在修正主义思潮的进攻下，在这一生中党章抽行了的重大的修改，关于党的指导思想灵魂——"毛泽东思想作为我们党的一切工作的指针"——给删掉了。以后，刘少奇几乎不提毛泽东思想了，也不提学习毛主席著作，不呼"毛泽东思想万岁"甚至连"毛主席万岁"的口号也几乎不喊了。

1957年 鼓吹剥削阶级本性改变了，阶级不存在了，3月他还说敌人消灭得差不多了，"认为讲各种阶级思想"是讲过去的，只是用了那个阶级存在的时候。"4月27号他在上海党员干部大会上明确地说："现在国内阶级敌人已经基本被消灭，地主阶级已被消灭了，资产阶级也基本被消灭了，反革命也基本被消灭了。我们说国内的主要阶级的阶级斗争已经基本结束了，那就是说敌我矛盾已经基本解决了。当革命没有胜利的时候，我们用革命斗争来考验，以后革命斗争没有了，社会主义改造没有了……那个阶级斗争已经过去了，那些事情都用不着了。在毛主席的光辉著作《关于正确处理人民内部矛盾的问题》发表整么两月以后，刘少奇仍这样和毛主席大唱对台戏，可见他大反毛泽东思想的实质。同一会上，大肆宣扬物质刺激，金钱挂帅，宣扬无阶级"谬论，抹杀突出政治精神变物质的巨大作用，污蔑"工人农民分配不当就要闹事。"你分多了，我分少了，大家不愿意干，生产力就要受到阻碍。"在河南一次对干部所讲的两句话里，三次提到如何赚钱，两次谈到如何收税，简直财迷心窍利欲薰心。

215

在河南许昌学生座谈会上，大力赞美其个人主义升官图，与毛主席培养无产阶级革命事业接班人的思想相对抗。说有知识、会种地，这就比任何农民都不差"再搞好群众关系，"明白三条就能当乡、县、有干部，也可以到中央，那就看各个人的本事了。"之后，还以其修正主义分子之心度我革命青年之腹，说他这样，知识青年也"就高兴了。"高兴之也抬起腰杆子下乡。"

5月7日的指示，根本没有维熙宽校，何蔚况明说"苏联在方面的教训是值得我们注意的，他们只有社会主义经济的计划性，专讲究计划经济，因而才好很呆板，没有多样性、灵活性……如果我们的经济还不如资本主义的灵活性、多样性，而只有呆板的计划性，那还有什么社会主义的优越性呢？"他就吹允许一部分资本主义工商业、地下工厂钻空子，他钻"几个种"，我们也限上"几个种"。刘对资本主义梦寐以求，竟无耻地说"一到资本主义国家什么都能买到。"污蔑我们"吃饭也是瘪着肚子排队买不到东西。"

1959年10月，自目无《马克思列宁主义在中国的胜利》文中说"在大跃进和人民公社之些问题上，在我们党内也有不同意见的争论。""在资本主义工商业的社会主义改造问题上，我们党内也发生过不同观点的争论。在这里，刘少奇公然把以毛主席为代表的正确路线与彭、黄、张、周右倾机会议、路线的斗争，胡说成"不同观点的争论。"

刘少奇有着一付极端个人主义的丑恶灵魂，他在接见二民走二商联事务委员指示中污蔑干部参加劳动是为了博得好评，并说"在社会主义条件下，一心一意搞似利益的人，是搞不到个人利益的，一心一意为人民服务，所而会有个人利益，兑顾头反而有两头。"

1960年1月31日，他毛反动大资本家王槐章的儿子，他的女儿王光英一家谈话时，大肆贩卖资产阶级处学哲学，竟厚颜无耻地胡吹"这是共产主义人生观"他讲："我看宁愿吃点亏……最后大家说你好人，大家愿意与你交朋友，将来还有大发展"。大讲"吃小亏占大便宜"资产阶辩证法。会上"二哥、二嫂"叫声不绝，大讲细放调和、幸后统戎部将这些修正主义的烂货大量翻印，发到全党，作为练戎工作的"圣旨"流毒根子。

1961年9月 在刘少奇主持下制定了一个"中央关于全党干部轮训的决定"。这个轮训歪曲了党内思想斗争的原则，错误地提倡什么"自由思想""自由讨论"，提出所谓"三不主义"，而不讲思想斗争，这样就为资产阶级思想大开绿灯，使右倾机会主义分子"合法地"肆无忌惮的向党向社会主义进攻。

他鼓吹在全国开展一个新的学习运动，"要学习苏联和其他兄弟国家建设社会主义的经验"。在一九五九年布加勒斯特会议以苏修赫鲁晓夫为首纠合一些东欧苏修走卒围攻我党之后，刘却出这样一个方名，可谓实行资本主义复辟心切如焚。同时假加地影射攻击伟大领袖毛主席，大骂我们"满足于一知半解，自以为懂得很多，懒于学习。"警告我们"力戒满足""戒骄戒躁"。

1962年 在他所操纵的中央扩大工作会议上（即中央、省、市、地、县五级干部会议）妄把三面红旗当做"历史教训"来总结。疯狂叫嚷"我们现在来总结前几年的工作，恐怕总结不完，我们后代还要总结。"（大意）公然把矛头指向毛主席，说："反对毛主席，只是反对个人。"并污蔑说"这几年重复了党的历史上残酷斗争，无情打击的错误"提出"甄别"问题。说"和彭德怀有相同观点的，只要不是里通外国的就可以翻案。""只要本人提出申诉，领导和其他同志认为有必要，就可翻。"竭力放宽甄别标准，一时，黑云乱翻，大批牛鬼蛇神纷纷出笼煽风叶嚷，在全国范围内刮起"翻案风"为那些反对毛主席攻击三面红旗的右倾机会主义分子翻案做好舆论准备。

会上还说："我们暂时困难是由于"三分天灾，七分人祸"。攻击三面红旗。被如亿财政赤字吓窘了。夸大暂时困难，悲观地估计形势，会上什么"包产到户""分田到户""三和一少"等修正主义谬论通过得到刘的支持。如此，还嫌不够，又将会上精神传达到有级干部，鼓励发表各种"不同意见"。于是妖风随之四起，牛鬼蛇神纷纷攻击三面红旗，鼓励了走资本主义道路，资本主义势力猖獗一时。直到八届十中全会，在毛主席的英明领导下，才拨正革命船头，保证我国沿着社会主义的大道继续前进。

在帝修反华大合唱极为嚣张的一九六二年，刘少奇感到"时机"已到，于是敲起紧锣密鼓内外呼应。重新抛出了《论共产党员修养》，文中恶毒地影射攻击我们最敬爱的伟大领袖毛主席"……根本不懂得马克思主义，而只是胡诌一些马克思列宁的术语，自以为是中国的马克思、列宁，装你马克思列宁的姿态在党内出现，甚且毫不知耻地要求我们的党员像尊重马克思、列宁那样去尊重他，拥护他为领袖，报答他以忠心和热情……这种人不是真心为共产主义实现而奋斗，而是党内的投机分子，共产主义运动中的蟊贼。"刘少奇真是胆包天！刘少奇，我们警告你，你胆敢反对毛主席，我们就将你砸成烂泥！刘少奇重新抛出这本书的目的，一是处心积虑地拾高自己身价，长期来从他们防空洞里刮次来的阴风，什么"……三天不学习，赶不上刘少奇"等反动谬言在社会上流传，千方百计为其篡党篡军篡政制造舆论，一是制造反革命复辟的理论根据。

1963年**11**月 19日在科学院学部委员第四次扩大会议上，错误地估计苏美"在基本问题上联合起来是不可能的。"并且说"就是在美国统治集团内部 也有一些头脑比较清醒的人逐渐认识到战争政策未必对美国有利。"这与赫鲁晓夫说敌人"明智"的谰言，毫无二致。

5月2日 毛主席亲自主持制定了"前十条"，全国展开了轰轰烈烈的社会主义教育运动。刘唯恐摧毁了资本主义复辟的社会基础，于是急急忙忙让王光美到桃园蹲点 王大搞形"左"实右 大整群众，回来以后大作报告，刘也据此错误地估计了形势，说："领导权在敌人手里的我看今天有三分之一以上。

1964年 根据"桃园经验"，刘又制定了错误的"后十条"与正确的"前十条"对抗。在固 埧等地的四清中，继续执行了一条极"左"实极右的资产阶级反动路线。强调"扎根串联""秘密活动"

大搞"人海战术"，包办代替，无视人民群众。对干部搞人人过关，从严退
赔，扩大打击面，却维护了城乡走资本主义道路的当权派和地富反
坏右。而当四清向纵深发展时，又大搞翻案活动，打击贫下中农，为地
富反坏右撑腰，反攻倒算。这条反动路线，流毒极广。

在中央工作会议上，他与毛主席的阶级和阶级斗争理论唱反调，
说什么四清运动是四清与四不清的矛盾，是党内外矛盾的交叉。

文明年以来，刘少奇发表有关"两种教育制度"（"全日制"和"半工
半读"实际上是资本主义社会"双轨制"教育体系的翻版)的讲话近
二十次，跑了十几个省作报告。亲自组成了一个教育办公室，还打算成立
"第二教育部""第二教育厅"来罗织自己的黑言派，对抗毛主席提出的半
工半读，即"以学为主，兼学别样。"

9月，××省委第一书记×××给刘少奇一封信，信上告诉他省委要求
各地省市县委在任何时候，任何问题上都必须认真学习中央毛主席及
中央其他负责同志的指示，否则将要犯更大的错误。刘在复信中批评
说："这话不完全正确。"并说："这里联系到这样一个严肃问题，就是我
们应该向谁学习...我们的原则只向一切有真理的人学习，不是向职位
高的人学习。"公开地攻击说"我赞成当前干部和群众中学习毛著的运动，
特别赞成学习毛著的口号……""不能把毛主席的著作看成教条。"

1965年3月 31日刘对何伟、李季平讲话中说："现在我们所想到的
办法有两个，一个是发动群众搞四清，一个是改革旧的
教育制度。现在我们想到的就这两条，是否有第三条还没有想到。"接
着11月16日在中央政治局扩大会议上，他又补充了"干部参加劳动"一条，
然后说："到目前为止，我们只有这二个办法。"商剧否定毛泽东思想。

贪天之功为己有，他多次说半工半读是他1958年夏天亲自提出的。有
意诋毁毛主席对马克思主义教育理论的伟大贡献。11月在中央政治局扩
大会议上公然说："全日制学校的改革也要讲这个问题，毛主席在去年
春节就提出来了，还没解决，请高教部、教育部准备，如何改革，要开
次会。看不准千万不要瞎指挥。"刘少奇骂谁"瞎指挥"？令人深思。
刘少奇个人野心越来越大，有时公然无耻地把自己与马克思列宁并列。
与此同时其里线人物也大肆活动，胡说什么："一个主席(指毛主席)抓全日
制，一个主席(指刘少奇)抓半工半读。""我们要打阵地战，抓半工半读，
全日制玩左落不了。"并且说："两种劳动制度两种教育制度，以后方向
更明确了。"对主席春节指示只字不提，甚至叫嚣说："全日制没有方针

等我们把全日制教育方针定下来再研究。

1966年 维护反党叛国分子彭真泡制的反革命"二月提纲"，当做"中央文件"流毒全国。企图把毛主席亲自发动的无产阶级文化大革命引义"纯学术"讨论的修正主义轨道。

6月关于彭、罗、陆、杨反党问题向党外人士讲话中以吹嘘"彭真实际上是我党的副总书记""很有能力。"

一手策划划定所谓"中央八条"，这是文化大革命中套在革命群众脖子上的八条枷锁。

毛主席早在六月就指示不要派工作组，但刘贼心不死，趁毛主席不在北京，向全国大派工作组，血腥镇压无产阶级文化大革命，犯了方向性、路线性的错误。

6月21日，派王光美直接插手清华

刘少奇是北大"6·18"事件的幕后操纵者，把张承先镇压革命学生的反革命经验推广全国，以中央名义"指示""全国全党""照此办理"。

7月3日发出三条黑指示，一手搞起血腥的"反韵斗争"。颠倒是非，混淆黑白，围剿革命派，压制不同意见，实行白色恐怖，自以为得意，长资产阶级的威风，灭无产阶级的志气，又何其毒也！

七月十八日，毛主席回到北京，撤了工作组，7月29日刘少奇在万人大会上别有用心地说，无产阶级文化大革命他不懂怎么搞，"党中央其他机构工作人员也是不知道"影射攻击毛主席，并为派工作组方向性错误开脱罪责。在此会上，他竟敢把自己凌驾于毛主席之上。并且对写"拥护党中央，反对毛主席"反动标语的人，提出要保护他的自由，让他活动，让他多写几条反动标语，多发表反动言论，也不妨碍大局。"

在这次文化大革命中，一个问题是很值得深思的。

长期以来，刘少奇一贯违悖毛主席"任人唯贤"的干部政策，大搞"任人唯亲"，大力培植亲信，将其安插主许多重要部门，妄图象赫鲁晓夫那样为自己篡党篡军篡政准备条件。在这次无产阶级文化大革命中，被革命群众揪出来的三、四类干部多元保皇分子或其关系密切人物，诸如：邓小平、彭真、安子文、李井泉、刘澜涛、乌兰夫、林铁、林枫、蒋南翔、陆平、李昌、杨述、许立群、胡敕邦、周扬、任白戈等么，而这个北方局领导人，即这个反动阵线的司令官就是刘少奇！这难道是巧合吗？难道不令人深思吗？近年来，反革命修正主义分子彭真飞黄腾达，"红"极一时，就是由于刘少奇的不遗余力的提拔，而在无产阶级文化大革命中极力包庇彭真，保护林枫的"大红伞"就是刘少奇（根据林枫秘书揭发，叛徒彭真和薄一波在北京坐牢时，要向国民党们苟投降，净到刘少奇的支持）

共产主义运动的无数项史事实都说明毛主席所谆谆教导的这条真理——"要特别警惕象赫鲁晓夫那样的个人野心家和阴谋家，防止这样的坏人篡夺党和国家的各级领导"——是何等重要啊！

坚决彻底刘、邓资产阶级反动路线

谁反对毛主席就砸烂他的狗头！

我们最最敬爱的伟大导师、伟大领袖、伟大统帅、伟大舵手毛主席万万岁！！

东方红业中毛泽东思想起先图战斗队翻印《东大红旗》材料   67. 1. 8

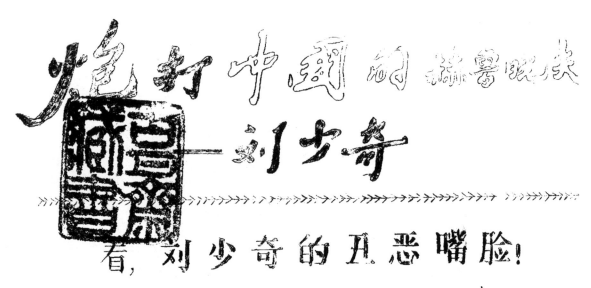

看，刘少奇的丑恶嘴脸！

·清华大学《井岗山》报编辑部·

刘少奇是中国的赫鲁晓夫、他长期以来打着红旗反红旗，招降纳叛，结党营私，在党内组织一个资产阶级反动司令部，大反毛主席，大反毛泽东思想，在无产阶级文化大革命中又顽固地制定和推行了一条镇压革命的资产阶级反动路线，同毛主席的正确路线相对抗，充分暴露了反革命修正主义的真面目。今天，广大革命群众已经把毛主席身边的这棵定时炸弹拔出来了，还将进一步把他斗倒斗臭，再踏上一只脚，叫他永世不得翻身！我们收集并整理了一些材料在这里公布，把刘少奇的丑恶咀脸亮出来示众。

一大反毛主席、大反毛泽东思想

一九六六年七月二十九日在万人大会上说："正确的意见也可能是少数，我有这个经验，毛主席也这样，在很多时间里在很多问题上也是少数。"（按 狼子野心大暴露 竟敢凌驾于毛主席之上，多么嚣张！）

他还说："清华有一个人贴了反动标语：拥护党中央，反对毛主席，同学就揍他了，揍他就揍怕了，如果保护他一下，保护他的自由，让他活动，让他多写几条反动标语，多发表反动言论，这并不妨碍大局。"（按：讲话中绝口不提保护真正的革命少数，而借"保护少数"之名，行攻击毛主席之实，居心险恶！）

他在一九三九年原版和一九六二年再版的《论共产党员的修养》中说：

222

在过去某一时期内，某些修养主义集化代人，把党内某种情况更坏。这种人根本不懂得马克思列宁主义，而只是胡诌一些马克思列宁的术语，自以为是"中国的马克思、列宁"，装作马克思、列宁的姿态在党内出现，並且毫不知耻地要求我们的党员像尊重马克思列宁那样去尊重他，拥护他为"领袖"，报答他以忠心和热情。他也可以不待别人拥护，俨然自封"领袖"，自己爬到负责的位置上，家长式地在党内发号施令，企图教训党的其责骂党内的一切，任意打击、处罚和摆布我们的党员。这种人不是真心为共产主义的实现而斗争，而是党内的投机分子，共产主义运动中的蟊贼！（按：配合美帝、苏修的反华大合唱，光要改去我们最衷敬爱的伟大领袖毛主席，与赫鲁晓夫如出一辙。）

在八大党章总纲中，关于党的指导思想被修改成："中国共产党以马列主义作为自己行动的指南。"把"毛泽东思想作为我们党一切工作的指针"给删掉了。（按：处心积虑地诋毁毛泽东思想。）

一九四八年十二月十四日对马列学院第一班学员谈到学习马列主义经典著作时说："……所以马克思的理论都可以学，能这样学就迫起来了，不想不行……有的人认为，何必学这些东西？中国的书还读不完，十二亩一亩还读不完呢，或至少先读中国的书再读外国的书吧，这句话是不对的"（按：刘劝叫我们不要先读毛主席的书，而要先读外国的书，否则就是他贬低和仇视毛泽东思想的一次大暴露。）

二 民主革命时期，害怕革命斗争

刘少奇从来就不是无产阶级革命家，而是资产阶级革命家，一九四六年幻想政协会议实现，企图同敌人妥协。一九四七年在土改中实行"形左"实右的资产阶级路线。一九四八年全国解放前夕，刘少奇在胜利面前惊慌失措，同年十二月十四日对马列学院第一班学员讲话中说："现在的斗争形势发展很快，出于我们予料之外，现在不是怕慢了，而是怕快了。太快，对我们的困难很多，不如慢一点，我们可以从容准备。"（按：资产阶级的阶级本性决定了他必些害怕革命风暴，幻想妥协投降。）

三 攻击社会主义制度，企图复辟资本主义

一九五〇年六月十四日在政协委员会第二次会议上说："我们采取的保护富农经济的政策，当然不是一种暂时的政策，而是一种长期的政策。"左农村中可以大量地采用机器耕作，组织集体农场，实行农村的社会主义改造时期，富农经济的存在才成为没有必要的了，而这是相当远的将来才能做到的。"（按：富农是革命的对象，富农经济是资本主义经济，而刘某却要长期保存，他的剥削阶级立场和走资本主义道路的倾向不是昭然若揭了吗！）

一九五一年六月他在全国宣传工作会议上说："有些同志认为农村可以依靠互助组、合作社、代耕队、实行农业集体化，这是不可能的，这是一种空想的农村社会主义，是错误的。"（按：反对毛主席提出的农业先集体化后机械化的思想。）

一九五七年五月七日他对杨献珍和侯维煌的指示中说："要允许有一部分资本主义工商业、工业、地下工厂，要让他们钻空子，当他们钻空子的时候，我们社会主义经济就立即跟上去，……他钻几十万样，我们社会主义也跟上去，搞他几十万样。""如果我们的经济还不如资本主义灵活多样性，而只有呆板的计划性，那还有什么社会主义优越性呢？"（按：恶毒攻击社会主义的计划经济，梦寐以求的是走资本主义道路）

他还说："一到资本主义国家什么都能买到。"（按：复辟资本主义望眼欲穿！）

一九五七年他在湖南说："有人说工人生活好，农民生活差，相差太远了，……工人生活是苦的工作八小时，空气不好，劳动紧张寿命也比农民短。"同年他在上海说："所有城里人下乡去都持这种态度，下乡也是这样讲，写信也是这样讲，没有一个城里人讲我在城里艰苦，睡的是双层铺，吃饭也是饿肚子，排队买不到东西，城里人下乡都不大讲这些东西。"（按：对社会主义制度恨之入骨）

四 大反毛主席关于社会主义时期的阶级斗争学说，鼓吹阶级斗争熄灭论一九五六年九月刘少奇在"八大"政治报告中说:"我国社会主义和资本主义谁战胜谁的问题现在已经解决了"外国帝国主义的工具——官僚买办阶级,已经在中国大陆上消灭了,封建地主阶级除了个别地区外,也已消灭了,富农阶级也正在消灭中。原来剥削农民的地主和富农正在改造成为自食其力的新人。民族资产阶级分子正处在由剥削者变为劳动者的转变过程中。"〈按:闭口不谈阶级斗争和无产阶级专政,蓄意同毛主席在"关于正确处理人民内部矛盾的问题"这篇光辉著作中所阐明的社会主义时期阶级斗争学说唱反调,与苏修赫鲁晓夫亦步亦趋,大力鼓吹阶级斗争熄灭论。〉

一九五七年四月廿七日刘少奇在上海党员干部会上讲:"今天的资本家已是新的资本家了。""在公私合营以后,资本家已经把工厂交处来了,除了极少数的分子以外,他已经不愿意反抗社会主义了。一九五七年三月他在河南省干部会议上说:"敌人消灭的差不多了,资产阶级公私合营了,已经基本上解决了。""如果讲到非无产阶级思想,讲到农民阶级的思想,讲到小资产阶级的思想,讲到地主阶级的思想,那是讲过去的,是反映了那个阶级存在的时候。"〈按:刘某本人就是走资本主义道路的当权派,所以大力宣扬剥削阶级的本性改变了,停止反抗了,阶级已经不存在了,麻痹革命人民斗志,以实现其复辟的美梦。〉

刘少奇在一九三九年原版和一九六二年再版的《论共产党员的修养》一文中说:"当着党内产生机会主义思想,存在着原则分歧的时候,我们当然必须进行斗争来克服机会主义思想和各种原则错误。但是这绝不是说,党内不存在原则分歧,没有产生机会主义的时候,硬要把同志间在某些纯粹常实际性质的问题上的不同意见,扩大成为'原则分歧。'""党内的'左'倾机会主义者对待党内斗争的态度,他们的错误是很明显的。按照这些似乎疯颠的人看来,任何党内和平也共要不得的。他们在党内没有原则分歧的时候,硬要去搜索斗争的对象,把某些同志当作机会主义者,作为党内斗争射去的草人。他们认为党的发展,无产阶级革命斗争的胜利,只有依靠各种错误的斗争，依靠这种射去"草人"的大力，才能得到灵验如神的开展。"他还说："因为各种党员看问题的方法不同，就使他们处理问题的方法也各不相同，就引起党内许多不同意见，不同主张的分歧和争论，就引起党内的斗争。"（按：刘某存心诬毁毛主席早在一九三七年就提出来的："党内不同思想的对立和斗争是经常发生的，这是社会的阶级矛盾和新旧事物的矛盾在党内的反映。党内如果没有矛盾和解决矛盾的思想斗争，党的生命也就停止了。"这一英明论断，因为他是混进党内的修正主义分子，唯恐自己和他的狐群狗党被揭露，所以对党内斗争害怕得要死，把党内斗争仅仅归结为"看问题的方法不同"反对党内斗争。）

五 为右倾机会主义翻案

一九五九年刘少奇在《马克思列宁主义在中国的胜利》一文中说："在大跃进和人民公社这些问题上，在我们党内也有过不同意见的争论。""在资本主义工商业的社会主义改造问题上，我们党内也发生过不同观点的争论。"（按：意指党内过去出现的种种机会主义，特别是彭、黄、张、周反党集团，不过是观点不同而己。显然是在为恶毒攻击三面红旗的右倾机会主义分子、反党集团鸣冤叫屈。）

一九六二年初，他在自己所操纵的中央扩大工作会议上，即五级干部会议上，想把三面红旗当作"历史教训"来总结，说什么："我们现在来总结前几年的工作，恐怕总结不完，我们后代还要进行总结。"（大意）并把矛头直接指向毛主席。说什么："反对毛主席"是反对个人。"还在这次会议上别有用心的提出所谓"甄别"问题，明目张胆地为右倾机会主义翻案，提出："和彭德怀有相同观点的，只要不里通外国的就可以翻案。""只要本人提出申诉，领导和其他同志以为有必要，就可以翻案。"等黑指示。此后，一时里乌云翻滚，在全国范围内刮起"翻案风"。（按：为反对毛主席并攻击三面红旗的右倾机会主义翻案，首先做好舆论准备）

六、大搞形"左"实右的四清路线，反对毛主席的正确路线，破坏四清运动。

一九六三年五月二十日，毛主席亲自制定了"前十条"，全国展开了轰轰烈烈的社会主义教育运动。刘少奇唯恐摧毁了复辟资本主义复辟的社会基础，于是急急忙忙让王光美搞了个"桃园经验"，并于一九六四年九月根据这个"经验"制定了"后十条"流毒全国，刘少奇还亲自出马，做了一个"关于社会主义教育问题"的报告，与"后十条"精神一脉相承。在这些黑经验、黑指示的指挥下，大搞所谓"扎根串连"、"人海战术"，表面上轰轰烈烈，实际上工作组色办代替群众运动，表面上很左，实际上大整群众，大搞人人过关，掩护了城乡走资本主义道路的当权派，和地富反坏右，形"左"而实右，与毛主席的正确路线相对抗，破坏了四清运动。当四清运动向纵深发展的时候，刘又迫不及待地大搞翻案活动，打击贫下中农，为地富反坏右撑腰，进行反攻倒算。

七、在无产阶级文化大革命中，顽固地制定并推行资产阶级反动路线，镇压文化大革命。

刘少奇支持并维护反党叛国分子彭真炮制出来的反革命"二月提纲"并把它作为中央文件，流毒全国。企图把毛主席亲自发动的无产阶级文化大革命引入纯学术讨论的修正主义轨道！

刘少奇在一九六六年六月关于彭、陆、罗、杨反党问题同党外人士的谈话中说："彭真实际上是我党的副总书记，常参加书记会，实际上参加核心领导，这个人有能力，有不少缺点，犯过很多错误，他不懂毛泽东思想。"（按：包庇彭真，一丘之貉！）

一手策划制定所谓"中央八条"，把所谓"内外有别"、"注意泄密"、"坚守岗位"等八条枷锁，套在革命群众脖子上。

毛主席在六月初就说不要派工作组，但刘少奇贼心不死，趁毛主席不在北京，向全国大派工作组，企图镇压文化大革命，用心何其毒也！

北大六·一八事件，张承先把革命群众打成反革命，制造白色恐怖。刘少奇、邓小平命令他立即总结成"经验"刊登，在全国推广，并加了所谓"中央指示"，说什么"别处发生了类似情况也要照此处理。"（按：为扑灭毛主席亲自点燃的无产阶级文化大革命的烈火不择手段。）

一九六六年六月廿一日刘少奇派王光美直接插手清华园，并在七月三日发出了三点黑指示：①把蒯大富当成活靶子来打。②打倒了蒯大富，才能巩固工作组的地位。③资产阶级不给我们民主，我们也不给资产阶级民主。刘少奇两帮笑容地听王光美、刘涛汇报在清华斗争同学的情况。就这样，刘少奇的黑手把清华园内轰轰烈烈的革命运动打了下去。（按：颠倒是非，混淆黑白，围剿革命派，压制了革命派，实行白色恐怖，自以为得意，长资产阶级威风，灭无产阶级志气，又何其毒也！）

毛主席七月十八日回北京决定撤消工作组以后，刘少奇在七月廿九日万人大会上说："怎样进行无产阶级文化大革命？你们不清楚，不大知道，问我们革命怎么革，我老实回答你们，真心回答你们，我也不晓得，不懂，党中央其他机构工作人员也是不知道。"（按：影射攻击毛主席，并为派工作组的方向性错误极力开脱。）

刘少奇威胁刘涛说："中南海有中南海的纪律，从这里知道的事不许对外讲。否则就别跑中南海。"以此来压制刘涛，不许刘涛揭发。

一九六六年八月三日在北京建筑工程学院的讲话中说："你们听了我讲要保护少数，主要是保护好人，可能也保护了坏人，保护一下吧，短时间一个月、二个月、三个月，一年也可以，材料够了，就作结论，作结果。"（按：企图以"秋后算账"来压制坚持批判工作组的革命少数派。）

八 推行修正主义教育路线，反对毛主席的教育方针

一九六四年以来，刘少奇发表有关"两种教育制度"的讲话近二十次，跑了十几省作报告。他亲自组成了一个教育办公室，还打算成立第二教育部、第二教育方来贯彻自己的主张。（按：我们国家只能有一种教育制度，即毛主席提出的半工半读，也即"以学为主，兼学别

样"。刘少奇提出了全日制和半工半读"两种教育制度"实际上是资本主义社会"双轨制"教育体制的翻版。

刘少奇对毛主席的教育思想只字不提，他却要教育部搞"马恩列斯论教育与劳动生产相结合"的材料。

刘少奇舍天之功为己之功，把半工半读当作自己的首创，在报告中多次提到半工半读是他一九五○年在天津提出的，有意诋毁毛主席对于马克思主义教育理论的伟大贡献。他一九六五年十一月在中央政治局扩大会议上说："全日制学校的改革也要抓这个问题，毛主席在土改季节就提出来了，还没解决，请高教部、教育部准备如何改革，再开一次会。看不准，千万不要瞎指挥。"（按：请读者注意，这是有意贬低毛主席一九六四年的春节指示。诽谤毛主席在瞎指挥。）

刘少奇胡说什么"半工半读学培养有社会主义觉悟的有文化科学知识、有技术、有实际操作能力的新型劳动者"（按：突出科学技术，公然篡改毛主席的教育方针。）

他一再宣称四小时读书四小时劳动是半工半读最好的形式。他还宣称："如果机关、学校、工厂经营得好人的精神面貌就会好，群众的热情就会高。"（按：公然抹杀教育战线上的阶级斗争，根本不提学校领导权问题，否定毛主席的阶级斗争一抓就灵的英明论断。试问，这样不讲阶级斗争不突出毛泽东思想的半工半读和资本主义国家、修正主义国家的半工半读有何区别？）

九、吹捧苏修，鼓吹向苏修学习。

一九五六年九月他在"八大"会上吹捧苏共二十大是"具有世界意义的重大政治事件，⋯⋯决定了进一步发展社会主义事业的许多重大政策、方针。批判在党内曾经造成严重后果的个人崇拜现象，而且提出了进一步促进和平共处和国际和缓的主张，对于世界紧张局势的缓和作出了显著贡献。"（按、刘少奇一贯的修正主义思想的一个暴露）

九六一年刘少奇说："在全国开展一个新的学习运动，这是当前最

229

重要的事情。"要学习苏联和其他兄弟国家建设社会主义的经验。"(按：学习苏联实行资本主义复辟心切如焚。)

并且还大骂我们"满足于一知半解，自以为懂得很多，懒于学习"警告我们要"力戒满足""戒骄戒躁。"(按：刘少奇狗胆包天，竟敢辱骂毛主席。)

一九六三年十一月十九日在科学院学部委员第四次扩大会议上他说，苏美"在基本问题上联合起来是不可能的。""就是在美国统治集团内部也有一些头脑比较清醒的人逐渐认识到战争政策未必对美国有利。"(按：朽尧蠢徒，与苏修烂言如出一辙。)

十 招降纳叛，结党营私，同毛主席
分庭抗礼。

长期以来，刘少奇一贯用人惟亲，在许多重要部门和负责的岗位上大力培植亲信，妄图为他最后象赫鲁晓夫那样篡党篡军篡政准备条件。在他领导下的原北方局里云集了彭真、林枫、蒋南翔、陆李、杨述、周扬、李井泉、安子文、任白戈之类的牛鬼蛇神。

他不遗余力地提拔反革命修正主义分子彭真，使他近年来飞黄腾达，"红"极一时。文化大革命以来极力包庇彭真、保护林枫。

叛徒彭真和薄一波在北京坐牢时，向国民党自首投降，得到刘少奇包庇。(据林枫秘书揭发)

十一 宣扬物质刺激，鼓吹金钱挂帅，
散布"超阶级"谬论，反对突出政治。

一九五七年四月廿七日刘少奇在上海市党员干部会议上说："如果不按劳取酬，公平合理，就阻碍生产力发展。如果按劳取酬贯彻得比较好，分得比较公平合理，大家满意，就促进了生产力的发展。"(按：抹杀突出政治的精神变物质的巨大作用，抹杀毛泽东思想的无比威力。)

他还说:"工人农民分配不当就要闹事,""人民为了关心自己的经济生活,就要过问工资、住房、吃饭 等这些事,这就表现出社会主义人民民主的积极性了。""你分多了,我分少了,大家不愿意干,生产力就要受到阻碍。"(按:反对突出政治、鼓吹金钱挂帅,反映出刘某这个资产阶级代表人物唯利是图的丑恶的内心世界。)

一九五七年他在河南对干部讲话中说:"一个电影院盖起来可买票,还可以赚钱,商店盖起来可以出租给商业部门赚钱,开理发馆、洗澡堂,也可以赚钱。""我是地方政府,你在我这里住,我收地方税,收房产税。"(按:金钱迷了窍,露出了一付资产阶级老财迷的面孔。)

十一、大肆兜售资产阶级个人主义的处世哲学腐蚀毒害青年

一九五七年刘少奇对一些青年同志们说:"总想占人家便宜,不是互利,而是 利,那样关系总是搞不好。""立志去干几十年工作,最后人民是会了解你们的,照顾你们的。"他在接见工民建工商联常务委员指示中说:"在社会主义条件下一心一意搞个人利益的人,是搞不到个人利益的,一心一意为人民服务反而会有个人利益,只顾一头反而会有两头。"(按:毒害青年,自以为得计,实则暴露了极端个人主义的肮脏灵魂。)

一九六〇年 月卅一日刘少奇与王光英一家谈话时说:"我看宁愿吃点亏,……最后大家说你是好人,大家愿意与你交朋友将来还有大发展。……建立起感情来,就可能有更大的工作要你去做。"(按:堂堂国家主席满脑子只能装了个"我"字,小算盘打得可谓精细)

一九五七年他在许昌学生座谈会上说:"我劝你们回乡后不当干部,连会计都不当……认真地种三、五年地,到那时一切农活都学会了,农民能做的事,你们都能做,比任何农民都不差,你们有

231

文化，农民没有，比农民多一条，再加上一条跟群众关系好，具备三条就能当乡、县、省干部，也可以到中央，那就看各个人的本事了。……你们是中国第一代有文化的农民。第一代要得便宜的，参加革命我是第一代，现在成为中央委员。第二、三代象这样就不成了。"（按：一仔一付理想升官图！可惜你刘少奇现在连中央委员也难当下去了。）

刘少奇在上海党员干部会上谈到学生开学时说："恐怕这样讲一讲（注：就是象前面讲得那些片面），他们下乡种田也就高兴一点，而不是倒霉的下乡种田，垂头丧气的下乡，而是高高兴兴地挺起腰杆子下乡，他会认为我要实现我的理想，则发展前途更好。"（按：以修正主义分子之心度革命青年之腹，可笑！）

一九六○年×月卅×日刘少奇与王光英一家谈话时说："口专不红那一手。不红既使搞得好可以工作，但不能领导。"（按：口专不红的害处只是不能领导吗？原来，在刘某人看来，又红又专就是为了官运亨通！）

一九五九年刘少奇在接见工民建工商联常务委员指示中说："应该提倡所有党员和干部以普通劳动者的身份参加劳动，因为不在于创造多少价值，而在于改变群众的观感，党员干部参加劳动扫地，刷厕土，群众的观感改变了，强硬的关系改变了。"（按：污蔑干部参加劳动为的是博得群众好感。）

九六六年十一月廿日

原载 清华大学《井冈山》报第三、四版

邓小平的五大罪状

邓小平是以刘少奇为首的资产阶级司令部的急先锋。多年来，他利用自己控制的中央书记处，大搞独立王国，干了许多反党反社会主义、反毛泽东思想的罪恶勾当。当前，批判刘邓反动路线的高潮，正在全国形成。我们必须进一步把他们的种种罪状彻底揭发出来，坚决完成斗二批三改的战斗任务，把无产阶级文化大革命进行到底！

邓小平的主要罪状如下：

一、追随刘少奇，搞独立王国，反对我们伟大的领袖毛主席。邓小平主持中央书记处工作以来，常年不向毛主席汇报工作。61年冬起草人民公社六十条时，邓小平背着主席提出了南三区、北三区搞的决定。主席看过后，曾批评道："哪个皇帝决定的？"64年邓小平对于左毛主席亲自发动开展的批判资产阶级反动学术"权威"的斗争，进行了疯狂的抗拒，他说："现在有人不敢写文章了，新华社每天也收到两篇稿子，演戏只演头，只演打仗的，电影哪有那么多完善的，这个不让演，那个不让演。"干污蔑革命派是想靠批判别人出名，踏着别人的肩膀自己上台，对人家一知半解，抓住个小辫子就批判半天，好自己出名。"

64年毛主席为了更好的培养无产阶级革命事业接班人，并鉴于斯大林逝去后苏联出现赫鲁晓夫修正主义的教训，提出了一线、二线的主张，放手让中央其他负责人去领导工作，而邓小平却以为大权在手了，更加肆无忌惮地独揽党政大权，背着主席乱做决定。64年底毛主席曾严肃指出刘邓搞独立王国，但他们听后却无动于衷。

邓小平反对毛主席是一贯的。甚至连每次开会，都坐在离毛主席很远的地方，加之他耳朵聋，对主席的指示不入耳。

二、追随赫鲁晓夫，宣扬修正主义，为资本主义复辟做准备。早在956年邓小平就公开推销赫鲁晓夫修正主义集团的反动黑货。他在八大所做的"修改党纲的报告"中，大肆吹捧苏共二十大，大反所谓"个人崇拜"。也胡说什么："反对个人崇拜的重要意义，苏联共产党第二十次代表大会

233

作了有力的阐明。这个阐明不仅对于苏联共产党，而且对于全世界其他各国共产党都产生了巨大的影响。"苏联共产党第二十次代表大会的一个重要功绩就是告诉我们把个人神化会造成多么严重的恶果"之后，邓小平就公然把矛头指向了我们最敬爱的伟大领袖毛主席。他说"个人崇拜是有长远历史的社会现象，也不会不在我们党的生活中有它的某些反映。我们的任务是继续坚定的执行中央反对把个人突出，反对对个人歌功颂德的方针"从这些话中，我们不难看出：邓小平的居心是何其毒也！

62年正值我国处在天灾袭击和苏修反华所造成的经济暂时困难时期，国内的地、富、反、坏、右十分猖狂，想方设法破坏我国的社会主义集体经济。而邓小平却在此时提出了"包产到户"的主张，带头大刮资本主义黑风，为资本主义复辟鸣锣开道。

正因为邓小平满脑子都是修正主义的私货，所以由他起草的二十条反修纲领，严重地违背了毛主席所确定的无产阶级革命方针，根本不能用，最后还是由主席亲自写的。

（三，狂妄自大、目无群众、抗上压下，做官当老爷：长期以来，邓小平高高在上，从不接触群众，不做调查研究。但他却自以为天生的"百科全书"无所不知，无所不晓。一开中央会议，他总是以批评别人为主，甚至一些在中央工作的同志，都感到要和邓小平谈问题比登天还难。

61年冬，邓小平提南三区、北三区的主张后，陶铸曾打电话让北三区到南三区去开会，而邓小平当时却坐着火车在全国游逛，对此不闻不问，至使此事不了了之。

（四，勾结黑帮头子彭真，破坏城乡社会主义教育运动。

在65年3月的中央书记处会议上，邓小平明目张胆地把毛主席亲自主持制定的"二十三条"中有关"逐步做到……群众、干部、工作队三结合"的规定，篡改为机关、厂矿、学校等四清工作队，要一进门就与干部结合起来。这就是说：让工作队一进门就可以在不顾群众意见，不做调查研究的情况下和干部结合起来。实际上也就是和那些走资本主义道路的当权派结合起来。邓小平作为保护走资本主义道路当权派大红伞的真面目，这不是昭然若揭了吗！

东书记处，邓小平一贯重用反党黑帮头子彭真，他与彭真相勾结，残酷地镇压了北大的社教运动。一方面，他亲自为北大的社教这大捏造了三条罪名，撤走了坚持正确路线的工作队长张盘石同志，打击聂元梓等革命左派。另一方面，对反革命修正主义分子陆平倍加称赞，夸奖陆平的反革命言论态度是好的，意见是正确的。邓小平、彭真镇压北大的社教运动，是1965年我国的一个极其严重的反革命事件。

（五）贯坚持资产阶级反动路线，与毛主席为代表的无产阶级革命路线相对抗。毛主席的第一张大字报中所提到的一九六二年的右倾和大六四年的形"左"而实右的错误邓小平都是有份的。尤其是在这次伟大的无产阶级文化大革命中，在他和刘少奇主持中央工作时，不顾毛主席关于少派或不派工作组的指示，趁毛主席不在北京，提出了一条颠倒是非，混淆黑白，围剿革命派，压制不同意见，实行白色恐怖的资产阶级反动路线，把轰轰烈烈的文化大革命搞得冷冷清清。如果不是我们伟大领袖毛主席及时批判了这一错误路线，文化大革命就会有夭折的危险。刘邓路线的危害何其深也！

多年来，毛主席曾对邓小平的错误进行了多次批评，但他始终无动于衷，这次批判反动路线仍未触动他。可见，邓小平坚持资产阶级反动立场。在毛泽东这新的一年中，我们一定要在毛主席领导下，向刘邓反动路线发起新的进攻。如果他们不向毛主席的正确路线投降，我们就坚决地粉碎他们！

谁反对毛主席就打倒谁！毛主席的路线胜利万岁！

战无不胜的毛泽东思想万岁！

伟大的领袖毛主席万岁！万岁！万万岁！

东大《红力其》革命造反队"上撤下扫"战斗组整理 1967 1

东方红北中毛泽东思想《起宏图》战斗队翻印 67 8

235

重庆直辖市党委书记
薄希来的父亲老革命薄一波。

反革命修正主义分子
薄一波十大罪状

薄一波 这条刘家门槛的忠实走狗，刘邓反动路线的参谋，是一个党内走资本主义道路的当权派，是一个罪大恶极的大判大扒手，大流氓。长期以来薄一波叛党、反社会主义、反毛泽东思想，取消阶级斗争，企图实行和平演变，他的主要罪状如下：

一 抗拒和破坏无产阶级文化大革命。

从文化大革命一开始，薄一波就上窜下跳，四处活动，忙忙调兵遣将，纠集了大量工作组充当扑灭无产阶级文化大革命的消防队，把魔爪伸向清华、地质、轻工业学院、林学院等等院校，到处兜售资产阶级反动路线的黑货，煽阴风点鬼火，混淆是非，压制革命派，挑动群众斗群众。

早在六月十九日，薄一波首先光临清华，就哇啦哇啦乱叫，把反对工作组的大字报定为反革命大字报，提出所谓"左派派就是右派了"把蒯大富同学说成是"超左派"，为镇压革命作了舆论准备。于是王光美、叶林精心策划的一场有准备、有计划规模空前的"反蒯斗争"揭开了序幕，乌云滚滚，妖雾重重，白色恐怖笼罩着清华园。

七月十三日薄一波在"反蒯"高潮中又二进清华园进行他的反革命活动，在大庭广众之下狂叫"蒯大富是反革命"毛手地"缴枪不杀"企图把革命群众一网打尽，好让清华成为刘邓天下，在工作组的高压政策下反革命的帽子满天飞，轰轰烈烈的运动被压了下去，很多人成了谨小慎微的君子，话不敢讲一字报不敢写一张，运动搞得冷冷清清，而薄一波就是扼杀清华造反精神的刽子手。

乌云遮不住红太阳，在关键的时候，我们伟大导师毛主席中旬回到了北京，指出工作组的错误。老奸巨滑的薄一波见到匆忙于七月十七日第三次贼头贼脑钻进清华园向工作组布置过关，转入斗黑帮，以掩人耳目为刘邓反动路线涂脂抹粉，企图蒙混过关，以后东山再起。

七月二十三日上午薄一波得知毛主席指示撤回工作组，下午就召开工交党委扩大会议，发动别人进行顽抗，又派人去各院校收集假材料，为刘少奇提供炮弹，以对抗毛主席。十一中全会后他又到处散布"错误言论人人有份"的谬论，为工交运动打气，授意下搞十条与毛主席亲自主持制订的十六条唱对台戏。在化工部指示的亲信，大使数梁膺庸对高扬等同志进行残酷斗争，在林业部指使罗玉川把政治部的九位同志打成反党集团，制造混乱，乱斗乱了不少人，向各地工交派去联络员继续破坏文化大革命。最后走到题严重，不可收拾，就匆忙向中央打报告，要求把工交口各部和委全部撤消，成立四个委员会来领导工交系统，企图把问题上交。金蝉脱壳，中央拒绝这一建议后，薄一波就三十六计走为上，借休养为名溜之大吉了。

二　反对学习毛主席著作。

薄一波不仅自己没有经常认真地学习过毛主席著作，反而攻击广大工农兵群众和干部活学活用毛主席著作是庸俗化，简单化，说什么"学那么几本书，就能活学活用吗？""我不信这么几本书有么大的作用"，他借口劳逸结合反对群众学毛著，说各级各部分布置学习毛主席著作是行政命令，甚至含沙射影地反对说毛泽东思想是当代马列主义的顶峰，叫嚷什么"顶峰难道还有次峰，什么最高最活，难道还有次高次活？"甚至对其宿舍的警卫学习开会也加指责，说什么"你们老想学习开会，我这里不是学校。"薄一波也不叫他孩子学毛著，专门请家庭教师教古文，学古诗古画，唱戏，精心培养修正主义接班人。

三　反对在工交系统进行社会主义教育运动。

薄一波为了抵制毛主席亲自主持制定的二十三条，在他策制定了一个"工交系统四清座谈会记要"来篡改二十三条精神。记要中有意抹末工交系统中存在的严重的阶级斗争，记要中根本不提四清运动重点是整党内走资本主义道路的当权派，而说什么"解决干部四不清问题，反对贪污盗窃，投机倒把，清查坏人……"，并提出运动开始就要三结合，并尽易发挥原有各组织的作用。"这实际上是破坏了工交系统的四清运动，使四清变成走过场。

四、反对政治挂帅，反对学习解放军，反对学大庆。

薄一波反对政治挂帅，实行物质刺激，强调政治思想必须落实到生产中去。实际是业务挂帅，他对解放军报关于突出政治的社论很反感，在一次会上说："我现在不说话，将来再说。"和林彪同志唱对台戏。薄一波强调工业特殊性，抵制工交系统学习解放军。

毛主席指示要在全国高举大庆这面红旗，薄一波却偏要高举齐齐哈尔工厂的旗帜来和毛主席对抗。

五、在办企业的两条道路的斗争中，薄一波所坚持的是一条反毛泽东思想的修正主义道路。

毛主席早在一九六〇年三月就提出"鞍钢宪法"五项原则为中国工业化发展指明了道路，但薄却不执行，顽固地执行一套苏修的"马钢宪法"并提出"工业七十条"修正主义纲领，实行一长制搞物质刺激，依靠专家和一套烦琐的规章制度，冷冷清清地办企业，大讲先立后破，不走群众路线，不搞群众性技术革命。同时还专门指使马洪等一小撮人把他的一套修正主义办企业思想印刷成书在全国各地散发来抵制毛主席提出的"鞍钢宪法"企图复辟资本主义。

六、包揽大权，搞独立王国。

薄一波主持经委工作期间，对于大职工实行压制打击专横独断，把经委变成薄天下。他野心勃勃到处伸手，大抓物资权，基建权，计划权……

今年年初成立工交党委，企图背着中央，搞一个"工业党"，凌驾于计委、经委之上，使工交口接他的指挥棒转。

七、反对党路线、大跃进。

薄一波主持工交工作以来一直反对毛主席提出的总路线、大跃进的一系列指示：

一九五六年在工业建设上发生了"反冒进"的错误，受到毛主席的批评。

一九五七年，反对毛主席指示的发展中小型企业的指示。

一九五八年，反对毛主席提出的工业大搞群众运动的指示，胡说什么是"不正规"。

一九五九年庐山会议反右倾高潮时，薄在会前准备了一个诽谤大跃进的材料。

后来看到风头不对才没有提出来，反而摇身一变大反右倾来。

在经济困难时期对中央的八字方针也是消极对待，抓住建设中的缺点进行恶毒的攻击和歪曲。

八、招降纳叛、结党营私。

薄一波为了推行修正主义路线，实行一套封建帮会的结党营私的组织路线，与李子文等人勾结，招降纳叛，收买提拔一批坏人结成死党！例如：包庇重用叛徒沈鸿庸、反党分子吕文远、李哲人、刘岩峰，重用高岗五虎上将之一马洪，反革命修正主义分子刊治方坏分子李子高等，利用这些人来推行他的修正主义路线。

九、欺上压下，烧毁证据。

薄一波长期以来欺上压下，封锁消息。在这次中央十一中全会和中共工作会议上，中央和中央文革小组对他的揭发批判材料，他不传达贯彻。当他的问题大暴露后，为了逃避党和人民的谴罚，竟违反军委指示销毁罪证——文化大革命中收集的大批黑材料。这是严重的反党罪证，一定要追查！

十、资产阶级的糜烂生活。

薄一波在生活上已经完全堕落成为一个新型的资产阶级老爷。吃喝玩乐，打麻将，看古书古画，而差时携带全家老小游山玩水，假公济私，去广州时还带了一条狗，甚至用牛奶喂狗。在困难时期大搞特产和生活物资，购买之多甚为惊人，他挥霍掉的钱连借生活困难为名，要向公家报销补助。

他的全家大小都喝人参汤，吃山珍海味，几年来整修公馆就花去公款二十万之多！更恶劣的是利用出差机会，偷窃贵重的香烟菜叶。

薄的子女也是娇生惯养，把警卫和工作人员当家奴使用，派专人送上楼，送上下学，专人送饭。

薄一波哪有一个共产党员的气味？他完全堕落成了骑在人民头上的资产阶级老爷。

薄一波长期以来打着红旗反红旗，干了许多不可告人的勾当。今天毛泽东思想照遍天下，薄一波的反革命修正主义咀脸暴露在光天化日之下了。是可忍，孰不可忍？！薄一波欠下的债太多了。革命群众与他势不两立，今天千百万文化革命大军正在毛主席的革命路线向资产阶级反动路线展开了总攻击，是清算的时候了！还迟疑吗？上天无路，入地无门，纵然逃到天涯海角，也要揪回来示众，打倒在地！把他批倒，批臭，批臭，再踏上一只脚，叫他永世不得翻身！

打倒反革命修正主义分子薄一波！

炮轰资产阶级司令部！

毛主席的无产阶级革命路线胜利万岁！

伟大的导师，伟大的领袖，伟大的统帅，伟大的舵手

毛主席万岁！万岁！万万岁！

清华大学井冈山报补充七期合刊

240

王任重，我们要跟你算账！

王任重左手舞着"引蛇出洞，抢右而攻写"大棒，右手舞着"秋后算账"大棒，在革命造反派头上挥午，曾几何时，这个镇压革命群众、革命学生的干将也随着其自觉推行的刘邓路线的破产而成了落水狗！这个十足的政治大扒手现在真的到了彻底清算的时候了。为了彻底埋葬刘邓及毛主席的资产阶级反动路线，我井岗山兵团勒令王任重于本月三十一日以前回清华接受斗争，向党向人民向毛主席请罪！

王任重破坏文化大革命的罪状很多，简单列举如下，以示其五毒灵魂：

一　王任重是清华文化大革命中的第二号大扒手。

（一）7.28钻进清华，在幕后实行没有工作组的工作组路线。但极力阻止革命师生彻底批判工作组，保护头号大扒手王光美，说："你们不要赖，王光美是毛首夫人……王光美是一个好同志……"。在全校批判工作组的关键时刻，王任重又抛出了一个"三点建议"和王光美合作泡制了臭名远扬的"八九"（所谓忝快斗里帮）串联会"八七"分裂会议，千方百计抵制对资产阶级反动路线的批判，公然与毛主席唱反调，挑起了两派群众的分裂和对立，把多数派引入了资产阶级反动路线的歧途。

（二）在九月份对前大富同老革扬言要"秋后算账"，尽教同志理一再为前大富革同老革反，王任重仍然在幕后煽动临筹"和清华大学红卫兵总部在则，排挤和打击革命少数派。

（三）抗拒毛主席的批评，在工作组撤走后仍派出"联络员"指挥多败派，压制少败派。联络组长袁某在给多败派"分析形势时说："八月份你们太卷了，和他们（指少败派）干了交手仗，九月份把王任重同志的指示高姿态斗争里部，不理他们，让他们分裂，这招商的多了。"王任重教唆两派人斗还真不是造谣干很吗？

(4) 不择手段,通过其女王××搞政治投机,企图夺权,左右逢源活动。

(5) 袒护谭立夫,压制清华同学对谭氏大毒草的批判。

(6) 幕后操纵清华大学红卫兵和"临筹"主要负责人导演了"八四"镇压革命的严重事件。

(7) 公然包庇刘少奇,给刘涛贴王光美、刘少奇的大字报划框框定调子。

二、王任重名为文革副组长却恶劣至极,上欺上瞒!所作所为与中央文革相对抗!他在北大、清华、湖北所干的事从来不向中央文革汇报,而处处以钦差大臣自居,盗用中央文革的红旗,招摇撞骗、上窜下跳。

三、王任重是镇压革命群众专横按庭的西城纠察队的后台老板。

四、王任重是镇压湖北及中南各地文化革命的罪魁祸首。

(1) 王任重七月三日写信给湖北常委一封信,为湖北省制造了一个扼杀文化大革命的黑纲领。信中写到:"首先打击最猖狂,最恶毒的敌人,即首先打击大多数群众最痛恨的敌人。……有的是干部,教师和大学生中的反革命分子,擒贼先擒王,枪打出头鸟,……水晶可以把最坏的右派学生揪示来集中地斗,打掉他们的气焰。"这样把许多群众打成"反革命""假左派,真右派"。又"武大左派队伍初步形成,右派面目已被群众识破,开始向右派大批判。"于是武大工作组组织起"反右"斗争达四个日之久。在武汉市甚至(很短时间内)而动公安机关逮捕扣压在了一百多名学生。……

(2) 公然与党中央毛主席唱对台戏。又月七日给武大写了"高举毛泽东思想伟大红旗,把教育革命进行到底"在他授意下,湖北日报还专门发表了《把教育革命进行到底》的题词和《打倒武大三家村,把教育革命进行到底》。直至七月三日的信仍是"实现教育革命"等等,企图把毛主席亲自发动的文化大革命入他所设想的教育革命的轨道,使文化大革命中途夭折!

（3） 七月十六日又发来指示，湖北有的中学搞"反右"斗争。大搞"南下一小撮，本地一小撮"。

（4） 王任重离湖北以前，来自抓武大的运动，抓"典型"树"样板"，创"经验"来"指导"全省文化大革命，成为镇压武大革命运动的刽子手。

王任重为推行刘邓路线不遗余力，严重地破坏了文化大革命，称得上刘邓的得力干将。现在革命师生奋起批判资产阶级反动路线了，要找王任重算老账了，他却逃到广州、海南岛"避难"去了。老实告诉你王任重，你是逃不掉的！你就是跑到天涯海角，我们也能把你揪回来！你现在唯一的出路就是回清华向人民低头认罪，老实交待你的一切罪行，彻底揭发你的后台老板！

"沉舟侧畔千帆过，病树前头万木春"。

毛主席的革命路线万岁！

东风大学《红旗》革命造反队
转抄於清华大学井岗山报
一九六七·一·六

东方红业中 毛泽东思想
《赵宝图》战斗队 翻印
一九六七·一·九

业中者，业
余中学也。

注：东方红业中，即：南开中学
"业余中学"。一群没有
上过学的工农家庭的子
女，新中国成立後，份々
進工廠做工、为了提高文
化，政府利用各中学的
晚间设「业余中学」为
其上课。他们都是成
年人、造起反来更加可怕！

东方红 67·1

书名：
向刘邓资产阶级反动路线开火专
辑．
出版者：天津市东方红业中 毛泽东
思想《超宏图》战斗队人

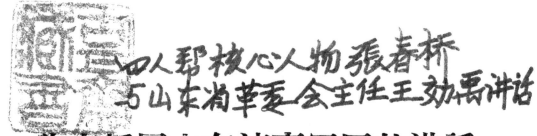

四人帮核心人物張春桥
与山东省革委会主任王效禹讲话

张春桥同志在济南軍区的讲話

（一九六七年五月）

这次军委会議尚未傳达，大家认識不清，有不同的看法，这是不奇怪的。现在全国、全山东省文化大革命的形势一片大好，而且越来越好。以毛主席为代表的无产阶级革命路綫更加深入人心，群众运动已經发动起来了。看形势好不好，主要是看群众发动没发动起来，批判党内最大的一小撮走資本主义道路的当权派是否轟轟烈烈地发展起来。四月六日军委十条命令把前一段工作中碰到的問題都解决了，把无产阶级文化大革命大大地向前推进了一步。

现在全国运动的发展是不平衡的，有的地方已經夺权，共六个省市，他们所面临的問題和没夺权的地方不一样，有很大的差距。安徽、福建、江西已军管，黑龙江省军区介入地方文化大革命是从去年八月开始，他们与地方的关系一直是比較好的，有的地方也出现了一些問題。山东总的形势也是大好的，大家意見一致，二·三夺权比較早，成立了山东省革命委員会。这是由于毛主席的領导，中央的支持，也是山东革命群众长期奋斗得到的结果。山东的夺权与軍队的支持是分不开的(这一点没有分歧)，山东部队建立了功勛。解放前，中国武装革命的胜利和十七年来所取得的成績，中国人民解放军所起的作用是巨大的。偉大的人民解放军保卫了无产阶級文化大革命，使地、富、反、坏、右分子不敢公开的大规模的破坏文化大革命。夺权后，山东部队又积极的参加了三支、两军，取得了很大的成績，非常愿意把工作作好，这是主流方面。缺点錯誤是支流，具体問題差距不少，三方面有共同利益，形势是在緩和的，不是逐渐对立的。杜春胜同志連夜布置大标語是对的，是正确处理两方关系的。有人說：我们軍队和山东省革命委員会关系如何如何，是不对的。省革命委員会是三结合的，有部队代表参加。緩和一下，各方面都采取了措施，軍区党委三条很好，很及时，否则对革命，对我们的人民都不利。矛盾是客观存在的，现在碰到的是人民內部矛盾，軍队有支左夺权的經驗，有了經驗就好办了。矛盾总是存在的，矛盾处理好了，革命一定会向前发展。部队介入地方的时间很短，正确处理人民內部矛盾没有眞正理解，出点乱子没有什么了不起。有了經驗就使坏事办好了。

毛主席四月二十三日提出两个問題：(一)改进工作，虚心听取群众意見，不要怕批評，全軍在批評过程中将会正确地认識世界和改造世界，相信大多数干部和群众，这是最基本的一条。开一些小型談心会，促进相互了解。(二)四川錯誤比較大，抓人多，打死了人。毛主席批示："犯錯误难免，只要改正了就好了。"他们改变很快，把人放了。毛主席又說："现在另一种思潮又起来了，弄的军队支左下不了台，灰溜溜的。要沉住气。实事求是的承认錯誤，公开向群众检討，立即改正。軍队和群众双方都进行正面教育。现在这股风不会比二月份更强了，军队和群众都有了经验。"八条命令前群众冲军队犯了錯誤，把群众組織打了不少"反革命"。现在要沉住气，不要听不进批評去，沒有什么了不起，对过份的话不要計較，誰說話都有那么准确？革命委員会常委多数也是群众組織的代表，軍队同志和革命小将接触的少，不大理解，要耐心的听批評。我们中央文革挨攻挨批評是經常的，去年十一月去上海处理北上告状問題就是这样。和革命造反派不打这样的交道，不容易过关。越攻的你厉害，你就越找他们談話。贴你几張大字报，沒有什么，是有好处的，遇事要沉着。我们在处理人民內部矛盾中确是沒有經驗。你们和小将的关系搞好了，就会觉得他们是可爱的。现在小将們比过去的游击队好带多了，老紅卫兵軍齡还不到一年，打、砸、搶有什么关系，有现在这样的觉悟就不簡单了。有些事你辯論不过他，他們毛主席著作是学得不坏的，我們总是要相信大多数群众和干部。不要人家說你几句，就攻击解放軍。批評中央文革不一定都是反革命，让人家把話讲出来。关系好了，問題就解决了。

軍队一定要站在左派一边，山东省革命委員会垮了台，我們臉上就抹了灰，我們想尽一切办法使她巩固，掌好权，用好权。部队支左，誰是左派，不一定一眼就看准。有时支持错了，情况很复杂。有的組織过去是保，后来不保，以后又保。有的組織家保外不保，也有的外保家不保。不能一口咬定我支持的都是左派。

对打、砸、搶，要具体分析。山东省委过去对保字号組織很关心，造反派要什么都不給，打、砸、搶免不了（我們并不主張）。打伤、打死人不好，但他硬要打有什么办法！林副主席說："不出乱子是不可能的，革命不能那样文质彬彬。"实际上文化大革命到现在伤亡很少，不如一个战役。最近流行性脑炎，全国死了×××人，山东死了××人。打、砸、搶那里会死这么多。我們有的同志看到很难过，但是不可避免的。党中央从来沒主張武斗，你讲归讲，碰上事就要动拳头。

对党員的認識。不重视成份是不对的，因为我們是无产阶级文化大革命。但是，看一个組織成員，主要是看两条路綫斗爭中究竟是站在那一边，我們的党团員大多数是好的，有一些表现很好，有一些表现不好。打倒一切，怀疑一切，是错误的。但是，党又不是铁板一块，不是生活在眞空中。刘、邓、陶就不是眞正的共产党員。党团員、劳动模范当保守派的不少。他們受《修养》和資产阶级反动路綫的影响，中毒很深，越"修养"越糟糕，什么"馴服工具論"……很坏。毛澤东思想沒扎根。有些老党員在加入党时就不是眞正的共产党員，社会主义关就过不去。有些劳动模范原来的地位变了，有了权，不受压迫了，人家起来革命，他觉得应該維持旧秩序，不要再革命了，便保起来。山东也有这种情况。了解成份是一部分，但更应該深入了解他們是站在那一条路綫上。我們不能单純的强调党团員多、积极分子多，就是左派；有的組織，有个别人成份不好，打、砸、搶，就认为是右派，这种观点是错误的。不要老是坚持这种观点，要以两条路綫斗爭为綱，要看大方向。

軍队影响太大，几句話就可以把一个組織搞垮。內蒙古就是支持了保守派，中央去調查，保守派还把中央的代表包圍了，很猖狂。后来部队认識到错了，但是战士改不过来，和保守派一起上街游行。你們不要以为错誤不大，发展起来形势就不同了。

今天街上好多标语是拥护解放軍的，但我感到情緒不对头，是保守派的标语。我就是这样感觉的，他們企图挑撥解放軍和造反派的关系。我們部队同志要冷静的想一想，是否是这样。我們和造反派接触太少了，不了解他們的感情。根据中央支左五条中的最后一条两条路綫斗爭的学习，批判刘、邓等，现在都应该很好的学习一下，这样对辨别左、中、右是很有好处的。

軍队进营房后，与群众关系不密切了，要到工人造反派、工人指揮部、紅卫兵指揮部去，同他們交朋友，懂得这些人的感情，知道什么是造反派了。不要听一些人說"解放軍好"就飄飄然。"罵"我們的可能罵对了，"頌"我們的不一定是革命派。每个人都要受考驗，特别是領导干部，在介入地方文化大革命中，都要改造主观和客观世界。不要光看一些毛娃娃，他們有些事情比我們聪明，讀《語录》不就是他們兴起的嗎！毛主席从来不責备紅卫兵，非常关心爱护他們。对他們要看主流，要看大方向，他們是很听話的，要信任小将，他們从小就是叫"解放軍叔叔"的，是我們非常可爱的下一代。我們相信他們能改正自己的缺点，要相信干部和群众的大多数，包括王效禹同志，他基本上是个好同志，是全国第一个向毛主席提出不要群众斗群众的，这是很不简单的，我們应該支持他。他有很多困难，我們要帮助他改正缺点，坏人是藏不住的。刘少奇那么高，都拉下馬。要相信群眾。你說是坏人，群眾不承认，那是我們看錯了，我們要堅決支持山東省革命委員会，支持革命組織，支持革命干部，有事多商量。我們都是革命同志，这三种力量結合起来，我們就无敌了。如果山東战斗×××不好，就沒有办法打仗了。如果把权力掌握在保守派和坏人手里，群众就发动不起来了，要当心坏人挑动造反派与軍队的关系。

现在軍队撤回来，总結一下，将来支左会搞得更好。

由于情况了解的不多，三方面都有愿望把关系搞得更好，要按照主席指示，发揚成績，改正錯誤。山東的文化大革命在全国来說，还是走在前面的，要把工作很好的总結一下，把下段的工作搞的更好，把无产阶级文化大革命进行到底！

（山東省委党校紅色造反者指揮部《触灵魂》轉抄）

（济南市人委大联合总部市經委紅色造反队67.6.13　翻印）

王效禹同志讲話

（一九六七年五月二十九日）

我正开着会，陈雷同志，穆林同志，庄副参謀长，临时要我来讲話，我确实沒的讲，我不了解会議的情况，实在不好讲，大家非叫讲不行，这話真是不好讲。我正在开着会，满脑子里是別的会的情况。

大家很关心我們山東文化大革命的情况，现在出现了很多問題，对这些問題的看法，将来发展到什么样子，可能关心的是这些問題，我对这些問題讲讲吧，也沒有組織，想到什么就讲什么吧。

总的来看，山東无产阶级文化大革命形势是很好的，虽然最近出现了一些問題，会議上有些爭論，这么大的一个运动，爭論是很难免的。两个阶级的斗爭，两条道路的斗爭，两条路綫的斗爭，一度时間爭論的問題解决了，也还会出现的。《十六条》讲的很清楚，运动是会有反复的，反复对我們是个敎育，是个鍛炼，沒有什么坏处。大家是怎么想的我不知道，总的有两个方面的看法，最近这个变化是很大的，昨天下午山東軍区发表了个声明，这个声明对今后扭轉山東局势起了很重要的作用，明天或者后天，济南軍区还有个声明的。昨天晚上山東軍区声明以后，和济南軍区負責同志看了他們一个报告，这个报告看来有些需要再爭論一下，明天或者后天要发表个声明。这两个声明一发表，山東的形势要起一个很大变化的。政权沒有武装支持是不行的，因为山東軍区发表了声明支持，有了部队的支持，政权就能巩固。不是說过去沒有支持，过去也支持了，是堅决支持的，不支持，省里的"三結合"的班子就不能成立。群众組織，革命領导干部，部队是其中之一，在每一个重要事情，重要的关键时刻，山東軍区对省革命委員会都是有很大支持的，为什么还有了这个声明呢？因为最近发生了一些事情，认識上不一致，部队表示了态度，发表了声明，就一致起来了。

最近以来，有不少的可以說是謠言吧，我想把这些事情的經过、一些情况和同志們讲一讲，让同志們自己判断。一个月以前我在北京开会时，就有不少的謠言，有的說我在北京叫楊司令扣起来了，后来說我和楊司令在那里打官司，說是去是为了打官司，不是的，我們俩一块回来了，这都是謠言。从北京回来以后，謠言就更多了，我接到了好多地方的宣傳品，有济宁、昌潍、兖州、菏澤等地的，有些确实不是些真实情况。比如說山東省革命委員会犯錯誤了，說江青同志已表示了态度，要进行改組，要姚文元同志来接管。姚文元同志是来了，張春桥同志也来了，他两个都来过，但他們不是来接管山東政权的。还有个謠言說，楊得志司令接管山東政权了……。真是想也想不了这么多，现在是謠言滿天飞，这都是些謠言，告訴同志們，都不是事实。

北京开会是軍委扩大会議，凡是夺了权的省的主要負責人都参加了，当时有五、六个省市。山西是刘格平同志参加的，黑龙江是潘复生同志参加的，貴州是李再含同志参加的，……去参加这个会議主要是了解一下部队工作情况，同时对军队支左、支工、军管等工作以便統一意見，統一认識，大家好回来布置。会上主要是結合批判刘少奇的問題，揭开了盖子。我們在軍委沒打什么官司。

会后周总理和文革小組同志专門接見了我們一次，山东工作能够做的更好一些，对这几个夺了权的省来說能起些好的作用。山东是一个大省，人口多一些，对几个大省的工作，中央很重視，周总理专門拿出了将近一个整天的时間和我們一起研究了一些問題，楊司令袁政委都参加了，还有省革委的其他同志也参加了，可能大家因为这些問題，认为我們去打官司。因为我們談的很随便，总理、伯达、康生同志都是无所不談的，和在家里談話一样，有些話本来不想向外傳，記录不想向外拿的，沒有很好的整理，因为我們談的很随便，从生产到运动，部队問題，群众組織問題，那个干部問題等，扯的面很广，主要是中央負責同志了解山东情况，便于对山东工作进行一些帮助，这是开会时的一些情况，不是什么打官司了，怎么样了的。会議中間我們汇报了工作，主要是讲委員会方面的，总的中央对山东工作是肯定了的，有些缺点，中央都给我們及时指出来了，我們要改。我告訴大家，沒有和楊司令打官司。

部队支左工作有些看法，某些地方不完全統一，三月份我們就讲过，在济南也讲过，这些东西可能有同志傳出去了，我們都是在桌面上讲的，都是在委員会讲的，现在看法是一致的。昨晚山东軍区的声明我是完全同意的，并且签了字的。济南軍区有个报告，我也完全同意，也是签了字的，对这些問題有些傳說，那不是官方消息。最近一个月来对山东省革命委員会刮了些风，一直最后对革命委員会砸了一下子，今天要讲一讲这个事情，今天不讲沒有好处，不讲大家不了解。我看砸一下有好处，可以警惕一下嘛，这件事的发生并不是偶然的，从二、三月份已經有这个苗头了，大家看到我的一篇文章《放手发动群众，粉碎反革命复辟阴謀》在紅旗杂誌上登了，报纸上发表了社論，当时就发现苗头了，我們考虑經过群众反击是能够反下去的，但是也有个思想准备。在中央会議上后来我有个发言，我說，山东的情况一个是能很快地向好的方面轉化，一个是要出个大乱子，但这不是坏事，我們尽量避免，尽量不使事情发展，从后来的发展看，运动往往不是以人們意志为轉移的。开头四·二二大会就有所查觉了，群众叫它个黑会，我說不能叫个黑会，还有个六条什么的，因为是群众組織的，牵扯到上千上万的群众問題，不管怎么样，宪法上规定有集会、結社的自由嘛，不能叫个黑会。从这个会議看是个开始，以后发展到砸大众日报社，就很明显了，告訴同志們，对这件事，我們連个态度都沒表示的，群众砸了就砸了，我們再恢复起来，主要是用事实教育，等待觉悟。隔了一、两天，砸了省革命委員会，对这个問題需要讲清楚，现在有人說是去要票，有人說要我接見，这都是假話，我們已經发觉一个月了。当时的情况是七点钟占領了总机，打了个电話给我，說要找王效禹。我一听口音不对，我問是誰，說是宣傳部的負責同志，当时我知道总机叫人家占領了，很快总机的电綫全部切断了。将近一万人晚上用大車拉着石子，带着棍子，去了就准备打架的，当时打伤近三十人，和中央的联系都给切断了。我說该撤的就撤出来，沉住气。你們看有几間屋上的瓦都给拆了，拿着瓦往头上砸，总共打伤了三百多人，并且声明接管了省革命委員会，怎么能說是去要票，完全是欺騙人，这是个大阴謀。今天可以讲这个話的，就是想接管省革命委員会，就是要夺省革命委員会的权，我們沒有表示，群众不满意了，当时就有六十多个人和几个群众組織的头头圍起我来，让我表示意見，說革命委員会是我們建立起来的，我們不允許这样搞。当时我說等一等，我正在公安厅，我說让他砸，砸了公安厅再說，謠言总是謠言，瞎話总是瞎話，說什么去要票，你問：姚文元、張春桥同志什么时候作报告来？这完全是个大阴谋。打伤了三百多人，现在还在医院里。那时候我們看到横冲直闖，我們办公都不好办的。我給姚文元、張春桥同志讲，我們能保证你們人身安全就很满意了，你們不要报告了。后来我給姚文元、張春桥同志商量，每个組織派两个代表，见見面算了，他們同意了我的意见，后来见了見面，那里作什么报告来，只是在紅代会上讲了話。有的贴大字报，說我怕群众，怕的要死，让我出来解答問題，怎么解答？問題是拿着棍子让解答問題！山东軍区发表了声明了，有部队支持我們了，我可以讲这个話了，这叫什么事情？为什么不叫反革命事件？主要是考虑群众問題，我們不考虑别的問題，现在有些同志仍然不承认这个問題，不承认也好嘛！我說冲冲也好，省革命委員会是毛主席批准的，你站在什么立場上，你接管了，是什么問題？不承认叫历史下結論吧。可能还要接管一次，接管几次有好处，这不仅仅是济南的問題，他們說三月份以来，省革命委員会不是革命的了，犯了錯誤要接管的，要打倒的。搞起了这么个事件，在这种情况下群众忍无可忍了，发动了反击，有二十多万群众起来把冲省革命委員会的圍了个水泄不通，一夜就解决了問題，打了一个漂亮仗。姚文元同志讲，打了一个大胜仗，就是这个仗。姚文元、張春桥同志都讲了，你們打了一个大胜仗。确实对粉碎资产阶级反动路綫反扑是打了一个大胜仗，給了他个敎訓，叫他看一看群众究竟有沒有力量，让他們看看造反派力量有多大，他們說要組織六万人，我說我們用四十万人包圍，后来吓跑了一些，事情的真相就是这样，实在不象話的，要不信就去参观参观，我們展覽了二十多天，打伤的伤号有的还沒出院。这并不是光济南的問題，全省很多地方都有这么个空气，都是有联系的，不是孤立的。我告訴大家，省革命委員会自建立以来，在两条路綫斗爭中，我們始終是站在毛主席路綫一边的，这是中央肯定的，不管资产阶级反动路綫怎样反扑，怎样凶，凶到什么样子，表现的怎么厉害，山东省革命委員会夺权以后始終是針鋒相对的斗爭的。当然在具体工作方面，有缺点有問題，政策掌握不那么准，从主观上讲主席著作学习得不好，主席思想跟得不紧，从客观上說原来的摊子瘫痪了，一切事情一下子拥上来了，事情确实多，手大捂不过天来。但是做为两条路綫斗爭来讲，从目前看，我們沒出现方向性問題，希望大家对省革命委員会可以炮轰，可以提批評意见，但是在主要方面不要发生誤会。因此就不能不讲。现在各个地区发生的問題，我們可以公开的讲，有些是地区、县委員会本身的錯誤，不是我們的錯誤。你站在什么立場上就很清楚了，看你是紅色的、粉紅色的，就是看你对革命群众的态度，对待紅卫兵小将的态度，就是对待文化大革命的态度，这是革命与不革命、革命与反革命的分水岭，《湖南农民运动考察报告》上讲了的，一个是始終承认他的大方向是正确的，支持他、依靠他，另一个就是，大方向看不见，光看枝节問題，顛倒黑白，混淆是非，把革命群众打成"反革命"，圍剿革命派，制造白色恐怖，这就是反动路綫嘛。在这个問題来讲，絲毫不能含糊，站到那一边的問題，一边是毛主席的革命路綫，一边是刘、邓资产阶级反动路綫，如果我們是党、团員，革命干部，不了解主席革命路綫，怎么跟着主席革命呢？說一千道一万还是假的，你和资产阶级反动路綫沒有划清界限，站在资产阶级反动路綫一边，换了人还是旧的。拿济南杨毅来說，还是执行段毅的一套，还是执行的资产阶级反动路綫。我听了几个地区的汇报，昌濰、兗州、济宁几次汇报，根本問題是两条路綫斗爭，解决不了这个問題，其他問題就不好讲。山东軍区的声明要很好的学习一下，本着这个精神去做，問題解决得就能快一些，当然还需要做許多工作，有大量的思想工作要做，如果这个問題不明确，光看见革命小将的缺点，看不见他的大方向，光看造反派的缺点，看不见他們的大方向，一千条一万条甚至再多，始終不能否定他們的大方向，因为他們是造资产阶级反动路綫的反，造走资本主义道路当权派的反，这是大方向，有缺点是前进道路上的，我們如果去帮助他，提高他，帮助他們少出毛病，少犯錯誤。现在看，不少地区动員大批的农民，圍攻、武斗、打，这个問題就很严重了，当然我們要解决，这是很突出的問題。前几天我曾讲过譚启龙时期发生了三个事件，青島、萊蕪、烟台打成"反革命"的有七千多，打伤了的人有几百，这个問題不能說不严重。对这个問題我們准备召开紅卫兵工人組織的会議来解决一下，特別是省軍区的声明将会起很大的作用。

总的意思是在两条路綫斗爭中，絕对不能含糊，革命不革命首先看你站在那条路綫上，別把屁股坐錯了，这是給同志們讲的一点事情。

再一点就是現在几个地区的問題，有的解决得好点，有的解决得不那么明显，有的沒有解决好，本质是两条路綫的斗爭。除此之外，有些政策界限問題也需要进一步做研究，現在有几个問題，我們要引起注意，一个是大規模的武斗，须要立即制止，現在武斗比較严重，有些省級机关干部都武斗了，有些是不大好解决的，要坐下来好好学习主席教导，要摆事实、讲道理，但不能武斗，武斗能够解决什么問題？小規模武斗也不要，这个問題归結到一方是走資本主义道路的当权派挑动的，在这个問題上对革命左派来讲就要完全照毛主席的指示办事，照《十六条》办事，根本不能挑起武斗，如对方挑起来，打两下就挨着，我看就沒事了。我曾讲到公安厅的問題，前一时間我在北京的时候，公安厅曾給我联系，听說要砸公安厅，我就告訴公安厅，你把机密文件藏起来，三天不要开門，睡上三天觉，他砸就砸嘛，你不用管他，砸够了就不砸了，第二次又給我联系，我說还是用那个老办法。砸了报社，第二天街道上的群众就不滿意了，就我們来說，我們不和他武斗，我們革命的同志，不能挑起武斗，不管革命与不革命，武斗不要再挑起来了，誰要再挑起武斗，叫卫成区抓住是一样。現在革命派与革命派之間打内战打的很厉害，人民日报要我介紹解决不打内战的經驗，我再交給同志們这个任务，摸索經驗，为什么打内战呢？总的方面看，夺权以后主要的敌人打倒了就是走資本主义道路当权派，敌我矛盾减輕了，内部矛盾增加了，具体事物要具体分析。財經学院打了起来，让我去解决，我說什么时候你們打够了我再去解决，有些确实不好解决，内部斗，影响了生产、工作，影响了批判走資本主义道路当权派，为什么要这样做？如果我們都是革命的，大方向一致为什么还要打呢？对这个問題我建議，只要不是主要問題，大大采取让步的办法，不要一提就提到原則上，上綱那么高，只要不是方向、路綫問題，就要本着忍让的精神，《十六条》指出不要在枝节問題上糾纏不清，否则对抓革命促生产有很大影响，希望同志們創造些經驗，这是第二点。

再一个是保守派的問題，怎么叫保守派。我看沒有那么多的保皇派嗎，有些同志可能保守一点，从本质上是革命的，不能把这个帽子一下子給群众戴上。革命派有这个責任，也应該这样做，要千方百計的把他們团結过来，要把受蒙蔽的盖子揭开，把广大群众爭取过来，把极少数保皇派孤立起来，只有这样才能把无产阶级文化大革命进行到底。我曾和同志們讲过这样一个問題，两个人团結一个，爭取一个，完全可以这样做到，两个人团結一个还不行，那还叫什么革命派呢？有个单位有四百人，造反的同志有二百人，我說你用这个办法，两个人給他一个人革命！交給他任务，經过三、五天时間爭取一个，如果做到的話，很快就变成多数了，要通过同志、亲戚、朋友、宗属关系进行帮助，把他們帮助过来，我看完全可以做到，为了革命不要計較过去的仇恨。在抗日战爭时期，主席讲过要依靠进步势力，团結中間势力，孤立頑固势力，《十六条》、《二十三条》讲到要发現左派，依靠左派，团結中間力量，爭取大多数，这是个战略問題，掌握不了这个問題，革命就取不得胜利。誰是我們的敌人？誰是我們的朋友？那是应該爭取的？那是应該团結的？要搞清楚。主席还讲到革命党是群众的向导，在革命中未有革命党領錯了路而革命不失败的，光少数是不行的，要放手发动群众，形成群众运动，成为浩浩蕩蕩的革命大軍，光少数，你旗帜再鲜明也革不开，群众团結不过来不行。我就讲到这里。　　　　（济南市財貿系統革命造反总指揮部　６７.６.３）

251

王效禹同志讲話

（一九六七年五月二十八日）

我没什么报告。昨天刘长茂同志去告訴我，說今天开个会。开这个会的都是作战的同志，一定叫我在会上讲一讲，我說沒的讲。后来非叫來不行，不得不来，确实沒的讲。

最近报纸上发表了毛主席的許多著作、讲話和几篇很重要的社論，当前都要按照毛主席讲話和社論精神研究我們的运动。这几天我学的很差，有的沒学，更不好讲。剛才我問讲什么？想叫同志們出題目，說叫随便讲，就更不好讲了。前两天我看了几篇社論，最近看了毛主席过去的著作，根据我們当前运动情况，从毛主席著作中得到些体会，随便讲讲。

主要讲《毛澤东选集》头一篇。好多同志都用这篇文章，研究阶级分析問題。《語录》有几段我不准备談了，把意思說說。因为对这篇文章用法不同，所以最近我又看了几遍。我領会得不深。主席关于阶级分析那篇文章，結合人民日报几篇社論，看我們如何作战法。

同志們怎样作战，这属于大方向問題。主席的文章开头就把問題提出来了，革命的首要問題是敌我問題。我們打仗首先要分清敌我，解决敌我問題。提到哪是敌人，哪是朋友；也提到在历史上沒有一个革命党領错了路而革命不失败的。然后整个篇幅，分析中国各个阶級动态情况，分析了地主阶级、买办資产阶级、中产阶级、小資产阶级、无产阶级、半无产阶级。主席为什么这样分析，分析结果把敌我問題找出来了。那个时候，当前主要敌人就是地主阶级、买办資产阶级。确定了革命对象。有的阶级可以爭取。民族資产阶级，有时候是我們的敌人，有时候是我們的朋友。主席在阶级分析那篇文章里，对整个中国社会阶级作了观察和分析，确定了哪是敌人，哪是朋友，哪是中国革命的动力。这样，从那篇文章看，中国革命发展都是按毛澤东思想发展的。

我們今天讲阶級分析，用那篇文章，有的說不大符合。我又重学了那篇文章，有些体会。主席用馬列主义方法分析了中国社会，确定了革命的动力，哪是朋友，哪是敌人，确定了打击的目标。当时讲到地主阶级、买办資产阶級是主要革命对象，是我們的敌人，今天行不行？是不是今天我們的主要敌人也是地主阶级、买办資产阶级？我們說經过三十多年革命、十几年建设，地主阶级从經济上是打倒了，沒收了土地，从政治上也算打倒了，罢了官，夺了权，专了他的政。資产阶級通过几次社会主义改造、社会主义革命，从經济上也打倒了，从政治上也是夺了权。今天如果我們再把矛头指到这些地方，搞这些人行不行？需要进一步研究。通过这样斗争，把剝削阶级从經济上、政治上打倒了，夺了权，实行了无产阶级专政，建立了新民主主义，由新民主主义向社会主义过渡，建立无产阶级政权。再以他們为主要敌人，恐怕是不太对头的。这是我自己的体会。但是又不能說不是指向他們，問題在什么地方？主席讲，他們人还在，心不死，我們还要很好地研究这个問題。剝削阶级虽然是被打倒了，但总还是有反复的，想复辟的，时时刻刻想恢复他过去的统治。列宁讲恢复他們过去的天堂，时刻不死心。主席經常教导我們，阶级斗爭是长期的，就是从这点出发。今天地主阶级和資产阶级起来革命，推翻我們，有沒有力量，行不行？我看，中国的地主阶级、資产阶级扛起旗帜革我們的命是革不了的。地主阶级已經被搞臭了，地富反坏右是我們的专政对象。他們如果想扛旗帜来造反，是造不了的。他要想专我們的政，专不了。那么，他們用什么办法复辟？想什么办法恢复他們的天堂？只有一个办法，就是通过他混入我們内部的代理人，通过他們的代理人恢复他們的天堂，恢复他們的统治，也就是混入我們内部的阶级敌人。这个我們不容易

252

看出来。其实主要敵人在我們跟前。那些被打倒的，当然我們不得不警惕，但是当前不是主要的敵人，致命的敵人已經钻到我們內部，如果不在这方面找这些作战对象，就达不到主要目的。

这些代理人在哪里？是怎么回事？我自己的看法，根据我学习的几篇文章，根据斗争情况考虑，从政治上，我們把权夺过来，实行无产阶级专政，从经济上剝夺了剝削阶级的所有权，革了他的命。但作为意識形态方面，在文化領域、思想領域、艺术領域，我們还没有革他的命。剝削阶级是打倒了，但剝削阶级的思想、意識形態，我們始終还没有把他革掉。革了没革？造反了没有？造反了，从中华人民共和国成立以后一直在这方面是有斗争的。最近公布了《武訓傳》的批判，过去有紅楼梦批判，开展了許多斗争，但是作为整个文化思想領域斗争，还没有搞。經济上革了命，政治上革了命，在思想意識領域没有革了命。在世界共产主义运动历史上，第一个社会主义国家是苏联。苏联在建設社会主义以后，没有进行文化革命，就是說，在思想領域、意識形態方面没搞革命。正由于在意識形態方面没革命，把剝削阶级的思想意識继承下来了，以至后来走了回头路，回到了资产阶级复辟路上，出了修正主义，修正主义是资产阶级思潮，是为资产阶级服务的。我們經过这样一个斗争，主席总結了世界共产主义运动的經驗，总結了中国的經驗，提出和亲自領导了文化大革命，就是为了解决这个问题，解决意識形態方面的问題，叫触及人們的灵魂。

从剝削阶级遺留下来的东西，林总讲集中起来就是一个"私"字的问题。表現到意識形態方面的东西好多，从意識形態看是这样，整个讲是第二性的东西。基础和上层建筑，存在决定意識。作为意識形態对經济基础的反作用来讲，在某一时候起决定作用。不改造意識形態方面，就不好改造生产力和生产关系的问题，就不好改造經济基础的问題。没有一个社会主义、共产主义思想，你想建設社会主义社会、共产主义社会是不可能的。你资产阶级思想来領导，怎么能建設社会主义？那只能領到资产阶级道路上去。思想文化領域、意識形態来个大革命，彻底破除剝削阶级旧的思想意識，《十六条》上叫破四旧，大破资产阶级意識形态，大立无产阶级意識形态，这样能保证我們沿着主席指出的道路，从社会主义到共产主义，而不致于使我們的国家走回头路。从文化大革命过程，我們看得比較清楚，如不破这个东西是不行的。

怎么破法，誰領导这个革命，通过一年看就比較清楚了。剛才讲剝削阶级思想意識，已經继承下来了，誰家继承下来了呢？現在看还是走资本主义道路的当权派继承下来了。我們当权十七年来，走资本主义道路的当权派一直是坚持走资产阶级道路，执行资产阶级的东西，抗拒无产阶级思想，抗拒毛主席的思想。如果走社会主义道路，把文化大革命搞好，在思想文化領域来个大破、来个革命，非用无产阶级思想、非由无产阶级領导不能完成这个革命任务。这样看两条路綫的斗争比較突出了。刘、邓是党内最大的走资本主义道路的当权派，就是资产阶级的代理人。他一直继承着资产阶级意識形態，走资本主义道路。最近揭发了好多东西　大家可以看到了。剛才讲的，地主阶级、买办资产阶级那时是主要革命对象，但是通过这个革命以后，他已經由代理人钻进党内来，这些人实际上已經代表了资产阶级，成为资产阶级代表人物。党内走资本主义道路的当权派，如仅从他們的成分和历史上看，就找不到这个问题。我不知道他們的成分是什么？讲历史是知道一些。光从这方面　就看不出是当前主要敵人。如果我們这样看，看执行的政策，代表的什么东西，什么道路，到哪里去，这样就清楚了。是代表着资产阶级，他走资本主义道路，每一个重要的关键时刻，都是和毛主席唱对台戏，和毛澤东思想唱对台戏。在几个主要问题上我讲一讲。我們說社会主义經济集体化，或者叫全民所有，他們就搞单干，搞分散。在經济上是針锋相对的。在文化上，毛主席早在延安就提出，給平剧院的信就提到，在舞台上要表現劳动人民，但他們偏偏不表現劳动人民，而

253

表現复古，搞一些帝王将相、才子佳人，甚至有更出奇、千奇百怪的东西，什么鬼怪都搞到舞台上去了，提倡封建的、資产阶級的东西。这在文化方面。讲无产阶級专政，他們不讲无产阶級专政，讲"修养"，讲武装斗争，他不讲武装斗争。这一点，过去的同志比較清楚，最近更清楚了。抗日战争結束、蒋介石搞內战时，原来不知是刘少奇搞的，那时是有斗争的，当时叫我們解除武装，我在那个部队就被解除了武装，当时我們不通，有斗争，解除武装换便衣，插枪，搞生产，部队下了命令，不知是从他那里来的，后来知道是主席糾正了，一支枪、一粒子彈也不能少。现在知道这事是刘少奇搞的。那个关键时刻，如把枪插了，什么社会主义，什么共产主义，也主义不了。完全站在资产阶級立場，走资本主义道路。

主要敌人是党內走资本主义道路的当权派，他們代表了一条资产阶級反动路綫，恢复資本主义。你今天从他成分上看，就解决不了这个問題。拿山东来說以譚启龙为首的党內一小撮走資本主义道路当权派，这个帽子是不大不小的。有人也还分析这个問題，譚启龙是个放牛娃，出身是很好的，参加革命也很早的，搞了将近四十年革命，說資产阶級的你可能还不通。但今天他实际是资产阶級代表人物，代表资产阶級路綫，抵抗毛主席的革命路綫，抵抗无产阶級革命路綫，作的結果是資本主义复辟。在山东过去也有一套，讲起来是領导問題、干部問題，实际上是政权問題。已經把政权夺去了。权力在他們手里，如果他們再搞下几年去，就把我們引到修正主义道路，资本主义复辟，我們还不知道什么事情的，稀里糊涂的下去了。《通知》上主席讲的，那实际上是专了我們的政，时机成熟以后恢复資本主义，实行白色恐怖，实行资产阶級专政。从这篇文章联系今天，应这样分析当前情况，这样体会这篇文章。

用阶級分析方法，分清敌我友的問題，究竟哪些是我們的主要敌人，我們应当掌握斗争的主要目标，应该指向我們的主要敌人。《十六条》指出，打击的重点是走资本主义道路的当权派，《二十三条》也是这样讲的，当时体会不深，經过文化大革命，体会就較深了。所以我們今天再学习主席这篇文章，分析当前形势，当前无产阶級文化大革命，应当把主要敌人分清楚，分清敌我，掌握主要矛盾。当前主要矛盾是广大工农兵和革命干部同走资本主义道路当权派的矛盾，是对抗性的矛盾。对抗性的矛盾就是敌我矛盾。我們当前最危險的敌人，最主要的敌人，就是党內最大的走资本主义道路的当权派，和各个地区走资本主义道路的当权派。通过一年的文化大革命，我們看的这个問題就更准一些了。为什么这样讲呢？在文化大革命开始，破四旧，破旧的思想文化，这些人就首先坚决抵抗。領导权在他們手里，文化大革命就搞不下去，触及不了他們的灵魂，他們也不想触及灵魂。凡是走資本主义道路当权派控制的地区和单位，无产阶級文化大革命是无法进行的。他們抗拒以毛主席为代表的无产阶級革命路綫，抗拒走社会主义道路。如果不把領导权夺过来，不把他們打倒，不罢他們的官，不夺他們的权，那无产阶級文化大革命不能进行。如果不能进行，不能在意識形态方面来个大破，就不能树立新的、共产主义的东西，就不能創造共产主义思想，培养共产主义战士。叫这些人領导，势必把文化大革命半途而廢。文化革命半途而廢，我們革命也就半途而廢。通过斗争看，形势已变化，这些人不管历史是什么，成分是什么，已經牢牢固固地站在资产阶級立場上，作为资产阶級代表人物出现，成了当前我們的主要敌人。如果不是这样，我們回过头来看，已打倒的地主、资产阶級僵尸，剩下的几个分子，他們当然人还在，心不死，有空就搞乱，但最大的危險，是钻进党內的代理人。所以党中央提出，重点是打击党內的走資本主义道路的当权派，意义就在这个地方。为什么讲党內的？因为他有权有势，政权就在他手里，他可以有事說了算。这就是如何运用这篇文章，分析我們这个斗争的敌我問題。如果不是这样体会，就拿主席那个讲法，主要的敌人是地主和买办资产阶級，如果那样找敌人，就会漏掉主要敌人。那时的敌人，今天不是主要的。当然也是我們的敌人，他們人还在，心不死，时刻想复辟，恐怕最大的复辟办法是通过他在党內的代理人来复辟，这是主要的。作为意識形态，思想領域方面，我們都是从旧社会来的，每个人都有一点，从总的方面讲是这样。但是能够作为这样的代表人物，是少数的走资本主义道路的当权派，是一小撮。在文化大革命中，主要敌人是一小撮。如果这样說对的话，我們就本着这个精神，学习中央最近发表的几篇文章，和主席的阶级分析的問題，大家要从这个方面来学。

另一方面看到，文化大革命和其他大革命同样是領导权問題。經济革命是这样，我們掌握不了領导权，搞土地改革是搞不了的，实行資本主义改造，改造资产阶级是改造不了的。文化革命，如果我們不能掌握領导权，要搞文化方面革命，也是搞不了的。主席在延安文艺座談会上的讲話，已經是二十五、六年了，二十五、六年如何貫彻的？在文化方面的道路、方向、立場問題，都給我們定下来了，可是这几年貫彻的如何呢？可以說沒有很好地貫彻。什么道理？中央《通知》讲的，就是文化界領导权被他們篡夺了，被一小撮走资本主义道路当权派篡夺了，他們不去执行，而是对抗。所以无产阶级文化大革命也必须解决領导权問題，不仅是文化領域，而是政治領域，甚至是經济領域，牽扯的面就广了，牽扯到一个权的問題。如果不解决誰掌权的問題，无产阶级文化大革命和其他革命一样，同样进行不到底。这个也是通过一年文化大革命看清楚了，当然也是对主席的指示有所体会。在这里向同志們提出来，这是一个意見。

第二个，确定了敌我問題，我們斗爭必须掌握大方向，矛头必须一直指向主要敌人，在这个前提下，把能够团結的人团結起来，才能取得胜利更快，斗爭更加順利。如果不是这样，矛头指错了，就会走上邪路。我們这个战斗中，主要敌人是党內走资本主义道路的当权派，大家应如何圍繞打倒党內走資本主义道路的当权派这个主要目标奋斗。打日本鬼子时，主要敌人是日本，能团結的就团結起来打日本鬼子；打国民党的时候，主要是打倒蔣介石；在这个无产阶級文化大革命时候，主要敌人是党內最大的走資本主义道路的当权派，和各个单位、各个地区的党內走資本主义道路当权派。我們要集中到这个地方来，掌握大方向，在这个基础上联合起来。现在如果这个問題弄不清楚，最近出现的一些問題，也是在这个問題上弄不清楚。打內战的問題，就是在这个問題沒弄清楚，容易打內战，离开主要的敌人。我看最近几篇文章也是这个精神。那么，敌人定下来了，为了我們更能够取得胜利，那就叫战略問題、战术問題，在这个問題上主席的教导我們可以看一看，《十条》讲的很清楚，《二十三条》讲的很清楚。主席在战略問題上讲的很多了，在抗日战爭主席有几篇这样的文章，讲的很清楚，名子都忘了，都讲到了。特别提出来团結中間力量的問題，《二十三条》是这样讲的，《十六条》也是这样讲的：发现左派，依靠和扩大左派，来团結中間力量，爭取大多数。在这个問題上，主席往往叫它战略問題，哪是我們的敌人？哪是我們的朋友？爭取誰？团結誰？在抗日战爭时，主席是这样提：发展进步力量，团結中間力量，孤立頑固势力。这不是个一般的問題。在这个問題上，在中国革命历史上，有的犯了严重错误，也是毛主席糾正了。就在十年內战时候，党內有的人就是王明提出中間力量是最危险的敌人，所以后来我們遭到孤立，打击了中間势力，因此經过一个时期的斗爭，自己孤立了，受了很大损失，毛主席后来糾正了。毛主席糾正了这个問題，提出了统一战綫，提出团結中間力量，抗日战爭形势很快就起了很大变化。抗日战爭又是按照毛主席的指示取得胜利的。这是我們在历史上的教訓。在国际共产主义运动中，也是有爭論的，也是有教訓的。在中間力量問題上，以后还是照毛主席的話，按毛主席的指示办事的，如果不是这样作，仅仅依靠自己，依靠我們左派，光我們自己，光我們左派，那就革不了命的，总是要把广大群众团結起来，包括落后的爭取，中間的团結，这才能够調动广大群众的积极性，也才能够把目标集中起来。主要敌人找到了，能不能打倒这个敌人，取得这个胜利，那就是战略問題。毛主席的阶级分析那篇文章，同样可以找到这个问题，当然那时指的是中产阶级、民族资产阶级，还有这个，同志們遞了个条子，要求讲讲新的战斗，急于求战。仗恐怕还有打的，告诉同志們，问题是如何能取得更大的胜利如何能打胜的问题。

我剛才讲的，在这方面要根据毛主席讲的，按毛主席指示，如何求得文化大革命取得更大的胜利。《十六条》讲的很清楚，毛主席在这篇文章中也讲到，特别是毛主席分析民族资产阶级。民族资产阶级在一定时期，他们可以作为我們的朋友，在一定时期也可能成为我們的敌人，它有两面性，那一些人可以做我們的朋友，我們可以爭取。我們今天讲这个問題的目的，提到今天的情况，可以分析一下，前两天和同志們研究这么个問題，我們团结中間力量，或者說爭取落后力量，做为一项主要战略任务提出来了，同志們不是要战斗吗？我就讲这个問題，我給工人指挥部讲这个問題，你們要不要两个人爭取一个，作为一条任务提出求，两个人团结一个，要你們考虑行不行？为什么这样讲呢，当时那一个单位有四百人，造反的同志有二百人，我說你用这个办法，两个人給他一个人革命嘛！要交任务給他，两个人三天时間爭取一个人，团结一个人，如果做到的話，我說他两天就能变成絕对多数了，那四百人，一边二百，两天的工作就拉过一百来了。你說你革命，两天时間还拉不过一个人来？怎么叫革命？我說这样試一試，如果行的話，作为一个战略任务提出来，也不管红卫兵指挥部的，也不管工人指挥部的，大家做为一个战略任务提出来，这样开展一个运动，絕大多数就团结起来了。

当然这里面有困难，比那个打还要困难。这个問題坐下来，分析分析思想条件，分析分析对象，大家如何做他的工作。打好打，挽下袖子就揍起来了，高了兴动动手，武斗一下。这个工作坐下来用脑子，但搞好了收效很大。工人指挥部的下属組織合起来十几万人，开展这样的运动，嘩的一声就扩大一半，就团结过来了。我們經过这样几翻，你不是就把受蒙蔽的群众基本上消化掉了。你不一定把他們包围到省革命委员会里头，开展政治攻势，觉得痛快一些，这样也很痛快。我就举了一个例子，四二年或四一年下半年，那时候斗爭比較紧张，党中央提出让我們开展了"一封信"运动，对汉奸讲的，结果不仅部队开展了"一封信"运动，机关干部开展了"一封信"运动，后来家属社会上都开展了"一封信"运动，有些据点就叫我們攻垮了。通过机关干部个人关系再加上他們的家属，实际上所謂"一封信"运动还不知写了几封信，那一个攻势一开展，根据地的局面大大改变了，我們何尝不可以开展这样一个政治攻势。我們大家对着受蒙蔽的群众，有的叫他保皇派，有些人不一定叫他保皇派。有些人是看不清楚，当然有些可能是保皇的，这样大家开展一个政治攻势，分配一个任务，两个人，一天的时間，一定要爭取一个，团结一个。千方百計，通过家属、朋友，通过对什么关系，这样搞工作。我們这样开展一个政治攻势以后，同志們，形势基本上就可以来一个大的变化。这就把大多数团结起来，这就是战斗任务，这是如何团结多数問題，这是个方法問題。

当前来讲，同志們要求我分析一下山东情况，赶快布置战斗任务。我們要准备战斗。这个情况我可以告诉同志們，我所知道的，目前的斗爭比較紧张些，但是我的看法，很会好轉的，这一时期做了很多工作，情况已經有了很大变化。虽然有的地区现在正在斗着，可从根本方面看，情况已經向好的方面轉，特别最近解决了这几个問題后，估計形势很快有变化，看昌潍的問題，从昨天看，基本上是解决了，兖州的問題正在解决着。济南的問題我看形势很好，有些具体問題我不想和同志們讲了。这几天我們主要是在这些方面作一些工作。明天准备召开全省的县以上的和部队的师以上的干部会議，在这个会議上准备把当前形势、今后任务和存在的問題都要讲一讲，通过这个会議以后，可能山东的形势变化更快一些，再多的我就不向同志們讲了。这是大家最关心的問題，也是最担心的。

拿战斗来看，我倒和同志們相反，我倒个希望同志們现在急于参加战斗的，还是建職工厂的回到工厂里边、学校的回到学校里边，好好地学习最近这几篇文章。把本单位的斗、批、改搞一搞，組織整頓一下子，对外头发生什么情況，在这一方面，大家不要急的。我这里讲几个具体問題，大家不都是作战的么，除了在战略上团結中間力量，还有个战术問題，战术是主席讲的比較很好領会的問題。主席不是这样讲么，你打你的，我打我的，大家本着这样一个精神，我們不要叫人家牵着我們的鼻子走，指揮我們。我們应該是自己主动，现在我看我們許多同志叫人家牵着我們走，到处挨打，这是战术上很不讲究的。你好比說，人家給我們貼上大字报，这个大字报对我們不大礼貌吧，我們恐怕回击人家两張的，最少是这样，你来一張我給你两張，也或者两張还要多，一張引起好几張来。我是不大贊成这个办法。大字报叫他貼么。我們貼誰的呢？貼刘少奇的，貼邓小平的，貼譚启龙的，貼你本单位的走資本主义道路当权派的，除此之外，我槪不貼。研究的材料，研究的斗爭部署也是在这方面，如果你給我貼的很多，攻的我很厉害，我先让一步。你攻我，我不攻你，問題不是解决了么！你給我貼一張我不讲，貼两張我不讲，貼一百張我还不讲，你猛貼，这不仅就打不起来么。我們打，打主要的敌人，我們就不去和你們打。如果人家給我們貼一張大字报，我們就回击人家一下子，这样很容易人家叫我們上那里去我們就上那里去，你不去，人家給你貼張大字报引你就去了，这样的話，就很容易人家叫怎么样就怎么样。我們就不管，我們自己爭取主动，对主要的敌人打，我們不要搞得那么被动，疲于奔命。拿兗州的問題来讲吧，我和同学們讲的很多，同工人講的很多，他们有的确实想着去解决兗州的問題，就去了几千人，开头去了几百，去了沒几天，結果叫兗州农民調动了几万，打伤了若干，这个問題解决不了。后来有的同志說調他几万，我說好啦，兗州人民三十七万，我說你調三十七万，你才和他一半一半，三十七万人，他調三十七万人到那个地方去打他两个月，也不分上下，这个仅不能那样打的，那样打很被动。一句話就激起来了，激起来之后，我們就馬上出动，馬上就准备回击，这样很容易自己陷于被动，弄得怪紧張的。而且好多地方弄得无理，斗爭要有理有利么，这样我們有时候掌握不住理，人家兗州的和我們讲，你說我們打你，我們打你为什么在兗州打，为什么不上你那里打？斗爭是你們挑起来的，你們跑到兗州来的么！你怎么說我們挑起来的呢？我們在兗州这个地方。当然那一天我把这个道理給讲了，我說不在在那里，也不在什么問題，主要是两条路綫斗爭，这是兗州革命委員会挑起来的，革命的学生到你們那里去，宣傳毛澤东思想是合理合法，砸两个牌子有什么了不起，你們圍攻学生，圍攻学生你們就叫資产阶級反动路綫。話是这样，可是他一时还是不通你在我們这里打的这个事。这就被动了。我想这是举这么个例子，当然話是这样讲，但是总的不管怎么样，还是兗州地区革命委員会負責，因为学生到这里革命串連是合理合法的，宣傳毛澤东思想是合理合法的，作为一个革命委員会，絕不应該动員农民挑动工人去斗爭学生！那就違背了主席的教导，这就叫作錯誤，这个錯誤还很严重。可是我們同志，不仅这样，还想夺权。后来我們就讲，你怎样夺法，你們有多少人住在那里，住上两千人了不起了吧，两千人夺过来，你守不了那个摊子。你夺过来你还得掌握，你解决兗州的問題还得依靠兗州的群众。你去一两千人夺了权，夺了权以后你住多少日子？住一年么？你住一年走了，还得退出来，这些問題弄得很被动。当然好多方面还很被动，好比街上的大字报，人家貼的大字报不对头，稍有貼的不合适，不是給人家批上几句，就是貼上几張对着，这个沒有什么好处。如果說我們的对手摸惯了我們的脾气的話，同志，我們就容易陷于被动挨打，給我們自己制造混乱。前一个时間我在北京的时候，和公安厅联系了两次，第一次公安厅得了个情报：要砸公安厅。我就打了个电話給公安厅，你把机密文件藏起来，藏起来以后三天不要开門，你睡上三天觉，他攻就攻嘛，你管他干什么。攻三天攻够了他就不攻了嘛，不攻了你就出来作工作，你們不要理他。头一次沒有攻，第二次攻了，又給我打电話，我說你还是采取那个办法，你不要理他，你不要理他多主动，你該怎么工作就怎么工作。攻不上几次，自己就脫离群众了。比方砸大众日报社来讲，把报社砸了以后，不用我們說話，第二天群众已經不滿意了，我們不用說話，群众就替我們說話。这我們不是很主动么！前一个时期他們抓住这个問題和我們斗：叫打、砸、搶，說造反派好砸好搶。有时候我們就很容易搞出漏洞来，結果在冲省革命委員会那几件事之后，我就和同志們讲，把这个旗帜夺过来，迅速写一篇文章，打、砸、搶是誰？誰打、砸、搶？这个旗帜就夺过来了么！可是結果呢？后来发展了以后我就說算了吧。原来想一个人不打他，好好的老老实实向他进行教育，这样一下子我們把这个旗帜夺过来，我們就想看一看，究竟是誰打、砸、搶？到处的宣传，原来我們大家商量着，这个地方先放音，先展覽他半个月，就是解决打、砸、搶的問題，看誰家打、誰家砸、誰家搶？这样恐怕一展覽以后，打、砸、搶的問題就解决了。可最后我們来了个发明，弄了个稻草叫他拿着，恐怕有的地方也敲了两下子。在这些問題有时候也闹的怪被动的，这就是些失策的地方，并不是好办法。最近三次吧，向同志們讲一下，聊城最近我們发了个电报，叫他們派代表来汇报工作，但是他那个对立面是属于造反派的，这个沒問題，我們支持他，結果，代表一住下，他們跟着来，加上我們这里的同志們讲，把他們給架走了，我們就不好讲话了，人家向我們提出抗議，你們叫我們来汇报工作，結果連我們人身安全都沒有。这个事是很麻煩的，我当时讲，这个事要查清楚，是那个单位架走的，我們給你們要回来，我不太清楚。这个問題就很被动。枣庄发了个电报，叫他們代表来汇报工作，来到以后，头几天沒什么，隔了几天，結果把这部分代表打了几个，打伤了几个，打伤了后，抬到省革命委員会，接着人家那里发了个报，对我們提出抗議。結果很被动，我說你們赶快查这个問題，一面查一面把人送到医院里，在医院里不保險，后来把这几个人送到南郊宾館，慢慢地开会，因为这几天忙么，結果到那里南郊宾館里不管飯，說是黑老保，后来沒办法了，他們就跑了，不管飯就跑了。昨天打发人，叫杜春胜同志找了找他們，把他們集合起来，又找了个地方，再和他們研究工作解决問題。我說你告訴那些同志，我們不好表示态度支持他，你造反很好，你这样搞我們怎么支持你呢？这个支持就不好讲了，人家汇报工作，你把人家架走了，連飯也不管，你說怎么支持呢？这些問題很被动。剛才說到兖州的問題，兖州問題开会解决几天了，有些問題比較接近解决了，今天中午剛吃了午飯，两个代表被架走了，架走了以后，部队的同志打了四次电话，叫赶快找，結果找回来了，这样一弄我們很被动了。这个战术不好，造成我們自己被动。这不叫什么战术的問題，现在革委会本身也很被动，你們这个斗争也很被动的。现在提出这个問題来，恐怕各个地区这个問題是比較多的。如果不注意这个問題，我們整个局势是会被动的。这都是在战术方面，我們如何爭取主动，如何不陷于被动。时时刻刻的保持着主动权，这样我們不要急于求战的，如果眞正他敢于向我們搞一次反扑，我估計受到的打击还要比这次厉害的多的，因为我們已經有了經驗，所以大家不要急的。

看见这种情况，敌人还要不要向我們搞一次反扑，阶级斗争两条路綫的斗争么，有这种象征的，现在从我們工作来讲，我們尽量地爭取做好，少出现或不出现这样的問題，如果做不好，很难免，可能还要搞一次反扑的，因为爭夺領导权，可能还要来上几个回合。目前看，苗头是有的，但是通过这次斗争，再要搞一次反复，也是有一定困难的。现在我所知道的，形势的变化对我們很有利，可能两三天以后对我們更有利。我也只有这样讲，究竟那些方面，我不多讲。这次斗争，主要叫同志們考虑如何爭取主动。有些学校里对他們讲了，他們很接受的。比如人家給他們贴了些大字报，接着我們就出了宣传车，一搞以后就呼隆一下子，問題解决不了，相反的很被动。有一些問題叫对方竞抓理，抓住理我們就不好讲。这是在斗争战术方面，大家应该注意一下。现在应该特别注意，注意什么？我总感觉我們这些作战的同志是不是热度比較高，高也不应很高，很高了就应該冷一冷，热度很高了也不好的。我总感觉到热度比較高，当然要有一定的热度，也不要燒的很高。如果讲問題的話，每天最少要有十几个地区发生乱子，最近很快有变化。我們抓住解决了这个問題。这是讲的一个問題。

再一个問題就是抓主要矛盾掌握斗爭大方向的問題。希望作战的同志們坐下来，开动脑筋，研究一下子，如何批判刘少奇、邓小平，批判譚启龙和本单位的走資本主义道路的当权派，把这个斗爭开展下去，这是要用脑子的。出主意，想方法，坐下来商量，光冲不行。这次批判譚启龙，用了一个月的时间，凡是参加会的都感到收效很大，用摆事实，讲道理的办法坐下来搞一搞。比方批判刘少奇的問題，昨天和路宾同志商量了一下，到现在还沒有一篇象样的文章。始終組織一个象样的会議也沒有，大会很多，发言的太少了，几个人发发言，到时候就走了，造声势是行的，要眞是从理論上从影响上能够揭发出来，就需要坐下，很深入很細致很认眞地商量研究批判。要看那一个单位，那一个群众組織，革委会的同志要参加，能不能最近組織几个比較大的座談会，通过座談会开他几天，揭发刘少奇、譚启龙在山东的影响，譚启龙在这个时期的罪行。这样能够求得更深入一步，把大的方向举得更高一些的。这个会革委会最近組織。各个单位組織一下子，这样把运动納入到如何掌握大方向的問題，主要大家在掌握斗爭的大方向的旗帜底下，和其他的同志联合起来，这样就叫大批判大联合。这是讲的一个問題。

再一个对保守組織的問題。保守組織就算落后力量吧，这还是內部問題不是敌我問題。但是里边的个别分子，操纵的挑动的，这是属于另外的問題。但是作为广大群众，我們采取一切办法争取他，团結他，使他离开反动路綫，回到主席的路綫上来，团結到我們周圍来。不要采取硬攻的办法。压是压不下去的，因为他是一种思潮，当然这个話讲过若干次，有的同志是反对的，不过我还是这样讲。拿黑老保，我說以后我們不提黑老保，因为这个面太广了，很容易引起一部分群众对我們不同情。现在好多地方还是这样讲的。就是黑老保，也想办法把他分化开来瓦解开，团結过来，行不行？能够做到的。他不会铁板一块，因为他是错误路綫方面。通过这个办法把他团結过来，以后黑老保就不是黑老保了。一律采取攻的办法、反的办法、压的办法，这样是不好的。这样最少是不策略的。这里再讲一个具体問題，今天发了一个通知，这个通知是这样，从最近以来，很多地方給王路宾同志、王历波同志和給我写了些大字报，特别近一个月来，有的地方以此作为一个界綫来划分“革”与“保”的問題。这样不行，发一个通知，說給我們貼大字报沒有什么，貼大字报沒有什么了不起的事情，我們就不应該貼大字报？完全应該貼大字报的，当然貼对貼不对群众有眼睛么！群众去評論，不能說給我們貼大字报是错误的。昨天我在处理昌灘問題时，昌灘地区主要負責人是軍分区司令員，他作了个檢討，檢討了这个問題，說对我的态度不好，我說你不要檢查这个問題，你的错误主要是对待群众的問題，而不是对待我們的問題，你不是要炮轰么，我們如果稳定下来之后，就拿出个把月的时間请你們来轰轰，你們还沒轰够么，轰轰以后有好处，我們思想上有毛病么，我們水平还很低么，大家轰一轰，起碼对我們是个督促，是个监督，在这方面你是沒有错误的。你的错误就是对群众的問題，就是因为群众轰了你，你对人家反击。当然要分清楚，你的問題和冲击省革命委員会是两个問題，冲击省革命委員会那是夺省革命委員会的权，那是两个問題，我們对他們是忍让再忍让，打垮了你这个組織，我們不表示态度，抓了个李虎，我們幷沒表示什么，对他們是个警告么，沒想到警告他以后还是不觉悟，打垮了我們很多組織么。后来又把大众日报社給砸了，我們还沒表示态度，我們还是等待他觉悟，以后还不觉悟，一直以后砸了省革委会，砸了以后我們还沒表示态度，直到他宣布接权，群众忍无可忍，才包圍了他，揍了他們，这和貼大字报是根本性质不同的，当然现在有些人感觉沒错误，还不承认错误。我們說为什么不讲是什么性质，因为牵涉到很多群众，其实性质还不很清楚嗎！你来接省革委会的权是什么問題，这个性质还不清楚？当然我們现在还沒表示，因为若干群众受了蒙蔽，你要一表示性质，对这些人压力很大，不便于我們團結這些人，不便于爭取這些人，他們現在还坚持着冲革委会沒有錯誤。这个有錯誤沒有錯誤，什么性质，叫群众評論去么。所以从这方面我們沒有确定性质問題，恐怕确定性质，是个群众运动，当时群众气憤很大，把性质一确定，三五天嘩的一声就打垮了，这一頂、那一頂帽子就戴上了，恐怕打击面很宽，这样下一步工作不利，團結群众不利，所以革委会沒表示这个性质問題，幷不是我們看不見，沒有錯誤了，这主要是对待群众的态度問題。在这里我讲一下，不要以这个問題划一个革命派和保守派的界限。給王路宾、王历波、王效禹貼了大字报，昨天讲你們猛貼吧，越多越好，大字报沒有坏处。如果貼了大字报这么多，有些同志不同意，我說同志們不要再回击。我們应该貼刘、邓、譚的，不要回击。这样我們就更主动些了，要不然今天这个面就更广了。幷且說給王路宾、王历波和我貼大字报的地方太多了，群众貼么可以貼。

这是今天发了个通知，我順便和同志們讲一下。但总的意思就是要大家学习学习几篇社論，我讲是沒的讲的，以前都讲了。前两天在部队讲了下子，明天还向部队同志再讲一讲，所以有些問題就不好讲了，最近有主席的好多文章，有人民日报社論，我們要按主席的文章和人民日报的社論来研究工作，部署我們的工作。但是怎样部署法、掌握法，就是如何掌握斗争大方向的問題，把矛头指向党内最大的一小撮走資本主义道路的当权派。指向他們不仅仅是几張大标語，而是坐下来研究討論，給我們那些流毒，那些需要肃清，受了他那些害，那些地方受了他的蒙蔽，要从他的蒙蔽中解放出来。举这么个例子吧，打击一大片、保护一小撮，这是他的路綫，他对我們的蒙蔽，我們要反对他們，我們要反其道而行之，針鋒相对，我們要敢于解放一大片，对准一小撮，那就要反对他。再一个在文化大革命来讲，一贯执行資产阶级反动路綫，顚倒敌我关系，我們在这里揭发揭发来看一看，就把革命群众打成"反革命"，这是一贯的办法，再就是制造謠言，混淆是非，搞这么一套东西，当然过去的有一些我們可以联系起来，坐下来把它的影响、流毒彻底肃清，我們才能解放出来。如果完成这个任务，彻底搞好，就必须在意識形态領域里来个大破，控制我們十几年才来个大破，这个东西不破，主席的思想是树立不起来的，因为主席的思想是和他針鋒相对的，在任何問題上都是和他針鋒相对的，通过对他的破才能树立起以毛主席为代表的无产阶级革命路綫来。需要我們大家坐下来看一些文章，写一些文章，发表一些意見才能作到的，如果这样作，建議同志們不管是工厂的、学校的学生还是回去搞本单位的，有的现在提出来到农村，我看到农村是不是要去，我倒不同意同志們去的，如果当前帮助麦收，几天也不是不必要的，但是还不一定去，去个几万人也增加不了多大力量，迅速回到本单位，现在本单位問題很多，不管哪个单位問題是有的，本单位的工作还沒有搞彻底么，特别现在革命派之間的內战有不少单位都起来了，大家回去坐下来解决解决这个內战問題也好嗎。你光打內战外战怎么打？你就打不着主要敌人。这一点双方都要坐下来討論一下子，开展批評和自我批評，因为都是革命派么！就是为了一張大字报或者几个問題打起內战来，有的打起內战还不好解决的。我想大家通过这个精神，才能把文化大革命搞好，搞到底。斗批和改，改还沒有想好，省革命委員会以后准备搞个斗批改的經驗，但是事情不由得我們，夺权以后两条路綫的斗争一直这样紧张，一次一次地反扑，主要精力大部分都用到这方面来了，再加上生产的問題，所以斗批改现在还沒有經驗。我們坐下来，来創造这方面的經驗。是不是坐下来資产阶级反动路綫就反扑，我們要上他的当的？不会的。恐怕不仅上不了他的当，还对我們有利。本单位的文化大革命搞好了以后，力量就扩大了，这样就好了，还对我們有利。就是现在我們許多同志坐不下来，光想打仗。农村里边的問題，现在我們想专門解决一下，依靠我們派下去的同志解决不了，农村里边主要依靠农村来解决，当然大家不要担心，农村的問題也是很多的，还得一步一步解决。

怎么样坐下来？我就不好再提意見，因为革委会有个决定，中央也已經有个通知，我們要按中央指示办事。这样，无产阶级文化大革命发展的更正常一些，更顺利一些。如果說我們需要上街、宣傳、写大字报，剛才我讲了，宣傳要宣傳党內最大的走資本主义道路当权派的罪行，揭发谭、白的罪行。貼大字报也是这样，我看我們不去多貼。比如有的提出揪出王路宾，打倒王路宾，我們就貼王路宾是坚定的左派；有的要打倒王效禹，我們就說王效禹是坚定的左派，我們不去搞这个事情。他打倒就打倒。我看問題是这样，打倒是很容易的，該打倒就打倒么。打不倒暫时先不倒。一天不倒作一天工作，你需要打倒就打倒，这个沒有什么。但是总的把文化大革命搞好就行了。我那一天給一个同志随便讲，你一天两天打不倒我的了。你要打倒我，中央軍委还要叫我給你当政治委員，你打不倒我。打倒就打倒，这沒有什么事情。我們要打倒刘、邓，打倒谭启龙。那天有个同志在会上呼了几个口号，打倒誰，我說他值不得打倒，那个同志还在場，打倒他干什么。这样大方向集中，把力量集中，我們就不至于叫人家牽着鼻子走。不至于叫人家指揮我們的。看見街上出几張大字报我們就沉不住气了，这样就很容易被动。你貼吧，这里貼的較少，在青岛的同志知道，我那个楼給我几乎糊了几层，你紧貼。你打倒算什么，眞是打倒你写上两張紙也是打不倒的。你就猛貼。也不要怕打倒。

我看我讲的中心意思，通过学习这几篇文章，学习学习主席的关于阶级分析，我們如何把当前的大方向来掌握住，从思想上、认識上，确确实实把精力調动过来，矛头指向党內最大的走資本主义道路的当权派和山东的以谭启龙为首的一小撮走資本主义道路的当权派，以至于你那个单位的走資本主义道路的当权派。这些人是少数的，不要打击面太广，不要打击一大片，我們敢于解放一大片，打击一小撮，把他批深、批透、批倒，把大多数群众解放过来，团結过来。这样就免除了內战，免除了群众斗群众，当然，群众斗群众是当权派挑动的，我們不負责了，但是一斗起来以后，就扭轉了大方向，走向邪路了。現在，机关里、学校里由于这样发展下去，武斗比較多的，大家要停下来，摆事实讲道理，矛头对准大方向，武斗的問題就好解决了。我今天主要就談这几个問題。

（济南市革命委員会办公厅　67.5.31）
（济南市商业一局系統革命造反司令部　67.6.2）

天津市五金交电公司无产阶级革命造反派大联合总部
天津人民出版社十·一八革命造反团翻印　67.6.19

〔未經本人审定，仅供参考〕

山东印的资料，天津翻印，值得！

红联报

第10期 共六版 1967·8·25
·内部参改·
一机部情报所《红联报》编辑部

最高指示

在拿枪的敌人被消灭以后,不拿枪的敌人依然存在他们必然地要和我们作拼死的斗争,我们决不可以轻视这些敌人。

最近肯尼亚一小撮反华小丑伙同帝修反掀起了个小小的反华浪花,对此,市红代会准备组织人游行,针对这个情况,我们伟大领袖毛主席作了如下指示:

不在肯尼亚使馆门前示威游行。

中央批示:后发制人,要有余地,不怕破裂但也不采取破裂方针。

去年八·一八我们敬爱的伟大领袖毛主席亲切接见了师大附中的×××,同她谈行了亲切的谈话:

毛主席问×××:"陆平现在干什么?"×××回答说:"陆平在扫地"毛主席说:"陆平只能扫地,也就象我一样,扫到了你们学校也只能扫扫地,别的干不来就是你们太勤务员"毛主席又说:"张承先是个坏人,把你们红旗拆散了,你们一定要把红旗插起来,你们发展多少人啦"×××回答说:"有发展"毛主席说:"这就对关了"×××问主席身体好不好,毛主席说:"我身体很好,在长江里游泳有个青年同志用手拉了我就上来了,要不然可以游三四个小时。"×××问主席下一步应怎么办,毛主席说:"你们一斗二批三改,按十六条办事"毛主席问×××会不会游泳,×××回答说:"才学会,游得不好"毛主席说:"那就是要乱嘛,不乱不治"×××说他只会游十几米,主席说:"那不叫游泳,是叫闹,逐步走,这时主席做了个动作)你要能这样就从必然王国到自由王国了,你们老怕别人批评马克思主义就是压出来的,经风雨发展兴旺起来。"江青同志说:"不能让她丧气,要让她谦虚。"主席说:"你怎么能这样说呢,要让人家革命嘛"

中国共产党全体会议关于高崗饶漱石反党联盟的决议(草案)

(一九五五年三月三十一日通过)

高崗的反党活动已经有相当长久的历史,根据一九五四年二月召开的党的七届四中全会前后揭发出来的事实证明人,一九四九年起高崗就以夺取党和国家的领导权为目的而进行阴谋活动,他在东北和其他地方制造和散布很多诬蔑党中央和吹嘘自己的谣言,在同志中挑拨离间,煽动对于党中央领导同志的不满,进行分裂党的活动,并且在这种活动中形成自己的反党宗派,高崗的反党宗派在东北地区的工作中违反党中央的政策,竭力降低党的作用,破坏党的团结和统一,把东北地区当成为高崗的独立王国,高崗在一九五三年调到中央工作以后,他的反党的活动更为猖獗,他甚至企图煽动在军队中工作的党员支持他反对党中央的阴谋并

(下转第2版)

陈伯达同志对解放军报的指示

陈伯达同志8月23日接见前去支持解放军报《新革命造反突击队》的三军无产阶级革命派代表时的讲话摘要如下：

同志们，我代表中央文革小组向肖力、李元、高金锋三同志表示支持他们三人签名的大字报，这是一个很好的大字报，解放军报社揭露了一个隐蔽在我们党内的反革命修正主义分子赵易亚，这个坏蛋的资产阶级政客到处投机取巧，投机倒把，搞欺骗他的作风是很恶劣的，拉一派打一派，主要是包庇那些根红不红的人，他本来历史就是很可疑的，他在研究院（马列主义）就做了很多坏事，以前我们把他当作小政客，我们没有很好理他，但他在马列学院组成一个见不得人的小集团，这些我是知道的，但是没有向党揭发这件事我是很惭愧的。现在革命小将起来了，他们已把赵易亚揪出来了，我们的这个革命小将像肖力同志的风格比我高他们做了我没做的事情，我觉得愧对该向他们学习，希望大家紧紧地团结起来，在伟大的毛泽东思想的旗帜下，紧紧地团结起来，办好我们的《解放军报》。《解放军报》是一个很重要的报纸，是宣传毛泽东思想的重要岗位，这个报纸办得好与不好关系到我们党的荣誉，关系到解放军的荣誉，大家要关心，一定要把报纸办好！

我们还要继续搞大批判，消除反革命修正主义分子赵易亚的影响这和办好报纸是不可分开的。

接着由解放军报社《新革命造反突击队》同志宣布第一号决定："由肖力同志为首组成《解放军报》临时总编辑部"陈伯达同志的批示："同意立即主持工作陈"

（上接第1版）为此鼓吹一种极端荒谬的"理论"说把我们党分成两个，一个是所谓"根据地和军队的党"，另一个是所谓"白区的党"说党是军队创造的，他自以为是所谓"根据地和军队的代表"弄自认为应该掌握主要的权力因此党中央和政府都应该按照他的计划改组他自己应当在现时担任党中央的总书记或副主席并担任国务院总理在党的七届四中全会向反党分子提出严重警告以后，高岗不但不向党低头认罪反而以自杀表示对党的最后的背叛。

饶漱石是高岗反党阴谋的主要同盟者现在已经查明，饶漱石在一九四三年到一九五三年的十年间曾多次为了夺取权力而在党内使用阴谋的欺骗手段他在东北工作期间在城市和农村中曾力采取向资本家地主富农投降的右倾政策弄违反中央镇压反革命的政策而轻易加保护反革命分子。一九五三年他被调到中央工作以后，认为高岗夺取中央权力的活动将要成功因此同意同高岗形成反党的联盟利用他的中央组织部长的职务发动以反对中央领导同志为目的的斗争继续进行分裂党的活动从党的七届四中全会到现在饶漱石仍无悔改之意并且仍然继续采取向党进攻的态度。

陈伯达同志第六次接见福建代表

8月21日23:40—22日2:10，伯达同志第六次接见福建代表时的讲话，摘录如下：

韩先楚同志的表态是好的我们应该欢迎。韩先楚搞开福建很久了，听了昨天情况我今天打了电话谈了很久他表示要制止这股歪风军分区人武部的作法完全违背中央是荒谬反动的行为。

要高举拥军爱民旗帜，已发的枪全部收回这个问题韩先楚要表态。（韩：坚决这样做）

不福建的枪大部在保守派那里是造的造反派也有但很少。

保守派既不拥军也不爱民，军队要主动消除对革命派的对立情绪到群众中去。

解放军要大力支持真正的左派主要是保守组织，这样给保守组织左给农民造反派和解放军团结在一起，保守派就影响安定左就稳得很好。

对保守组织我们要做工作分化瓦解对坏头头让他们自己揭让其他组织抓掉不然如果一抓坏人就在煽动煽动他们搞团结了同志起来对付你们要争取多数群众最大限度孤立坏人，其中可能有反革命不然为什么要破坏国防要观舰吗？

阶级斗争是复杂的，而且有持久性我希望你们要有敌情观念，内蒙也有敌情问题，但不要互相猜疑，乱抓人放火的就是很可疑开枪放炮追问聊贾偏乱明知画好报，陈伯达（签字）8.23—11时第二次决定。伯达

陈伯达同志指示：三军无产阶级革命派组织协力团结好好全力支持临时编委会办好报纸"陈伯达同志来了"这样做很好，是毛泽东思想的高风格"。

红极一时的陈先生

要把全部精力集中到大批判上来

谢付总理八月十二日接师大讲话摘要

文化大革命一年多了，彻底发动群众取得了伟大胜利，对资产阶级的东西要认真从政治上、思想上、理论上彻底批判，在政治、经济、文化领域里彻底清除。

为什么要学师大的大批判呢？因为这件事是比较初步简单的，费事的事情，更花功夫的。你们把人都从来斗一个容易，看从政治上、思想上弄清不容易，真正要批判就要坐下来学习毛主席著作，还要学习马恩列斯的著作，要费劲找资料，要研究，整理好材料来批判不容易。大家在搞革命之风，点革命之火，起了很好的作用，现在是要坐下来大批判。前些日子江青同志批评我，现在北京的大学进步不大，就是大家还没有集中精力搞大批判。现在要把全部精力集中到大批判上来。可是有些人还在那里打内战，昨天（听着说：指八月十一日中央文革接见红代会代表座谈会）的座谈会上，就是你告我的状，我告你的状，你说我不对，我说你不对，没有搞大批判。现在应当是集中把矛头对准中国的赫鲁晓夫啊！

刘少奇的东西一大堆，每篇都可以批判，这没劲头、老一的，都要好好学习毛主席著作，马恩列斯的著作，一篇去批判。师大是搞教育的，有很多东西都可以批判。教育方面资产阶级的东西不少，有些是苏联的，苏联也是从美国来的，现在对这些方面要下功夫。要搞到年底，订个半年计划，在家好好批判，不要应我弄逼了，不要去我支持刘少奇了。搞大批判就是学习，就是革命，就是破，就是要批判刘邓陶，彭罗陆杨。看谁搞这方面搞的好，我要在这方面作出贡献。我们已搞了一年另三个月了，如果搞二年，还有九个月，九个月一晃就过去了。

毕业生不安心都想走，不想完成这一大战，那不行的。为什么有些学校走五千人呢？就是怕跟我，我们要走完全是马克思主义毛泽东思想去教育，这是很顽强的，可能要走好几次，走错了就回头，试验嘛！错了再改，走了一趟路可能还不对再重走吧！

师大是搞教育的，要搞教育革命，搞一套马列主义的，你学了那么多年，读了那么多书，你们是可以搞的，可是这个事不容易的，搞这个事就是准备你的屁股了，毛主席去年说过我们这些人又不能批，又不能斗，又不能政。这还不是靠你这些人啊！你们要下功夫，师大搞出一点成绩，这一点成绩我就来支持。

还要再提一个对解放军的问题。对解放军的事要谨慎，解放军是毛主席亲手建造的军队，是林付主席领导的，是世界上少有的，支左工作成绩不小。毛主席说：要三相信三依靠。要相信解放军，依靠解放军，不要到处抓队再道，队再道也就是一个啦！现在北京也抓队再道这是不行的。党政机构现在瘫痪了，主要靠解放军来领导。要把解放军搞乱那可是大事情，就没有领导了。解放军有缺点可以提意见。毛主席最近讲：不能把我们的军队搞乱了。解放军有了问题，可以就一个为一个拿来说判。像唐山、张家口、石家庄都来人误判了啦，我们要解决啦！不能在军队的乱抓人。三委们习消一方要在那要参与军队内的两条路线斗争，还要资料，你们不要去干于军队内部的事，有意见可以提嘛。

中央军委命令

〈67〉政干令字　　　　　　　　　　　　第108号

撤消任命向守志的为二炮兵司令员的命令

经中央批准，中央军委1967年7月4日政干令字第079号"任命向守志同志的第二炮兵司令员，免去关炮兵付司令员职务"的命令予以撤消。

中央军委　1967年8月9日

红联报　　第11期　第四版　　1967.8.25

周付总理讲话《不要干扰伟大领袖毛主席的航向》八月十九日

大批判、大联合，三结合，制止武斗是大方向，是毛主席、林付主席要我们这样做的。革命不要因为这样那样的问题干扰大方向。不要干扰伟大领袖毛主席的航向，要从理论上、政治上、思想上把走资派批透，树立马列主义毛泽东思想。大批判、大联合、三结合是毛主席的航向，有的从右边干扰，有的从左边干扰，我们革命派不要受"左""右"的干扰，不要离开轨道，离开轨道就要犯错误。头头犯了可以追查，一般问题就不追查了。自己有错误就承认，批评，接受合理建议。昨天打了，可能协议还不传达下去。再看三天（19.20.21三天）再打就有问题，因为已经传达下去了。我们有人派到天津，可以看，你们代表还留在北京。以后大联筹可以把材料带上来，一视同仁，筹备小组要一样对人，不要只看一边传材料。不要搞那一套，我在成都时，红成也是造反派，犯了不少错误，就是不承认，什么北京来电，北京最新来电，不搞这些。刚才念的抓革命促生产十条协议还可以嘛！可以达成协议。抓革命促生产协议，保证铁路生产协议，六四一厂协议要搞。

周总理给江西军区的专电

八月廿一　凌晨一点总理的秘书打电话给江西军区新任政委程世清专电：

目前军分区，武装部不要再丢四大。军区要责成他们做两件事，一件要他们做工作，把保守派的抢收回来，分化出一批；第二，军区要研究一下交给他们的任务，看那些人有特表，要在做中改组他们，已经搞起四大的军分区，尽量做工作，说服劝阻他们。

中央指示

一、华北局书记处书记解学恭同志任天津第一书记。

二、天津改为中央直辖市。

三、决定调吴德同志回吉林省委。

四、杨成武接替贺龙任军委付主席。

五、王唯真任新华社代理社长。

△　宋任穷是毛主席、林付主席信任的。

顾大富同志在沈阳传达了总理八月十六日的讲话：宋任穷是毛主席、林付主席信任的，历史上没有什么问题。宋任穷在六三月份也犯了严重错误。

△最近调京的原沈阳军区司令陈锡联谈了三点意见：<1>军队支左工作中犯了方向路线错误；<2>辽大八·三一是革命造反派；<3>辽大八·三一要帮助军区改正错误。

"总理谈红成"

我们再三跟红代会讲，我们批判了第三次大串连的观点，错误地估计形势，各地的火已经燃起来了，不需要再去点火了，帮忙了，主观上想帮忙，实际上帮倒忙。把本校北京的两派观点带下去，不了解情况去支持一派反对一派，甚至带着去年的观点。例如，四川"红成"去年是解放大西南的，是造反派，今年他们支持了军区，镇压造反派川大8·26，犯了错误（当然他们也是反对产匪的），现在仍然是这样，还搞了几千人来北京闹，今年再带着去年的观点支持他，就要犯错误，就要帮倒忙，他们是配合军区镇压造反派。

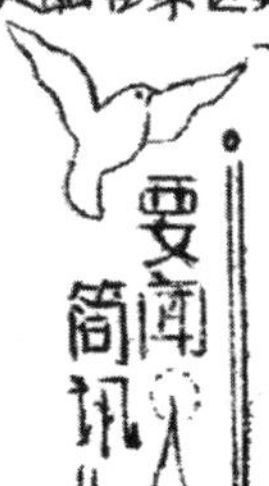

△　24日午在北京工人体育馆召开了"外地来京上访群众大会"到会革命群众约十万人，周总理、谢富治、戚本禹同志出席了大会并作了重要指示，要求外地来京的革命群众尽快地打回老家去，就地闹革命，积极响应毛主席的伟大号召，抓革命促生产。

△　青海省革命委员会负责人名单：

主任：刘贤权（青海军区司令员、党委书记）

第一付主任：张江霖（青海军区付司令员）

付主任5名，常委24人，委员56人。

△江西省革筹基本组成。江西省革命委员会筹备小组机构已基本确定，总负责人程世清、杨栋梁，下属四个大组。

△总理同意27日下午一时在人大会堂召开批判陈毅大会。

林副统帅
最近指示
—P. 7—

周总理七十五日晚接见湖南代表团及首都红代会战士说，毛主席讲："去年串连是建功，现在去串连是帮倒忙。"

总理说：你们分两派，看々西单商场打成那个样子。我们要市要通知大专院校红代会，让联络站全部撤回来，要追查铁道部为什么给你们开免票，开专车。

中央不同意大串连
═══陈伯达同志八月九日指示═══

不要搞第三次所谓大串连，搞大串连影响斗批改，影响国民经济。大串连不合适。中央没同意。要加强革命派的科学性、革命性、组织纪律性。

谢付总理讲话
── 八月八日接见工代会、红代会讲话

北京学生外出串连。学校支持外地是件好事，但是有些学校一、二个人出去就代表整个组织讲话表态，这是不对的。牌子不能随便往外打。有些学生在四川反对乒兵军，在武汉反对百万雄师，在河南支持二七公社，作了很多贡献，我们都支持。但事情不是简单的，形势比较复杂，不能随便表态。中央着手一个省一

不要外出串连
中央文革小事组通知

当前的主要任务是掀起大批判浪潮，各校同学应集中力量结合本校情况，搞好这场大批判，同时搞好本单位的斗批改。不要离校到外地去，如果需要外出调查，必统由中央统一安排。中央文革现已没有派人去各地调查，擅自到外地去的同学，应尽快回到原学校。

中央文革小事组 1967 8.9.

━━━━━━━━━※━━━━━━━※━━━━━━━

个省地解决，准备重点解决河北省的张家口、唐山、石家庄、保定。新疆、宁夏没有完全解决。有些地方形势比较紧张，象湖南、湖北、江西、浙江、安徽、河北，中央准备解决，从海陆空军中抽出干部派调查组。革命小将已经派了。

中央文革小组意见：大学的同学不要出去。出去后如果能解决好，

（下接第二版）

南京长江大桥钢梁结构已于八月十六日早晨七时左胜利合拢了！这是毛泽东思想的伟大胜利，是自力更生方针的伟大胜利！是无产阶级文化大革命又一曲胜利的凯歌。

南京长江大桥是公路铁路两用桥，全长10602米；铁路桥全长6773米，其中江中正桥1574米，南岸引桥1634米，北岸引桥3565米；公路桥全长3829米，除江中正桥为1574米，南岸引桥1144米，北岸引桥1111米。江中正桥共九墩十一孔，面孔跨度除北岸第一孔为128米外，其余九孔跨度均为160米。

大桥基础深度达40米，水深30米以上，水下工程70米多，超过世界上最深的美国旧金山大桥基础。从基底到公路桥面超过110米，相当37层楼房屋高级。

北京市革委会通知

聂元梓同志、谭厚兰同志、蒯大富同志、韩爱晶同志、王大宾同志、并转首都大专院校红代会：

送上关锋同志和谢富治同志的信一件，用毕请退给市革命委员会办事组。

遵照中央文革和谢富治同志的指示，我们曾经草拟过一个"首都大专院校红卫兵代表大会通知"草稿，这个草稿很不完善，也经你们进行一部分，只能做为参放。正式通知还是由你们考虑起草。谢富治同志意见正式文件要能保北名大专院校都能看到。

比致

无产阶级文化大革命敬礼

北京市革命委员会

关锋同志的信

富治同志：

希望把去东北的北京学生招回来，他们把北京两大派观点和对形势的错误估计带下去，造成更复杂的局面，使军队更加困难。

敬礼　　关锋

阅　　吴德

八月十三日

谢富治同志的信

由大学红代会通知到各地学生都撤回。发了通知不会有多大结果。故写第一条，到各地学生都不能代表北京任何组织和北京红代会等革命组织发表声明，支持一派压另一派革命群众组织。王力、关锋、戚本禹同志审批。

谢富治

八月十三日

（接第一版）就会帮助中央解决问题，如果解决不好，反而会给中央带来麻烦，如果调查不清楚就表态，就会给中央解决问题带来困难。有人说现在是第三次大串连，这种说法是完全错误的。

中央文革还有个意见，有时间要找同志们听取意见，对形势有何看法，不要瞎猜，现在全国是一片大好形势，有人看到这里发生武斗，那里发生武斗，就把形势看成一片黑暗，这是完全错误的。

造反有理　　第十五期　　第三版

沿着毛主席的航向前进

——七月二十八日谢付总理接见中央政法口群众组织代表讲话摘要——

要抓大方向。首先抓大批判、大斗争，不是一两天，起码是半年或一年，要作个计划，这次文化大革命，就是革一小撮走资派的命，革修正主义的命，革反毛泽东思想的命。所谓大批、斗，就是革他们的命，革刘邓陶的命，革彭罗陆杨、徐子荣的命，大树毛泽东思想。文化革命一年多了，这一仗取得伟大胜利，现在全国是一派大好形势，要把他们从政治上、思想上、理论上、组织上，把刘邓陶全部搞垮。革一年了，还要继续革，永远不要忘记这个大方向，要搞得更深入，掀起新的高潮。革命派要实现革命的大联合，不实现革命大联合，就不能深入地搞大批判、大斗争。如果革命派之间经常打内战，甚至发展到武斗，由拳头发展到用木棒、长矛、大刀、小口径步枪，架起机枪。湖南很严重，抢枪搞武斗。六、六通令以后，武斗还未停止，中央正进一步讨论制止武斗、抢枪支等问题。当然这是局部问题，但这妨碍大方向。对革命派不利，对大联合不利，对抓革命促生产不利，对维持革命秩序不利。内战从拳头发展到刀枪，对什么人有利？对一小撮走资派有利，对地富反坏有利。内战有两种，武汉、四川革命派与保守派之间的内战完全是党内一小撮走资派向革命派进攻，革命派有权自卫，这是江青同志讲的，好得很！四川[illegible]山的产业军把革命派搞得很惨，挖眼睛，剥人皮，把人扔到长江里，我都听不下去了，要枪毙几个。另一种革命派之间的，也有坏人操纵，加上革命派本身有"私"字。政法学院还好，政法学院成立了革命委员会，团结95%以上，起了模范作用。还要学习毛主席著作。其他机关还好，都有几派，也不怕。我建议：要逐渐靠拢，要联合，要搞"三结合"，要搞革委会，或搞筹备小组。…… 革命派要克服头脑中的"私"字，要进行自我批评。我们到四川时，那里的战斗队提出口号："权、权、权，命相连，权、权、权，夺大权，财政财文大权都要夺，我们同'八二六'的分歧就是权。"这是一种思潮，很有害。成立革委会谁当主任委员不是根本问题，我们是夺一小撮的权，我们是为阶级夺权。昨晚接见[illegible]"三司""三红"，会议开得不太好，结果两派为谁代表名额争执到下一点，"百分比例"问题还未解决，两派就打起内战来了，我狠狠地批评了他们，他们还听话。你们要实现革命的大联合，法院要先走一步，其他单位要跟着学，实现革命的大联合，实现革命的"三结合"。所有单位各派之间都要团结起来，要在大批判中联合起来。否则，革命派内部争吵，走资派就高兴。所以革命派都要牢牢掌握这个大方向。你们不是说大海航行靠舵手吗？要沿着毛主席的航向前进，不要受各种各样的干扰。毛主席的革命航向，就是革一小撮走资派的命，就是要放手发动群众，就是要实现革命的大联合、革命的"三结合"，就是要抓革命促生产，把矛头指向一小撮，把刘邓特别是彭罗，从政治上、思想上、理论上搞臭，搞彻底，打倒他们，树立毛泽东思想的绝对权威。实现革命的大联合、"三结合"，抓革命、促生产，沿着这个航向前

1967 8.20　　　　　　　　　　　第四期

謝付總理关于红代会组织机构的指示

大专院校红代会机构精简后的组织情况：

(一)常委十五所：清华井岗山、新北大公社、地院红旗、地院东方红、师大井岗山、矿院东方红、政法公社、邮电东方红、农机东方红、林院东方红、体院毛泽东思想兵团、轻工红鹰、外语红旗水以、农大东方红。

以常委学校必须派一名本单位革命委员会常委或核心组成员参加红代会工作。

常委通财金八八一名数，待联合不加入。

红代会日常会议召集人为地院、师大（或北航、地质）。

(二)工作人员：

(1)以上十五所院校除常委外各出一人参加红代会工作；

(2)另由戏专东方红、华侨大学、医大、工大、外贸学院、国际关系学院基成立了革委会的院校各抽一人参加红代会工作。

(3)由人大三红、师院东方红井岗山联合总部、科大东方红、劳大东方红、财金八八、石油大庆各抽一人，工艺美院、中央美院两校抽一人参加红代会工作。

共二十八名工作人员（包括首都红卫兵报编辑部）。

(三)首都红卫兵报：

(1)指零线体报次快复仿主带字体报头。

(2)编辑部组成员：师大、北大、地院、北航、师院、中央美院、工艺美院、农机、邮电、政法、石油、清华。

编辑部由地院、北航负责。

红代会组织分工情况

八月十七日红代会核心组研究业成协议。28后工作人员分工如下：
宣　　传：财金、国际关系学院。
办公室：体院*、林院*、外语、工大。
作战组：人大、轻工、矿院*、科大、农大*、戏专、劳大、医大。
联　　络：外交、华侨大学、艺术系。
其余抽调的院校或筹组其他部长为负责。
核心组分工情况如下：
编辑组：师大、矿院、农机、地质、清华、北大。
作战组：农大、政治、轻工、外院。
办公室：林院、邮电、体院、北航。

新北大《井冈山兵团》成立

八月十七日，新北大无产阶级革命造反派：东方红公社、井岗山公社、红旗飘、北京公社、新北大公社革命造反总部，在毛泽东思想基础上实现了革命的大联合——成立了新北大《井岗山兵团》，这是毛泽东思想的伟大胜利，这是毛主席革命路线的伟大胜利！井岗山兵团成立将会更好地彻底揭发斗争所有阶级敌人阴谋诡计，把北大文化革命进行到底！十七日晚召开成立庆祝大会，全市各革命组织纷纷来电致贺，清华兵团亦派人前来祝贺。

《上接第三版》进，不要离开这个航线。如内部有是非，不对分歧，要用摆事实讲道理的方法搞辩论，要有团结的愿望，特别要有自我批评的精神。大联合是毛主席提出来的，没有革命的大联合，就没有革命的"三结合"，没有革命的大联合、"三结合"就不能实现斗批改，特别是改。小离开也不要紧，但要回到这个航向上来。希望革命派的同志大联合，考虑我的建议。

毛主席語录

我们总要努力！我们总要拼命向前！我们金黄的

世界，光华燦燦的世界，就在面前！

——毛泽东《民众的大联合》
（湘江评论》创刊号 1919.8.4）

有关中共中央文件的批示

林彪、恩来同志：

此件请阅、我见似有理由请
陈昶、黄大商诸同志酌处。唐银
家同志来现已北返来，我见与晏反
一致，积极支持三司，是否可不
实行军管而即革委意见做一时期
工作之后即可成立省革命委员会
，为此请商酌。

毛泽东 五月十四日
二时 关于支持甘肃红联反派联合革
司令部（红五司）的批示

遂拟周同志：此件已阅、很好、照办。
毛泽东 七月三十一日 对于甘肃
兰州军区 甘肃省军区的批示

照办
毛泽东 五月十二日。
林彪主席已阅。

即送林彪同志审阅后再送主席批示、这个
意见经五月十日数人的碰头会议上通过，大家都
认为在甘肃已实行军管头好、此在总在这次
革委会议上，指讨较好，而冼恒汉从去到十月
工作会议以来、态度总是明朗的，故以冼主持
军管会并主持大军区工作，要否请主席批示。

周恩来 五月十一日。

五力转见新华社代表传达毛主席的新指示：
一个机关里有两派、就不相投一定就是这一
派就是左的、那一派就是右的，难不能联合起
来。

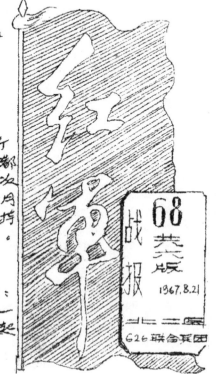

余工医何陽 ②
毛主席关於卫生工作的题词

既来之 则安之、自己完全不着急
让体内慢慢生长抵抗力 和它作斗争
甚至最后战而胜之 这是对慢性病
的方法。就是急性病、也只好让医
生处理、自己也无所用其着急 因为
急是急不好的。对于病 要求坚强的
斗争意志、但不要着急。这是我对
于病的态度。书之以供王观潮同志
采纳。

一九四一年十二月十七日洽王观潮
同志的信。

红卫战报

68 英片
反版

1967.8.21

626联合兵团

在周总理主持下李先念的检查大会十七日召开

時间：十七日下午四时半在人民大会堂

陈伯达同志讲话：讲几句话我认为李先念全志的检查是好的。全志们这该欢迎李先念全志的自我批评，全时希望李先念全志从店多个别各下里面去，接触群众听取群众的意见。随时发现和改正工作中的缺点和错误。视同志们好。伟大的导师伟大的领袖毛主席万岁！光焰无际的战无不胜的毛泽东思想万岁！

周总理讲话：同志们我完全全意伯达同志刚才讲的很好的几句话。半年來财贸口的文化大革命是取得了很大成绩的。但仅仅是开始。李先念全志的检查是好的，是得到我们伟大领袖毛主席批准的。今在我们一定又如刚才读的最少指示：情况是在不断变化，又促自己的思想追上新的情况，就得学习。

先念全志的检查推迟了，这有客观原因，主观原因，不管什么原因，首先我们领导全志如同伯达全志说的，需又到群众中去。先念全志首先到财贸口各下机关，各陵接里去。李先念全志已经下了决心，一定会到各下去听取意见。向你们学习，得到你们的帮助，促思想工作不断前进。同时又向毛主席的亲密战友林彪同志学习，我们既又相依群众也又相依靠。不但李先念回去又这样做，我们自己也又这样做。我们在主席台上坐的(在主席台上坐的有周总理康生伯志富春先念和叶群全志)是题主席安批的，担负很重的工作人员。我们又投足干劲。不断学习、活到老、学到老、改造到老。向你们学习做你们的小学生。

这方才能提出意见。所以领导同志不能不经调查研究，随便发号施令这是很危险的。这样就会犯错误、被批判。甚至到非打倒不可。不多说了，因为我们常々见面。就此结束。

无产阶级革命派联合起来。彻底批判走资派！

打倒刘邓陶！毛主席的革命路线胜利万岁！

无产阶级文化大革命万岁！

无产阶级专政万岁！

战无不胜的，光焰无际的毛泽东思想万岁！

271

林付统帅最近指示

李曼传 在林付主席正芝天座区负责人会议上的讲话 [六七·八·六]

武汉事件对全国文化大革命有很大推动。坏事变好事，反动派暴露出来了，革命派就表现出来了。各大军区感到武汉和北京军区不好处事，武汉有个陈再道，北京有个杨勇和方汉生。陈再道思想很反动，但揭露出来了，并没有什么了不起。我们进行文化大革命，有两条最根本的保证：一是主席领导，二是军队基本可靠。一切坏事暴露出来就会变成好事，有主席健在，一切隐患都暴露出来，一切坏事都会变成好事。

不要怕乱。乱有四种：第一种是好人斗坏人；第二种是坏人斗坏人；第三种是坏人斗好人；第四种是好人斗好人。前三种乱都是好事。第一种好人斗坏人，该斗；第二种坏人斗坏人，也好；第三种坏人斗好人，可以暴露坏人嘛，就是好人斗好人不好，在毛主席领导下，要沉住气，好人挨斗下整也不要紧，经过一场大乱，才能把坏人乱出来。

军队负责人犯错误，大军区除陈再道以外都不要垮台。不垮台的条件有三：第一，经常摸下边情况，多请示，多报告，可以坐飞机来，也可以向中央发电报，可以打电话，不要自作主张，这是不犯错误的最重要的一条。第二，不能根据中不中军区，服从不服从军区的领导成份好不好来划分是不是革命造反派，主要根据两条路线斗争中，站在哪一边，站错了改没有。对保守派群众要教育，要争取，坏头头由他们自己来处理。左派分裂不好，右派分裂有利右派，我们要强调镇定。第三，处事要慎重，要学习毛主席著作。

党政都垮了，现在要靠军队，军队犯错误太多了不好。犯了错误要检讨，早检讨比晚检讨好，公开检讨比掩盖好，高姿态比低姿态好，拒绝检讨是不对的。文化大革命是史无前例的革命，过去没有搞过，犯错误是难免的。过去打仗是搞民主革命，社会主义革命没有真正过关，在文化大革命中，旧思想，旧政策都不适用，这是个新问题，新问题难免犯错误，错了就改，对党有利，不改不利，犯了错误必须改。

1967.8.22

解放軍空軍 8　　　　　1967. 6. 21

否则，就影响无产阶级文化大革命，就影响中国的前途。这只文化大革命，实际是政治思想上一场大革命。有很多事情不懂，不懂就要学习。

要抓紧部队教育，政治工作要搞好。坏政权垮台以后，旧政权做了很多好事，政治工作很有成绩，但是文化大革命跟不上了，政治工作主要靠大军区自己抓，目前要把大批判抓起来，才能抓好三支两军工作。党政垮了以后有军队，有些军队干部要调到地方搞三结合，各地要搞好三结合的领导班子，班子很重要。

军队有些垮了台的干部怎么办？要调来受训，训他一年半年政变了还爱改造的，还要给他们工作。

一些坏头头也要受训，对多数人不打倒为好，有些人光打倒以后还要用，以后你事要慢，不要急。慢点可能要损失，但比急急忙忙老的损失要小。

湖南省革筹小组成立

湖南省革命委员会筹备小组成立，由黎原（主任）章伯森、华国锋、要耀（以上为付主任）、唐忠富、胡勇（以下以卫表的人）高、张楚揭（长沙市）、谢君冰（湘潭市）、朱贩祥（长沙驻军）等组成。

▲一本揭大血反拟抛志体残血残焦生料成结举行。

▲首都红代会河北联络站委员会、河北联军总支队先后发表声明……

▲二十一日凌晨，革命造反派及首都红代会一行九八位到达广州进行调查……

▲陕西省无产阶级革命派联合湖南省革命造反省委革命基干队谅筹来中央调查组（首都红卫……

▲粮源问题，文通荡问题不得来解决，革命造反派无心来搞革命……

首都红代会无产阶级革命派联合总革命令谅发表……

▲二十八日晚长沙市造反及无产阶级革命派声援广要建广复军命派声音……

▲首都反会全国应革铁革系无产阶级……

▲十八日晚长沙市造反及无产阶级革命派开誓师大会……

▲首都及全国革军铁系无产阶级……张革命队决于八月十一日在北京召开了辅革革产阶级产专划上武斗，撤起太批判新高潮革泞大令要皇岛各山……

全军文革改组

鉴于徐向前、肖华主持的全军文革小组已瘫痪，不能领导全军无产阶级文化大革命。中央决定：

由吴法宪、邱会作、张春桥……

▲二十二日，武汉三司首都大专院校革命造反志在荆州出海夫谅谈会上……

▲要皇岛市四要期……

△广山三命及及会团合革命派声讨党内一小撮走资派……

▲叶群（同志）组成领导小组，领导全军无产阶级文化大革命。

這些伟大领导毛主席和林付，党中央对全军无产阶级文化大革命关怀领导人大大为……

地区的无产阶级文化大革命进行到底！

打倒刘、邓、陈！

打倒朱松学！打倒许家信！

毛主席的革命路线胜利万岁！

战无不胜的毛泽东思想万岁！

伟大的领袖毛主席万岁！万岁！万万岁！

首都红代会
河北联络总站廊秦分站
首都无产阶级革命派支唐联络站
首都大专院校秦皇岛联络站

一九六七年八月廿日

（请翻印、请张贴）

最 高 指 示

什么人站在革命人民方面，他就是革命派，什么人站在帝国主义封建主义官僚资本主义方面，他就是反革命派。什么人只是口头上站在革命人民方面而在行动上则另是一样，他就是一个口头革命派，如果不但在口头上而且在行动上也站在革命人民方面，他就是一个完全的革命派。

最 被 紧 急 呼 吁

在举国上下亿万无产阶级革命派向党内最大的一小撮走资本主义道路当权派刘少奇之流展开大批判、大斗争的大好形势下，党内、军内一小撮走资派不甘心自行退出历史舞台，向无产阶级革命派发起了猖狂的反扑。

在河北省唐山地区，以唐山铁道学院红旗为首的保守派自三月份以后在唐山地区充当了党内、军内走资派采松发许家信的打手，残酷镇压以唐山矿总为代表的唐山地区革命造反派，早巳堕落为采松许之流在唐山地区搞资本主义反革命复辟的御用保皇工具。

唐院红旗的一小撮坏头头至今仍不向唐山地区革命造反派低头认罪、悬崖勒马，反而在首都及全国各地招摇撞骗，打着"造反"的旗号，耍尖脑袋往革命派的队伍里钻，破坏大联合，变象压制、打击、排斥唐山地区的真正革命造反派——唐山革命造反红代会。为此，我们向首都及全国无产阶级革命造反派发出最最紧急呼吁如下：

一、唐山铁道学院红旗是唐山地区的"长联司"和唐山地区的"新疆8/15"是镇压唐山地区革命造反派的打手。

二、以唐山矿总为代表的唐山革命造反红代会是真正的革命造反派，我们坚决支持他们的一切革命行动！

三、唐院红旗这一小撮头头必须悬崖勒马、低头认罪，不许在首都及全国各地招摇撞骗，滚回唐山去，接受唐山地区革命造反派的批判，否则我们将来取必要的革命行动！

我们呼吁首都及全国无产阶级革命造反派支持唐山地区的真正革命造反派——唐山革命造反红代会。让我们携起手来和唐山地区革命造反派一道将唐山

十·一八 增刊

天津人民出版社十·一八革命造反团

1967年4月14日

最高指示

混进党里、政府里、军队里和各种文化界的资产阶级代表人物，是一批反革命的修正主义分子，一旦时机成熟，他们就会要夺取政权，由无产阶级专政变为资产阶级专政。这些人物，有些已被我们识破了，有些则还没有被识破，有些正在受到我们信用，被培养为我们的接班人，例如赫鲁晓夫那样的人物，他们现正睡在我们身旁，各级党委必须充分注意这一点。

反革命修正主义的《修养》
几次修改对照录

毛泽东思想哲学社会科学部红卫兵联队《进军报》编辑部

前 言

戚本禹同志的文章《爱国主义还是卖国主义？》和《红旗》杂志第五期评论员文章的发表，吹响了向党内头号走资本主义道路的当权派发动总攻击的进军号角。这个党内头号走资本主义道路的当权派是中国修正主义的总后台。二十多年来他一贯反对毛泽东思想，反对毛主席的革命路线。他绝不是什么"老革命"、"马列主义理论家"，而是睡在我们身边的赫鲁晓夫。把这个党内头号走资本主义道路的当权派揪出来，这是毛泽东思想的伟大胜利，是以毛主席为代表的无产阶级革命路线的伟大胜利，是无产阶级文化大革命的伟大胜利。我们广大的无产阶级革命派为这个伟大胜利而欢呼！无产阶级革命派必须动员起来，集中火力把这个修正主义总后台彻底打倒。

《修养》这本书是一株反党、反社会主义、反毛泽东思想的大毒草。这本书最初是在一九三九年七月出籠的，它是抗日战争初期作为推行王明右倾机会主义路线的建党纲领而出籠的，是为王明在抗日时期的阶级投降主义和民族投降主义服务的。

一九六二年，正当国内外阶级敌人趁我国三年暂时经济困难之机，向党、向社会主义、向毛泽东思想发动猖狂进攻的时候，党内头号走资本主义道路的当权派又把他的这本书进行修改再版出籠。《修养》的再版出籠是适应当时资产阶级向无产阶级进行猖狂进攻的需要，是他妄图在我国复辟资本主义的阴谋的一个重要组成部分，是为复辟资本主义制造舆论准备的。

这本书不要革命，不要阶级斗争，不要夺取政权，不要无产阶级专政，反对马克思列宁主义，反对毛泽东思想，宣揚腐朽的资产阶级世界观，宣揚反动的资产阶级唯心主义哲学。我们必须从政治上、思想上、理论上把党内头号走资本主义道路的当权派的这株大毒草批倒、批臭。

这本书在一九六二年再版时所作的修改絕不是象他自己所說的只是什么"文字上的修改"，而是适应他妄图复辟资本主义的需要所作的重要的改动。这些改动的地方，說明他煞費苦心、千方百計地反对毛泽东思想，攻击我们的伟大的領袖毛主席。为了揭露《修养》再版时所作的修改的恶毒用心，我们根据几个不同版本，把一些重要修改的地方，摘錄出来进行对照，編成这个材料，幷加了按語。为了便于对照，各版行文中凡有改动的地方，均用异体字排出，供广大革命同志批判时参考。

一、瘋狂攻击偉大領袖毛主席，恶毒攻击毛泽东思想，恬不知耻地把自己打扮成"党的化身"。

我们伟大的領袖毛主席是我们心中最红最红的紅太阳。战无不胜的毛泽东思想是革命人民的指路明灯。可是，党内头号走资本主义道路的当权派在《修养》这本书中，极力貶低毛泽东思想，恶毒地誣蔑我们伟大的領袖，甚至狂妄地叫嚷不管什么"伟大人物"都要从党内"清洗"出去，为篡党、篡軍、篡政制造舆论。但是革命人民是决不会答应的，我们不但要把这个党内头号走资本主义道路的当权派拉下马，而且要踏上一只脚，使他永世不得翻身！

一九三九年版

这一种人中最坏的代表如中国过去的李立三、张国焘等，就比上述情形更坏。……（第13页）（根据华东新华书店总店一九四七年十月初版一九四九年三版，下同。）

一九四九年版

这一种人在中国共产党内曾是不少的。其中最坏的代表，就比上述的情形更坏。他们根本不是真正要去"学习"马克思列宁主义，不管马克思、列宁伟大的无产阶级的人格和至高的品质，而企图在模仿马克思、列宁某些表面形式，胡謅一些馬列主义的术語之后，就自以为是"中国的馬克思、列宁"，装作马克思、列宁的姿态在党内出现，幷且毫不知耻地要求我們的党员照推尊馬克思、列宁那样去推尊

一九四九年版

这一种人七中国共产党内曾是不少的。其中最坏的代表，就比上述的情形更坏。　（第15页）（根据人民出版社一九五一年版，下同。）

一九六二年版

这一种人在中国共产党内曾經是不少的。在过去某一时期內，某些教条主义的代表人，就比上述的情形更坏。这种人根本不懂得馬克思列宁主义，而只是胡謅一些馬克思列宁主义的术語，自以为是"中国的馬克思、列宁"，装作马克思、列宁的姿态在党内出现，幷且毫不知耻地要求我們的党员像尊重馬克思、列宁那样去尊重他，拥护他为"領袖"，报答他以忠心和热情。他也可以不待别人推举，徑自封

他，拥护他为"領袖"，报答他以忠心和熱情。他也可以不待别人推举，径直自封为"領袖"，自己爬到負責的位置上，家长式地在党內发号施令，責罵党內的一切，任意打击、处罰与擺布我们的党員。这种人不是什么真心要"学习"馬列主义及为馬列主义的实现而斗爭，而是党內的投机分子，共产主义事业中的商人和蠹贼。这种人在党內，要被党員群众所反对、揭穿与埋葬，是无疑问的。而我们的党員也埋葬了他们。然而我们是否能够完全自信的說，在我们党內就完全不会有这种人了呢？我们还不能这样說的。

（第15—16頁）

为"領袖"，自己爬到負責的位置上，家长式地在党內发号施令，責罵党內的一切，任意打击、处罰和摆布我们的党員。这种人不是真心学习馬克思列宁主义，不是真心为共产主义的实现而斗爭，而是党內的投机分子，共产主义运动中的蠹贼。这种人在党內，終归要被党員群众所反对、揭穿和抛弃，是无疑问的。我们的党員也采然抛弃了他们。然而我们是否能够完全自信地說，在我们党內就从此不会再有这种人了呢？我们还不能这样說。

（第11—12頁）

（根据人民出版社一九六二年九月修訂版，下同。）

按：党內头号走資本主义道路的当权派为了更露骨地反对毛主席，对这一段作了十分重要的修改。在一九四九年版中删掉李立三、張国燾的名字；一九六二年版又将"最坏的代表"改为"教条主义的代表人"，只要想想赫鲁晓夫那时是如何咒罵我们党是"教条主义者"的，那么他的矛头所向也就昭然若揭了。但他还唯恐讀者看不出他的用心所在，于是下面又接連加了"終归"、"从此和""再"这几个字，把詞意的过去式改成将来式，妄想有朝一日，实现他的篡党、篡軍、篡政的大阴謀。但是他未曾料到，他的修改却暴露了自己的狠子野心；暴露了他这个"共产主义运动中的蠹贼"的丑恶嘴脸。

一九四九年版

除此以外，他絕不单純地計較他自己在党內地位及声誉的高低，絕不以馬克思、列宁自居，絕不要求或幻想人家照推尊馬克思、列宁那样去推尊他，他认为他沒有这样的权利，他认为他如果这样去想象的話，就是背叛馬克思、列宁，就墮落为政治上的庸人。然而，也就恰恰因为他如此，以及他在革命斗爭中的英勇与超群的能力，他将受到党內群众自觉的尊重和拥护。

（第17—18頁）

一九六二年版

除此以外，他絕不計較自己在党內地位和声誉的高低，絕不以馬克思、列宁自居，絕不要求人家或幻想人家像尊重馬克思、列宁那样去尊重他，他认为自已沒有这样的权利。然而，正因为他这样做，正因为他在革命斗爭中始終是正直忠誠，英勇坚定，并且表現了卓越的能力，他就能够受到党員群众自觉的尊重和拥护。

（第18頁）

按：这一段話也包藏着党內头号走資本主义道路的当权派妄图篡党、篡軍、篡政的野心，很重要，也很"巧妙"，所以他作了精心的修飾。在这里，他一方面影射攻击毛主席"沒有权利""要求人家""像尊重馬克思、列宁那样去尊重他"；另一方面，他儼然以为人师表的姿态出現，自我吹噓是如何"正直忠誠，英勇坚定，并且表現了卓越的能力"，应该"受到党員群众自觉的尊重和拥护"。这是他自己为自己的篡党、篡軍、篡政作輿論准备。

毛主席教导我们，"要特别警惕象赫鲁晓夫那样的个人野心家和阴謀家"。党內头号走資本主义道路的当权派就是那样的个人野心家和阴謀家，他就是中国的赫鲁晓夫。

一九四九年版

一九六二年版

如果不掌握馬克思列宁主义这个武

器，如果沒有馬克思列宁主义理論的高度修养，要在革命斗爭的一切重要問題上，站稳无产阶級的正确立場；要在情況复杂和变化剧烈的环境下，在需要走迁回曲折道路的时候，都能够确定对无产阶級革命事业最有利的方針政策，都能够代表无产阶級革命斗爭的整体利益和长远利益，是根本无法做到的。

（第22頁）

按：在三年暂时經济困难时期，党内头号走資本主义道路的当权派与国内外牛鬼蛇神遙相呼应，恶毒攻击三面红旗，鼓吹"三自一包"、"三和一少"，妄图把我国从社会主义航道，拉上"迁回曲折"的資本主义"道路"上去。那时，正是我們偉大的舵手毛主席識破了党内头号走資本主义道路的当权派的阴謀，撥正了革命的航船，乘风破浪向社会主义、共产主义胜利前进。但党内头号走資本主义道路的当权派对此却死不甘心，在一九六二年版中增加一段文字，咒罵毛主席，胡說什么"不掌握馬克思列宁主义这个武器"，在"情況复杂和变化剧烈的环境下"，沒有"走迁回曲折"的資本主义"道路"。

告訴你，党内头号走資本主义道路的当权派！你要让中国走資本主义的"迁回曲折道路"，"是根本无法做到的"！

一九四九年版

党内的同志在各种不同的时候，都可能多少不一地反映社会上一些不正确的思想意識，只有如馬克思、恩格斯、列宁、斯大林那样的純洁堅定，那样正确敏感而深刻地去认識事物，才可以完全不受这些思想意識的影响。

（第80頁）

一九六二年版

党内的許多同志在各种不同的时候，都可能多少不一地反映社会上一些不正确的思想意識，受到非无产阶級思想意識的影响，而在工作中会犯一些錯誤，这是任何一个同志都不能完全避免的。

（第68頁）

按：党内头号走資本主义道路的当权派在一九四九年版中說，馬克思、恩格斯、列宁、斯大林可以"完全不受"不正确思想的影响，根本不提毛主席。在一九六二年版中又别有用心地改为："在工作中会犯一些錯誤，这是任何一个同志都不能完全避免的"。誣蔑毛主席也犯了"錯誤"，其用意更是恶毒！

一九四九年版

中国共产党是世界上最好的共产党之一。它有强固的馬列主义的理論武裝，同时继承着中华民族历代进步思想家、事业家的优良傳統。……即使如此……在我們的队伍中，还不是沒有不健全的人以至坏蛋的，这些不健全的人和坏蛋，也还不是不能干出一些烏七八糟的坏事来；这就是說，在我們光明的党内，也还有它黑暗的东西，黑暗的一方面。

（第65—66頁）

一九六二年版

中国共产党是世界上最好的共产党之一。在我們的领袖毛泽东同志领导下，它有堅强的馬克思列宁主义的理論武裝，同时继承着中华民族历代进步思想家、革命家的优良傳統。……然而……在我們的队伍中还不是沒有不健全的人以至坏人的。这些不健全的人和坏人，也还是会干出一些烏七八糟的坏事来的。这就是說，在我們光明的党内，也还有某些不好的东西，还有黑暗的一方面。

（第56—57頁）

按：在《修养》这本书中，这是唯一把毛主席称为领袖的地方。吳晗通过海瑞之口罵"皇帝"。党内头号走資本主义道路的当权派在《修养》中則大罵领袖。你瞧，这个党内头号走资本主义道路的当权派在下文笔锋一转，就"然而"起来了。什么"坏人"呀，"乌七八糟的东西"呀，"不好的东西"呀，等等，把这些统统算到"在我们的领袖毛泽东同志领导下"的帐上去了。党内头号走资本主义道路的当权派丧心病狂地把"黑暗的一方面"和我们心中最红最红的红太阳毛主席联系在一起，他的用心何其阴险恶！

一九四九年版	一九六二年版
他好出风头，欢喜别人奉承他、抬举他，他有个人领袖的欲望，他逞能干、好居功、好表现自己、好包办，没有"涵养"，有浓厚的虚荣心，不愿埋头苦干，不愿作技术工作。……总想爬在别人头上，而不受别人的指挥，不向别人尤其不向群众虚心学习，不接受别人的批评。……他受不起打击和委屈，处理自己没有伸缩性，不是"能屈能伸的大丈夫"。他"好名"的孽根未除，他企图在共产主义事业中把自己造成为"伟大人物"与"英雄"，甚至为了满足他这种欲望而不选择手段。	他好出风头，欢喜别人奉承他、抬举他。他有个人的野心，"逞能干"，好居功，好表现自己、好包办，没有民主作风。他有浓厚的虚荣心，不愿埋头苦干，不愿做事务性、技术性的工作。……总想爬在别人头上，不向别人尤其不向群众虚心学习，不接受别人的正确意见和批评。……他受不起委屈。他"好名"的孽根未除，他企图在共产主义事业中把自己装扮成为"伟大人物"和"英雄"，甚至为了满足他这种欲望而不择手段。
（第54—55页）	（第47—48页）

　　按：一九六二年前后"三家村"反革命修正主义集团恶咒毒骂我们党的领导是"自己逞能"、"自作聪明"、"想做霸主"。急先锋鸣锣开道，他们的后台大老板也披挂上阵，大肆诬蔑我们伟大的领袖，胡说什么"没有民主作风"、"不愿作事务性工作"、"不接受别人的正确意见"，而是有"个人野心"的人。看！这个中国反革命修正主义总后台的丑恶嘴脸在这里不是暴露得一清二楚了吗？

一九四九年版	一九六二年版
	毛泽东同志说："党一方面必须对于错误思想进行严肃的斗争，另方面又必须充分地给犯错误的同志留有自己觉悟的机会。在这样的情况下，过火的斗争，显然是不适当的。"
（第83页）	（第70—71页）

　　按：党内头号走资本主义道路的当权派在一九四九年版的《修养》中，根本没有引用毛主席语录，在一九六二年的修改本中，偶而引一、二句也不过是为了装潢门面而已。可是就在这里，当他攻击毛主席和我们党，胡说什么"嗜好斗争"的"左"倾机会主义者，谩骂我们斗争"过火了"的时候，他却引用了毛主席的一段语录。这是典型的打着"红旗"反红旗。

一九四九年版	一九六二年版
……对的应该是第三种意见与主张。经过冷静的辨识与思考之后，决定自己明确的态度，而站在正确的方面。不盲从，不崇拜任何偶像。	……对的应该是另一种意见和主张。经过冷静的辨识和思考之后，决定自己明确的态度，站在正确的方面。不盲从，不随波逐流。
（第75页）	（第65页）

　　按：党内头号走资本主义道路的当权派是"奴隶主义"的吹鼓手，这里却煞有介事的提倡起什么"不盲从，不崇拜任何偶像"来了。难道真是这样吗？不！他是以"不崇拜任何偶像"为名，行攻击毛主席之实。可是，到一九六二年，他作贼心虚，偷偷地换成"不随波逐流"了。

一九四九年版	一九六二年版
他实事求是，一切理论与是非，他拿在革命实踐中去考验，而没有偶像的崇拜。 （第45頁）	他实事求是，在□□实踐中检验一切理論和是非。他不□□教条主义的或者經验主义的态度，去对待□□思列宁主义，而是把馬克思列宁主义的普□□□理和革命的具体实踐结合起来。 （第39—40頁）

按：在一九四九年版中，党內头号走資本主义道路的当权派叫嚷"沒有偶像的崇拜"，把矛头指向毛主席。在一九六二年版中，他閉口不提毛澤东思想，却侈談"把馬克思列宁主义的普遍眞理和革命的具体实踐结合起来"，幷且用反对"教条主义"来否认毛澤东思想的絕对权威。矛头还是指向毛主席。

一九四九年版	一九六二年版
二、作馬克思、恩格斯、列宁、斯大林的最好的学生 （第11頁）	二、作馬克思和列宁的好学生 （第8頁）

按：林彪副统帅教导我们："读毛主席的书，听毛主席的话，照毛主席的指示办事，做毛主席的好战士。"可是党內头号走資本主义道路的当权派和林彪同志唱对台戏，故意閉口不談做毛主席的好学生，实际上是反对做毛主席的学生，反对毛主席。

一九四九年版	一九六二年版
	恩格斯在論到馬克思的时候說："馬克思首先是一个革命家。……"又說："我們之中没有一个人象馬克思那样視野广闊，在需要坚决行动时，他总能找出正确的道路，幷立即将矛头指向应当打击的目标。" （第8—9頁）

按：毛主席是当代最偉大□□馬克思列宁主义者。可是，党內头号走資本主义道路的当权派在一九六二年版特意增加上边一段是为了歌頌馬克思吗？絕对不是！醉翁之意不在酒，党內头号走資本主义道路的当权派正是为了貶低毛主席，誣蔑毛主席"視野不广闊"，沒有"找出正确的道路"，沒有将矛头指向"应当打击的目标"。

一九四九年版	一九六二年版
四、学習馬列主义理論与党員思想意識修养的关系 （第25頁）	四、理論学習和思想意識修养是統一的 （第18頁）

按：在这一节中，党內头号走資本主义道路的当权派新加了十段文字，先后有四十来处提到馬克思列宁主义，但是他絕口不提毛澤东思想。看，这个党內头号走資本主义道路的当权派抵制毛澤东思想达到了何等頑固的程度！

一九四九年版	一九六二年版
	毛澤东同志經常强調馬克思列宁主义理論修养的极大重要性。……毛澤东同志不断地提出过，一切有相当研究能力的党員，都要研究馬克思列宁主义的理論，研究当前运动的实际情况，研究本国和世界的历史，学会用馬克思列宁主义理論指导行动，幷且經过他們去教育那些文化水平

和理論水平較低的同志。毛澤东同志的这个指示，在任何时候，都应該引起我們全党的注意。

（第26—27頁）

（第28頁）

按：这是党內头号走資本主义道路的当权派新增加的一段話，是他打着"紅旗"反紅旗的又一鉄证。他用所謂"理論修养"在歪曲毛主席的話以后，只談研究馬克思列宁主义，只字不談学习最高最活的馬克思列宁主义——毛澤东思想，借此抵制全国人民大学毛主席著作。这是党內头号走資本主义道路的当权派反对毛澤东思想的恶毒手段！

一九四九年版

所以我們的党員必须清楚了解这一特点，特别注意即使在革命胜利与成功中，在自己的信仰与权威的无限的提高中，来加紧自己的修养，保持自己純洁的革命的品质以至最后，而不蹈历代革命者在成功时墮落的同一复轍。

（第9頁）

一九六二年版

我們的党員必须清楚了解这一特点，特别注意在革命胜利和成功的时候，在群众对自己的信仰和拥护不断提高的时候，更要提高警惕，更要加紧自己的无产阶级意識的修养，始終保持自己純洁的无产阶级的革命品质，而不蹈历代革命者在成功时的复轍。

（第7頁）

按：党內头号走資本主义道路的当权派这里以"馬克思"自居，死皮賴脸，胡說什么加紧"意識的修养"等莫须有的东西，推銷自己的黑貨，并借此"教訓"所謂"在成功时"的"革命者"，实则恶毒地攻击我們伟大的領袖，眞是蜀犬吠日、蚍蜉撼树，可笑不自量。

一九四九年版

眞正共产主义事业中的領袖与英雄，决不是个人主义的領袖与英雄，决不是可以自称的。凡是自称領袖或自己个人企图作領袖的人，他在我們党內就决不能成为領袖。不論是全国的或地方的領袖都是大家拥护成功的。我們党員群众不会拥护那种自高自大、个人英雄主义、风头主义、有个人領袖欲望与虚荣心的人，来作自己的領袖。

（第56—57頁）

一九六二年版

共产主义事业中的眞正的領袖和英雄，决不是个人主义的領袖和英雄，决不是可以自称和自封的。凡是自称領袖或者自己个人企图作領袖的人，他在我們党內决不能成为領袖。我們党員群众不会拥护那种自高自大、个人英雄主义、风头主义、有个人野心和虚荣心的人，来作我們的領袖。

（第49頁）

按：党內头号走資本主义道路的当权派恶毒影射我們的伟大領袖是"有个人野心"的人，狂妄地叫嚷要我們的伟大領袖下台。好一副杀气腾腾的凶相！但历史无情地揭穿了他这个伪君子："有个人野心"的，不是别人，恰恰是你这个党內头号走資本主义道路的当权派。

一九四九年版

对于我們共产党来說……能够建立有严格組織紀律的党及国家机关，来和一切腐化、官僚化与墮落现象进行不調和的斗爭，不断从党內与国家机关中清洗那些已經在自己的工作中腐化、官僚化与墮落的分子出去（不管这种分子是怎样的"伟大人物"），而保持党与国家机关的純洁。

（第9頁）

一九六二年版

共产党所代表的是被剝削而不剝削别人的无产阶级，……它能够建立有严格組織紀律的党，建立又有集中又有民主的国家机关，經过这样的党和国家机关，領导广大人民群众，来和一切腐化、墮落的现象进行不調和的斗爭，不断地从党內和国家机关中清洗那些已經腐化、墮落的分子（不管这种分子是作了多大的"官"），而保持党和国家机关的純洁。 （第7頁）

按：党内头号走資本主义道路的当权派在这里胡說：不管是怎⋯⋯"偉大人物"都要从党内"清洗"出去。（虽然他把"偉大人物"一詞改成了"⋯⋯大的官"，但仍掩盖不住他的黑心）这不是他企图纂党、纂军、纂政的反革命自白嗎？⋯⋯，办不到！一万个办不到！今天，革命人民倒正是要把你这样的野心家拉下馬，扔进历史⋯垃圾堆。

一九四九年版	一九六二年版
我們的党員，已經不是什么普通的人，而是觉悟的无产阶级的先鋒战士，他完全不应該只是代表他个人的利益，他应該表現他为自觉的阶级利益、阶级意識的具体代表者，他已經是一般化了的阶级的代表者之一，因此，他的个人利益完全不应該在党与阶级利益之外突現出来。党的干部与党的領袖，更应該是党与阶级的一般利益的具体代表者⋯⋯。	我們的党員，不是什么普通的人，而是觉悟的无产阶级的先鋒战士。他应該成为无产阶级的阶级利益和阶级意識的自觉的代表者。因此，他的个人利益完全不应該在党和无产阶级的利益之外突現出来。党的干部和党的領导人，更应該是党和无产阶级的一般利益的具体代表者，⋯⋯
（第48頁）	（第42頁）

按：党内头号走資本主义道路的当权派把"党的領袖"改为"党的領导人"，把"阶级的一般利益的具体代表者"改成"党和无产阶级的一般利益的具体代表者"。一箭双雕，一改两用：一方面阴險地攻击毛主席，一方面又貪天之功为己功，把自己打扮成"党的化身"。这就生动地勾划出一幅中国的赫鲁晓夫的自画像。在这次无产阶级文化大革命中，党内一小撮走資本主义道路的当权派就是这样以"党的化身"来把反对自己的革命群众打成"反党分子"、"反革命"的。

二、宣揚不要阶级斗爭、不要无产阶级专政的資产阶级"修养"

当一九六二年国内外阶级斗爭十分尖銳复杂的时侯，这个党内头号走資本主义道路的当权派，又再版抛出了他的《修养》，大肆鼓吹不要革命，不要阶级斗爭，不要无产阶级专政的資产阶级"修养"。这是資产阶级向无产阶级、向毛主席的革命路綫的一次疯狂进攻。为了使《修养》更有欺騙性，他把一些过于露骨的宣揚封建主义和資产阶级道德的字眼，例如："能爱人，能恶人"，"忠恕"、"己所不欲，勿施于人"之类的說教，偷偷换掉，再披上一层伪装。

一九四九年版	一九六二年版
孔子說："吾十有五而志于学，三十而立，四十而不惑，五十而知天命，六十而耳順，七十而从心所欲，不踰矩。"这也是述說他自己鍛炼和修养的过程，孔子在这里并不承认他是天生的"圣人"。	孔子說："吾十有五而志于学，三十而立，四十而不惑，五十而知天命，六十而耳順，七十而从心所欲，不逾矩。"这个封建思想家在这里所說的是他自己修养的过程，他并不承认自己是天生的"圣人"。
（第7頁）	（第5頁）

一九四九年版	一九六二年版
孟子說："故天（？）將降大任于斯人也，必先苦其心志，劳其筋骨，餓其体肤，空乏其身，行拂乱其所为，所以頓心忍性，增益其所不能。"这也是說的一个伟大人物所必须經过的鍛炼与修养的过	另一个封建思想家孟子也說过，在历史上把当"大任"起过作用的人物，都經过一个艰苦的鍛炼过程，这就是："必先苦其心志，劳其筋骨，餓其体肤，空乏其身，行拂乱其所为，所以动心忍性，增益

283

程。共产党员，是要担负历史上空前未有的改造世界的"大任"的，所以更必须要有这种锻炼和修养。

（第7頁）

在中国古时，有曾子的"吾日三省吾身"，詩經上的"如切如磋，如琢如磨"，以及"反躬自問"、"座右銘"、"书諸紳"等种种方法。中国儒家有許多修养身心的方法，各种宗教亦各有一大套修养的方法和形式，中国"大学"上說的格物、緻知、誠意、正心、修身、齐家、治国、平天下，也就是說的这一套。这些一切，說明一个人要求得自己的进步，必须下深刻的功夫，郑重其事地去进行自我修养与学习。

（第19頁）

在修养的方法和形式上也应是有各种不同的，譬如在我們同志中有許多人写日記来檢查他每日的工作和思想，在他工作和生活的地方写着張貼着他的缺点及他仰望的标語和人物，要求同志批評他、监督他等。

（第19頁）

其所不能。"共产党员是要担负历史上空前未有的改造世界的"大任"的，所以更必须注意在革命斗争中的鍛炼和修养。

（第5頁）

在中国古时，曾子說过"吾日三省吾身"，这是說自我反省的問題，《詩經》上有这样著名的詩句："如切如磋，如琢如磨"，这是說朋友之間要互相帮助，互相批評。这一切都說明，一个人要求得进步，就必须下苦工夫，郑重其事地去进行自我修养。

（第14頁）

全删

（第14頁）

按：这位早已无耻地跪拜在孔子、孟子脚下的党内头号走資本主义道路的当权派，正是妄图用脱离现实、脱离阶级斗争的封建地主阶级的哲学来改造共产党人的灵魂。但是，在毛澤东思想日益深入人心的情况下，他不得不用"封建思想家"、"互相帮助"、"互相批評"等詞句給腐朽的封建主义的孔孟之道涂上一层保护色，我們一定要无情地戳穿它，让它暴露在光天化日之下。

一九四九年版

对于我們共产党员，我們学习馬列主义，学习我国历代圣賢的优美的对我們有用的遺教，我們完全不能采取这种态度。

（第22頁）

一九六二年版

……我們共产党员，学习馬克思列宁主义，学习我国历史上的一切优秀遺产，完全不能采取这种态度。

（第16頁）

按：搬来一整套反动、沒落的封建士大夫的"圣賢之道"，并吹捧为"历代圣賢的优美的对我們有用的遺教"，这对于地主阶级孝子賢孙的党内头号走資本主义道路的当权派来說，原是不奇怪的。

一九四九年版

本来，如你們在学校所受的訓练和学习，也是鍛炼和修养的一种形式。……然而在你們中我倒常常听到这种說法：认为在学校中学习不是锻炼，不是修养，要鍛炼和修养就必须离开学校，到实际工作中去才能鍛炼。……我們不能說只有在某种时候，某种地方，某种事情上就能鍛炼修养，而在另外的时候，另外的地方，另外的事情上，就不能鍛炼修养。

（第24頁）

一九六二年版

全删

新增一段：《中国共产党在民族战爭中的地位》

《毛澤东选集》第二卷522——523頁

按：《修养》通篇閉口不提毛澤东思想，而在这里却歪曲毛主席的教导，企图以此来掩盖这种不要革命，不要阶级斗争，不要无产阶级专政的所謂"修养"的反动实质。事实上，这种資产阶级的"修养"和毛主席关于反对教条主义的教导是水火不相容的。

一九四九年版	一九六二年版
第一，他就可能有很好的共产主义的道德。因为他有严格的立场，"能爱人，能恶人"。他能对一切同志、革命者、劳动人民表示他的忠誠热爱，无条件地帮助他們，平等地看待他們，不肯为着自己的利益去危害他們中之任何人。他能待他們"忠恕"、"将心比心"，設身处地为人家着想，体贴人家，使"已所不欲，勿施于人"。 （第44頁）	第一，他就可能有很好的共产主义的道德。因为他有明确坚定的无产阶级立場，所以他能够对一切同志、革命者、劳动人民表示他的忠誠热爱，无条件地帮助他們，平等地看待他們，不肯为着自己的利益去损害他們中間的任何人。他能够"将心比心"，設身处地为人家着想，体贴人家。 （第38頁）

按：党內头号走資本主义道路的当权派二十多年来一直把"为人家着想"、"体贴人家"的处世哲学奉若神明。但在实际活动中，他"着想"、"体贴"的不是資本家，就是大叛徒，同他們"将心比心"，这就可以看出他的"明确坚定"的立场是什对东西了。

一九四九年版	一九六二年版
……这些人虽然还不精通共产主义，但他們在目前共产主义的运动中，在目前的革命运动中，可能成为一个积极的战士，而在长期的革命斗争中，他們加紧学习与修养，可能成为很好的自觉的共产主义者。 （第52頁）	很多人在入党以前虽然还不精通共产主义，但是，他們在目前的共产主义运动中，在目前的革命运动中，可能成为一个积极的战士。只要他們入党后努力地学习，就可能成为自觉的共产主义者。 （第45頁）

按：按照党內头号走資本主义道路的当权派的羅輯，离开革命斗爭的大风大浪，只要关起門来"学习与修养"，就可能成为"自觉的共产主义者"。这是十足的唯心主义鬼話！如果这样"修养"下去，只能越养越"修"，越修养越成为修正主义。

三、打着反对"左"傾机会主义者的幌子，攻击毛主席的革命路綫，公开为右傾机会主义分子翻案

一九四九年版	一九六二年版
照某些似乎瘋癫的人来說，任何党內和平，即使是在原则路綫上完全一致的党內和平，也是要不得的；而必须"平地风波"地来制造党內斗争，才能算得"布尔什維克"。当然，这并不是什么"布尔什維克"，而是近乎不可救药的人和以"布尔什維克"来投机的人才这样。	党內的"左"傾机会主义者对待党內斗争的态度，他們的錯誤是很明显的。按照这些似乎瘋癫的人看来，任何党內和平，即使是在原则路綫上完全一致的党內和平，也是要不得的。他們在党內并没有原则分歧的时候也硬要去"搜索"斗争对象，把某些同志当作"机会主义者"，作为党內斗争中射击的"草人"。他們认为，党的发展，无产阶级革命斗争的胜利，只有依靠这种錯誤的斗争，依靠这种射击"草人"的火力，才能得到灵驗如神的开

展。他們认为只有这样"平地起风波"，故意制造党内斗争，才算是"布尔什維克"。当然，这并不是什么真正要郑重其事地进行党内斗争，而是对党开玩笑，把极严肃性质的党内斗争当作儿戏来进行。主張这样做的人，并不是什么"布尔什維克"，而是近乎不可救药的人，或者是以"布尔什維克"名义来投机的人。

（第71—72頁）

这是不了解党内矛盾的根源的党员，缺少办法对付党内分歧的党员和机械地了解党内斗争的党员所采取的态度。这种对党内斗争的绝对态度，在一个时期内曾經被党内的"左"傾机会主义者所利用。他们把党内的机械的过火的斗争，发展到故意在党内搜索"斗争对象"，故意制造党内斗争，并且濫用组织手段甚至党外斗争的手段来惩罚同志，企图依靠这种所謂斗争和组織手段来推动工作。

（第64頁）

（第83—84頁）

他們认为无論在什么条件下都要开展党内斗争，而且斗争得愈多愈凶就愈好，以至发展到故意在党内搜索"斗争的对象"，故意制造党内斗争，并使党的工作的推进，依靠在这种机械的所謂"斗争"上面。这是不了解党内矛盾的根源的党员，缺少办法对付党内分歧的党员和机械地了解党内斗争的党员所采取的。

（第74頁）

按：注意：党内头号走資本主义道路当权派在这里作了很大的补充、拼凑、集中后，构成恶毒丑化党内生活的"过火斗争"的一段話。一九五九年庐山会議后，他就为右傾机会主义者大鳴不平。一九六二年一月，他又大肆攻击一九五九年的反右傾斗争"过火了"；攻击毛主席的革命路綫是"左"傾机会主义；誣蔑我們党把某些同志当作"机会主义者"来斗争，公开为右傾机会主义者翻案。这笔帳我們必须彻底清算。

四、取消党内斗争，鼓吹"党内和平"

一九四九年版	一九六二年版
要有党内团結、党内斗争与紀律上的修养；……	……要有坚持党内团結、进行批評和自我批評、遵守紀律的修养；……
（第19頁）	（第13—14頁）
所以在这个问题上的自由主义和官僚主义的态度，是不对的，而必须发展自我批評，进行党内斗争，来反对党内一切坏的现象，征服党内的分歧，才能使党巩固、发展和前进。	全删
（第79頁）	（第68頁）

按：毛主席教导我們："党内不同思想的对立和斗争是经常发生的，这是社会的阶级矛盾和新旧事物的矛盾在党内的反映。"而党内头号走資本主义道路当权派连"党内斗争"的字眼也不敢用，徨談什么"党内团結"、"紀律上的修养"，取消党内斗争，鼓吹党内和平，妄图掩盖他推行反革命修正主义路綫，复辟資本主义的罪恶目的。

一九四九年版	一九六二年版
除开十分頑固、坚持錯誤、在党内作各种坏事的人以外，对一般同志的錯誤，	对一切同志的錯誤，应該站在帮助和爱护同志的立场，誠恳地当面地进行劝告

应该清楚地、誠意地站在帮助与爱护同志的立場，当面地劝告与批評。这是我們，尤其是比較負責的同志应該注意的。应該記着中国一句古話："利刀割体創犹合，惡語伤人恨不消。"这是一方面。

（第87頁）

和批評。这是我們，尤其是比較負責的同志应该注意的。

（第74頁）

按：毛主席指出："我们看问题一定不要忘记划清这两种界限：革命和反革命的界限"。党內头号走資本主义道路当权派在修改中却有意混淆这两种界限，把"十分頑固、堅持錯誤、在党內作各种坏事的人"，一律归入"同志"，給以"爱护"，这样，大大小小的走資本主义道路的当权派，就可以躲在中国修正主义总后台的"大紅伞"下，继續作各种坏事了。

一九四九年版	一九六二年版
"在原則問題上的'中間'路綫，便是閉塞头脑的'路綫'，抹煞分歧的'路綫'，党在思想上腐化下去的'路綫'，党在思想上死亡下去的'路綫'。'中間'路綫底政策，不是我們的政策，这是萎縮而日趋于腐化的政党底政策。这一个政策不能不使党变成空洞的官僚主义的机关，和木偶一般，起不了什么作用，而且脱离工人群众。这个道路决不是我們的道路"。（《斯大林选集》二卷，二一九頁） 所以，"以斗爭来征服党內的分歧，乃是本党发展的规律"。"我們的党是在征服党內各种矛盾的过程中发展和巩固起来的。"	全删
（第78—79頁）	（第68頁）

按：什么路綫斗爭、什么党內矛盾，我"×克恩"統統否认它們。

五、吹捧苏修，閉口不談反帝反修和支援被壓迫民族的斗爭

是否反对帝国主义和现代修正主义，是否支援被压迫民族的解放斗爭，这是眞假馬克思列宁主义者的分水岭。党內头号走資本主义道路当权派在新版的《修养》里，根本不談这些問題，却吹捧苏修，这充分暴露了他的修正主义眞面目。

一九四九年版	一九六二年版
就目前的情势来说，共产主义已經在世界六分之一的地面上——苏联获得了偉大的胜利，……	就目前的情势来说，社会主义已經在世界六分之一的地面上——苏联获得了偉大的胜利，……
（第34頁）	（第30頁）

按：在赫魯曉夫修正主义集团控制下的苏联，資本主义已經复辟了，而党內头号走資本主义道路当权派仍替它挂上"社会主义"的桂冠，并称賀它"获得了偉大的胜利"，为赫魯曉夫涂脂抹粉。联想他三呼"赫魯曉夫万岁"的情景，使人不难想見他何以会当上中国的赫魯曉夫了。

一九四九年版	一九六二年版
共产党員是在不断和反革命的斗爭中	共产党員是在不断同反革命和改良派

287

去改造社会，改造世界，同时改造自己的。

（第4頁）

按： 毛主席早在一九五七年就提出"要开展对于修正主义的批判"。一九六二年前后，全党全国在毛主席的领导下，高举反修大旗。而党内头号走資本主义道路当权派却采取偷天换日的手法，用同"改良派"的斗争来抵制反修斗争，其罪恶目的不是昭然若揭了嗎！

一九四九年

……无产阶級如果不能解放一切劳动人民，解放一切民族，即解放全人类，那末，无产阶級就不能解放自己。所以，无产阶級必須忠誠地协助与領导一切劳动人民、一切被压迫民族、一切被压迫者去爭取自己的解放，去提高自己的生活与文化政治水平。

（第42頁）

的斗爭中去改造社会，改造世界，同改造自己的。

（第2—8頁）

一九六二年

无产阶級如果不能解放一切劳动人民，解放一切民族，即解放全人类，那末，无产阶級就不能完全解放自己。（以下全删）

（第36頁）

按： 党内头号走資本主义道路当权派是"三和一少"的积极鼓吹者。他千方百計地反对我们去支援被压迫民族的解放斗爭，反对我们去和帝、修、反作针鋒相对的斗爭。于是他掄起板斧，把"所以"以下一大段本来就是言不由衷的話統統砍掉了，充分暴露了他叛卖国际无产阶級革命的可耻面目。

六、大 反 斯 大 林

一九四九年版
斯大林同志在列宁誕生五十年紀念論文上說：……

（第14頁）

斯大林同志說：……

（第17頁）

一九四九年版
而我們的偉大領袖馬克思、恩格斯、列宁、斯大林的一生，就是这种思想意識最高的、模范的具体代表者。

（第68頁）

斯大林同志說：
……

（第69頁）

这也正如斯大林同志所說："这并不是自我批評，而是丑事"，"而是污蔑工人阶級"。这是异己的、反布尔什維克的所謂"自我批評"。

（第79—80頁）

一九六二年版
全　删

（第11頁）

全　删

（第12頁）

一九六二年版
馬克思列宁主义的偉大創始人，就是这种无产阶級思想意識的最集中的、模范的具体代表者。

（第54頁）

斯大林說：
……

（第59頁）

全　删

（第68頁）

按： 斯大林是偉大的馬克思列宁主义者。苏联的赫魯晓夫大反斯大林，中国的赫魯晓夫也大反斯大林。他們反对斯大林，就是反对馬克思列宁主义。在一九六二年版的《修养》中竭力抹煞斯大林同志的历史功績，竭力想让中国革命人民和世界革命人民忘却斯大林这个偉大名字。他将原版第二节中二十四处提到斯大林的地方删掉了二十一

288

处。把"偉大的馬克思、恩格斯、列宁、斯大林"改为"馬列主义的創始人",甚至把"斯大林同志"的"同志"二字都去掉了。他的用心真是何其毒也!

七、販卖資产阶級个人主义,为叛徒哲学辩护

正当赫魯曉夫修正主义集团大肆宣揚"活命哲学"鼓吹資产阶級个人主义时,这个党內头号走資本主义道路当权派也在一九六二年版的《修养》里,更加露骨地宣揚銅臭熏人的市儈哲学,宣揚資产阶級的个人主义和叛徒哲学。党內头号走資本主义道路当权派之所以大肆宣揚資产阶級个人主义,其目的无非是要用个人主义的毒药来腐蝕人們的心灵。以便他可以放手地搞資本主义复辟活动。

一九四九年版	一九六二年版
孟子說:"人皆可以为尧舜。"也就是这个意思。我們不要在望到馬克思、恩格斯、列宁、斯大林偉大的革命家的品质之后,反而自暴自弃,畏葸不前。如果这样,那就正是"政治上的庸人"。不可雕修的"朽木"和"糞土之墙"。	《孟子》上有这样一句话:"人皆可以为尧舜",我看这句话說得不錯。每个共产党员,都应該脚踏实地,实事求是,努力鍛炼,认真修养,尽可能地逐步地提高自己的思想和品质,不应該望到馬克思列宁主义創始人那样偉大的革命家的思想和品质,认为高不可攀,就自暴自弃,畏葸不前。如果这样,那就会变成"政治上的庸人",不可雕的"朽木"。
(第13—14頁)	(第10頁)

按:孟子的"人皆可以为尧舜"这句話,党內头号走資本主义道路当权派在一九六二年版的《修养》里不仅保留了下来,而且說"我看这句話說得不錯",进一步肯定了它。"人皆可以为尧舜",地主能为"尧舜"吗?資本家能为"尧舜"吗?党內头号走資本主义道路当权派的回答是肯定的,所以他要拉大資本家王××入党,对王說:"你資本家也当了,……可入了党則更好了。"

"人皆可以为尧舜"呢,怎么才能为"尧舜"呢?党內头号走資本主义道路当权派在新版中对那些一心要为"尧舜"的人开了个药方:你們要"努力鍛炼,认真修养"。于是,就有不少人按照他的这本《修养》进行"认真修养"去了。结果是越养越"修",越修养越成为修正主义。受《修养》毒害的人,猛省吧!杀出你們的回馬枪,和革命群众一道把这株大毒草批透、批臭!

一九四九年版	一九六二年版
他們想发展自己,抬高自己,但是他們必须同时发展别人,抬高整个劳动阶級的地位,才能使自己抬高。	他們要发展自己,提高自己,就必须同时发展别人,提高整个劳动阶級的地位。
(第61頁)	(第53頁)
……在党的利益与党的发展中包括着党员个人的利益与发展。党的阶級的成功与胜利,也就是党员的成功与胜利。党员只能在爭取党的发展,成功与胜利中,来发展自己,不能够离开党的发展而去爭取个人的独立发展。只有党的发展、成功与胜利,党员才能发展自己,否則党员就不能发展。	我們的党员在任何时候、任何情况下,都应該全心全意地为党的利益和党的发展而奋斗,并且应該把党的、阶級的成功和胜利,看作自己的成功和胜利。党员都应該努力提高自己为人民服务的能力,努力增加自己为人民服务的本領。但是,只能在爭取党的事业的发展、成功和胜利中,来提高这种能力,增加这种本領,不能够离开党的事业的发展而去爭取什么个

人的独立发展。事实也证明，党员只有全心全意地爭取党的事业的发展、成功和胜利，才能提高自己的能力，增加自己的本领，否则，党員要进步、要提高，是根本不可能的。

（第48頁）　　　　　　　　　　（第42頁）

按："抬高自己"也好，"提高自己"也好，表达的都是一个意思：往上爬。至于党內头号走資本主义道路当权派的"发展别人"，只有"爭取党的事业的发展"，"才能提高自己的能力，增加自己的本领"云云，說穿了，就是"吃小亏，占大便宜"的市僧哲学。而在一九六二年版中，他所以加上一些"全心全意地为党的利益和党的发展而奋斗"的句子，无非是为了打掩护，以便轉弯抹角地提倡个人主义。但是不管他如何乔装打扮，在用毛澤东思想武装起来的广大革命人民面前，他已經原形毕露，他的腐朽透頂的資产阶级个人主义的市僧嘴脸，他的銅臭熏天的灵魂已經暴露在光天化日之下。

一九四九年版

至于在党内存在的本位主义，与这种个人主义是不同的。本位主义的产生，主要是由于同志只看到部分的利益，看到自己部分的工作，而没有看到全局，看到人家部门的工作，因此，发生只顾本部工作利益以至妨害别人的错误。这在政治上說来，是一种与行会主义相似的东西。犯本位主义錯误的同志，他的动机、他的出发点不见得一定是怎样不好的。这固然不能与个人主义来比較，不过有个人主义思想的人，他就常常也犯本位主义的错误。

（第54頁）

一九六二年版

至于党內存在的本位主义，主要是由于一些同志只看到部分的利益，只看到本部門本地区的工作，而没有看到全局和全党的利益，没有看到别部門别地区的工作。这在政治上思想上說来，是一种和行会主义相似的东西。犯本位主义錯誤的同志，固然不一定都是从个人主义出发，不过有个人主义思想的人，常常犯本位主义的錯誤。

（第47頁）

按：毛主席说："小团体主义。……表面上不是为个人，实际上包含了极狭隘的个人主义，……"党内头号走資本主义道路当权派胆大包天，竟敢明目張胆地同我們偉大的領袖毛主席唱反調。他在一九四九年版中，说什么"党内存在的本位主义，与这种个人主义是不同的"；又说：犯本位主义错誤的人的动机"不见得一定是怎样不好的"；还說这"不能与个人主义来比較"，公开为本位主义辩护。在一九六二年版中，他觉得这样讲太露骨了，就把一些話删去，但是狐狸尾巴那里藏得住！他还是胡說什么犯本位主义錯誤，"不一定都是从个人主义出发"。很明显，党内头号走資本主义道路当权派如此費尽心机地为本位主义涂脂抹粉，不过是因为他本人就是一个大搞独立王国、象赫魯曉夫一样的大个人野心家、大阴謀家。

一九四九年版

第五，他也可能有最高的自尊心，自爱心，而在为了党与革命利益的前提之下，也最能寬大、容忍与委曲求全，以至在必要时忍受各种屈辱与虐待而无"怨恨之心"。……他也能够为了党与革命的利益而钟爱自己，保护自己的生命与健康，增进自己的理論与能力。

（第45—46頁）

虽然在党的一般利益中包括着党員个

一九六二年版

第五，他也可能有最高尚的自尊心、自爱心。为了党和革命的利益，他对待同志最能寬大、容忍和"委曲求全"，甚至在必要的时候能够忍受各种誤解和屈辱而毫无怨恨之心。……他也能够为了党和革命的利益而爱护自己，增进自己的理論和能力。

（第40頁）

但是，这并不是說，在我們党内，不

人利益，但总还不能完全包括，还不能也不应消灭党员的个性。……党也在可能条件下顾全与保护党员个人的不可缺少的利益——如给他以教育学习的机会，解决他的疾病与家庭问题，以至在必要时牺牲党的一些工作保存同志等。

(第48—49頁)

承认党员的个人利益，要凛然党员的个人利益，要消灭党员的个性。……党在可能条件下顾全和保护党员个人的不可缺少的利益——如给他以教育学习的机会，解决他的疾病和家庭问题，以至在反动派统治的环境下，在必要时还要放弃党的一些工作来保存同志等。

(第42—43頁)

　　按：这两段話是党内头号走資本主义道路当权派专为叛徒写的辩护詞。把"虐待"改为"誤解"，妙！你写了"反共启事"，人们要說你是"叛徒"。但这是"誤解"，你是"組織搭救出獄"的，等等。

　　加上"在反动派统治的环境下"这句話，也妙。这样就把"放弃党的一些工作来保存同志"这句話的含意完全亮了出来："在反动派统治的环境下"为了"保存"叛徒的脑袋，可以"放弃"革命的原則、革命者的气节、共产主义的事业。这就是党内头号走資本主义道路当权派的叛徒哲学。

　　"脑袋丢了，原則还有什么用！"这是赫魯曉夫的叛徒哲学。

　　請看这两个工人阶级的大叛徒的叛徒哲学，又是何其相似乃尔。

（选自一九六七年四月八日《北京日报》）

最 高 指 示

革命战争是群众的战争，只有动员群众才能进行战争，只有依靠群众才能进行战争。

关于追查被抢窃电台下落

通　　知

津革保（69）24号

伟大領袖毛主席亲自批发的"九二·三命令"明确指出："电台、广播电台、报话机等，只能是在以毛主席为首的党中央批准后設立的党、政、軍的宣传通讯机关，……。一切私設的电台、广播电台、报話机等，应自即日起立即无条件地全部撤除。任何人不得以任何借口、任何形式私設电台、广播电台、报話机等。如有私自設立电台、广播电台、报話机等，以国法論处。"

一九六七年七月六日在三五二七厂发生武斗，当日下午七时許消防队接到該厂"火警"报告，立即出动，当消防车分别駛近三五二七厂时，先后被武斗群众拦截在鞍山道和卫津路上。车上人員被扣，执勤消防车大部被砸。更为严重的是消防车装备的六部电台（包括全部附件：耳机、話筒、电源綫、鞭状天綫、馬达、一百瓦扩大器。）先后被抢窃，其中三部已查到，尚有三部（55Ｂ型十五瓦收发訊机各一个，138型收訊机一部及全部电台附件）至今下落不明。这是一个严重的政治事件。

各級革命委員会、人民保卫組、公安机关軍管組必須高度重視，认眞对待，結合清队工作，进一步广泛发动群众，討論、研究、揭发检举，把电台的下落追查出来。

天津市革命委員会人民保卫部
中国人民解放軍天津市公安机关軍管会
一九六九年十二月二十三日

专案組电話：2·2788
此通知发至各区、局革委会人保組、各区公安机关軍管組、各基层革委会。

文革時期天津市
和平區新建
政權「革命
委員會」頒
佈的政令
和《簡報》對研究
文革史具有重要
的史料價值。

开展「一打三反」：

這類材料
屬政府史
料，是罕見
的，應珍
藏。（文革後
取消革委会）。

毛主席语录

贪污和浪费是极大的犯罪。

*　　　*　　　*

通　　　知

为了打击一小撮阶级敌人在"一打三反"运动中对抗运动，继续犯罪的嚣张气焰，並对广大革命羣众和犯錯誤的人进行一次阶级斗爭和路线斗爭的教育。发展大好形势，巩固运动成果，根据中共中央(70)五号文件指出的"多数从寬，少数从严，坦白从寬，抗拒从严和給出路"等无产阶级政策，区革委会决定最近召开一次对屢教不改，边反边犯的蔡汝晏等人进行严肃处理的大会。现將蔡汝晏等十人的罪行材料发給你们，請各局、公司、街要广泛地发动羣众認眞討论，开展批判。提出处理意见。各局、公司、街，在十二月十日以前將討论情况汇总报区打反办公室。

和平区革委会

一九七一年十二月四日

粮食及粮票四千五百余斤。尤为严重的是，在一九七〇年运动高潮中，恶习不改，边反边犯，继续进行贪污盗窃活动，仅从六月至九月二日又盗窃销货款七十余元，粮票一百六十多斤。据此，于一九七一年二月十九日依法逮捕，捕后态度狡猾，时而扩大，时而缩小，妄图蒙混过关，甚至在审讯中当庭抵赖顽抗。

李福恩在运动中边反边犯，态度狡猾，罪行严重。 判无年

周德普，男，39岁，和平区奶品公司基层商店奶库保管员。

一九五八年因多次贪污判处有期徒刑二年，释放后，恶习不改，又贪污销货款二千四百二十二元，清队运动中，给予从宽处理，不戴贪污分子帽子。

"一打三反"运动开展后，该周仍不悔改，边反边犯。于一九七〇年十二月，以扒门撬锁为手段，盗窃单位冷库备用金六十元，一九七一年六月二十五日又盗窃现款六十六元、粮票二十六斤，恒大烟两条，前门烟一合。尤为严重地是，作案后不仅不坦白交待，而且嫁祸于人，企图逃避罪责，后经群众揭发检举，被迫交待了上述罪行，并从其家中起获了赃款赃物。

周德普，在运动中认罪态度不好，边反边犯，屡教不改，罪行严重。 判七年

高恩辅，男，61岁，和平区新兴街付食基层商店管货员。

高于一九四一年至一九四二年在垻县充当日本川越特别工作队任班长，专门搜集我八路军和地工活动情况。一九四二年垻县南城门伪军被我八路军摧毁，高马上与其同伙乔品三去魏庄探听我军情况，並

立即向汉奸头子王德裕进行报告，当夜斜合了日本、伪军三百余人包围袭击了魏庄。一九四二年一月，高去和尚村岳父家探亲，当天汉奸头子王德裕带领日伪军三百余人，将和尚村包围，把群众赶进大庙，高恩辅当场指点了我村长董广友、付村长董富有，会計田玉修（均系共产党员）三人，被汉奸捆绑押送日本宪兵队。

高除上述历史罪行外，一貫进行贪污盗窃，自一九六三年至一九六九年十月以盗窃销货款、倒找钱、不給足等手段，贪污三千二百余元。更为严重地是在运动中边反边犯，于一九七一年六月十九日又盗窃销货款二元，当场被职工抓获。交待从今年四月至六月盗窃十三次，贪污二十四元。除此之外，高长期以来，利用职务之便，以买东西不收钱、倒找钱、多給商品等手段，与七名妇女乱搞两性关系，猥亵、调戏妇女二名。

高恩辅思想反动，流氓成性，屡教不改，边反边犯，罪行严重。

逮捕

乔洪林，男，58岁，和平区南营门付食基层商店售货员。

乔一九六二年因违反供应政策，行政給予警告处分。一九六三年因调戏、猥亵幼女被公安机关教育。

经查乔洪林从一九六〇年以来借工作之便，以提级、提价、掺假使水，以次顶好、偷拿商品、套购倒卖等手段，贪污盗窃达二千九百多元。特别严重地是，在"一打三反"运动中仍边反边犯。截止一九七〇年七月又盗窃销货款五十多次，計人民币三百余元。在一九六一年到一九六六年其间，以物质引诱等手段，猥亵幼女五名，並与三个妇女乱搞两性关系。

乔洪林贪污盗窃，流氓成性，特别是在运动中屡教不改，边反边犯，罪行严重。

袁太和，男，61岁，和平区四面钟街存车处服务员。

解放前当过土匪、伪军，多年在妓院当伙友，解放后恶习不改，于一九五一年判处有期徒刑八个月。释放后到天津机器制造学校工作，一贯无理取闹，煽动群众，对抗领导，殴打医务所工作人员，于一九五七年被劳动教养二年。

该袁思想反动，作风流氓，反对学习毛主席著作，讥为今不如昔，对社会主义制度不满，经常宣扬淫乱思想，利用存车职务之便猥亵妇女，态度蛮横，打骂群众。经济上大挖社会主义墙脚，一九五九年至一九七〇年四月贪污存车费二千余元。但其恶习不改，无视党的政策，继续边反边犯，从一九七〇年六月至一九七一年三月又贪污存车费一百元。

袁太和运动中边反边犯，屡教不改，罪行严重。

孙恩奎，男，56岁，和平区东风针纺品基层商店哈密道百货店售货员。

孙自一九六二年以来，贪污盗窃布票七百二十尺，现金四百余元，并将布票倒卖后共获赃款八百一十多元。运动中按犯有严重贪污盗窃错误予以结论。但其不知悔改，继续边反边犯，竟于九月十七日区里召开打击贪污盗窃、投机倒把，体现政策大会的当天晚上，利用值班之机，盗窃床单布、刮脸刀架、刀片等物，当即被群众抓获。该孙又重新补充交待贪污盗窃赃款一千一百多元，布票一千四百余尺。

孙恩奎贪污盗窃成性，屡教不改，在运动中边反边犯，罪行严重。

王永顺，男，46岁，和平区胜利糖业基层店新风食品店操作员。

王于一九四八年参加匪国民党。解放后，坚持反动立場，大肆进行贪污盗窃活动。自一九六三年至一九七一年八月以买东西不給錢、倒找錢、盗窃銷貨款、偷拿原料等手段，贪污盗窃一千六百多元。运动中边反边犯，仅在一九七〇年四月，一次即盗走永红烟十条、水果糖十斤，以及生肉、腊肠、拟烧肉、白糖、味精、鸡等物，盗窃活动极为嚣張。該王思想反动，道德敗坏，流氓成性，当着女同志面赤体洗澡，並利用职务之便，以金錢、商品为誘餌、猥亵、奸污妇女，其中奸污少女一名。

王永順贪污成性，道德敗坏，品質惡劣，边反边犯，屡教不改，罪行严重。

郑淑箴，女，５０岁，和平区民园付食品基层商店售貨员。

郑一九五三年因吸毒判处有期徒刑半年。从一九六二年至一九七〇年四月利用职务之便贪污銷貨款二千一百余元，根据党的政策，于一九七〇年十二月按犯有严重贪污盗窃錯誤予以結论，行政給予記大过处分。該郑拒不接受教育，处理后仍继续边反边犯贪污盗窃，从一九七一年五月至十月一日又盗窃銷貨款二十四元。除此之外，該郑並有作风流氓、道德敗坏，散布淫乱思想，腐蝕毒害青年等罪行。

郑淑箴思想腐化，道德敗坏，边反边犯，屡教不改。

范忠，男，４２岁，和平区东风紡織品基层店红少年童装店售貨员。

范一貫贪污盗窃，屡教不改。一九五一年在白洋淀水产站任会計期间，勾结同伙进行贪污盗窃，受留党察看一年处分；一九六〇年至一九六二年在水产学院、市水利局工作期间，采取摹仿领导签字手段，将搞来的单据报销，贪污公款三百多元，据此，决定不给予党籍登记。该范不仅不接受教育，痛改前非，继续进行盗窃活动，于一九六九年八月至一九七一年三月利用职务之便，贪污销货款一百二十三元、布票七十六尺，尤为严重的是竟在一九七一年九月二十八日继续贪污，当场抓获。

该范问题严重，手段恶劣，运动中边反边犯，屡教不改。

三整頓工作簡报

（第2期）

和平区三整頓办公室　　　　　　　一九七一年九月四日

毛 主 席 语 录
"党委对主要工作不但一定要‘抓’，而且一定要
‘抓緊’。"

领导重視，行动快，效果好

东兴市場街三整頓办公室，在街党委的领导下，对三整頓工作极为重視。党委副书記李玉华同志亲自抓。对全街的三整頓工作基本上做到底数清，主攻方向明，发动羣众广泛，措施具体。因此行动快，效果也比較好。

八月三十一日，他们把前一阶段的三整頓进展情况做了总結，并向全街十九个居民区的三整頓推动小组做了汇报。及时地結合本街的任务，做了战斗部署。指出，占用馬路和边道的人防工程土、占用馬路和边道的堆物存料、胡同以及边道上的遺章建筑和建筑工程废土，为全街当前的主攻目标。同时也相应地指出了各个居民区的各个不同的重点任务，使大家都能够底碼清，方向明。李玉华同志并亲自向大家做了动员，做好思想上的准备。

九月二日，他们組成了干部、民警、医生、学生、居民的"五結合"三整頓推动大军，計有干部、民警、医生七十人，紅卫兵小

299

将六十四人，居民骨干一百七十五人。分成十九个战斗小组。冒雨深入全街各个主要重点街道和地段，分片包干，边宣传、边重点突击，造成声势，动员群众。这一场突击战斗清除了建筑工程土三处共十九吨，拆除违章建筑四十多处，处理鸡鸭一百四十七支，鸽子七支，兔子十二支，狗一条。冒雨洗刷了标语牌一百二十八块。

褔安街十七号居民占用整个门前边道栽种花草已有十七年之久，边道被切断，行人很是不便。过去多次动员都没有解决。李玉华同志以无产阶级审美的观点，教育他认清三整顿的深远意义，终于打通了他的思想。立即拔掉了花草，撒掉了碎石砖块，使边道畅通了。当时大家帮助他把边道整顿得整齐干净。这个居民说："我在边道上栽了花，给行人带来了不方便。现在拔的不是花草，是拔掉了我的个人主义私心。花草儿拔掉了，我的心花开放。"

房管站的负责同志亲自出征，冒着雨组织了三轮车和其它车辆和房建工程处一连，把荣安街、多伦道口等处的工程废土全部进行了清除，清除的废土约有十九吨。

褔顺里革居会的核心干部以身作则，九月二日把本居民区漫活車間门前的砖炉攤拆除掉，由于这一行动不但宣传了群众，也带动了群众，在他们附近华安街上的居民，马上也把十几个炉攤拆除掉。

通过这一突击战斗，使他们深刻体会到：领导重视亲自抓，是搞好三整顿的关键；突出政治进行思想教育工作，是搞好三整顿的中心环节；抓住重点，有的放矢地解决问题，是搞好三整顿的有力措施；充分发动群众，组织好群众，是搞好三整顿的重要保证。

东兴市場街三整顿办公室为了把三整顿工作更加推向深入，决心在街党委的领导下，在现有的基础上，乘胜前进。既轰轰烈烈又扎扎实实地，连续大搞突击活动，把三整顿工作推向新阶段，争取更大的胜利。

毛主席语录

学制要缩短，教育要革命。

認真看书学习，弄通馬克思主义。

简　　报

第 1 期

和平区文教局教育革命学习班秘书組　　　一九七一年八月十日

提高認識，端正态度
把教育革命学习班办好

今天上午，文教局党委在体育館召开了由全体教职員工和部分学生骨干参加的"教育革命学习班动員大会"。会上，党委負責同志做了"認真讀书，努力提高路綫斗爭覚悟，把教育革命推向新高潮"的动員报告，对教育战綫两条路綫斗爭的形势进行了分析，指出办好学习班的重要意义，对学习班的指导思想、方法、步驟做了布置。55中学、吉林路小学、人民中学在大会上做了发言。区革委会負責同志在大会上做了重要講話。

会后，各校領导班子和广大教职員工、紅卫兵小将，坚决响应毛主席"教育要革命"的伟大号召，跟的緊、行动快。一天来学习的特点是：領导抓得緊，羣众情緒高，学习班突出政治，从路綫斗爭的高度，不断提高認識。

61中七连同志听了动員报告后，进行了热烈的討論，进一步明確了意义，端正了态度。不少同志检查了"一等"（等上边精神）"二怨"（怨領导）、"三急"（急于研究具体問題）的活思想。

301

通过学习，认识到：不首先解决思想和路线问题，急于就事论事地解决具体问题，这样就会迷失方向，辨不清路线是非，仍然易走资民主义的老路；只有首先抓住思想和路线问题，定向、划线、改观，才能从根本上解决问题，才会一通百通。从而进一步增强了信心，提高了学习的自觉性。

抗大红一中领导班子为了把学习班搞好，注意改变思想作风，改进领导方法，加强了对学习班的领导，对学校工作做了全面安排。支部付书记深入小组，狠抓重点，采取了试点、典型引路的方法，提高了认识，扫除了思想障碍，为办好学习班奠定了基础。

抗大红一中的领导班子还注意加强学习班的政治思想工作和宣传工作。加强了对天天读的指导，建立了"红哨兵"制度，出刊了指导学习的"简报"和黑板报，组织了学习班的广播报导。

兰州道小学领导班子，在动员大会后，认真学习领会了报告精神，当晚便修定了学习班计划。

赤峰道小学领导班子当天下午针对教师中反映出的活思想进行了再动员，同时大造声势，布置了环境。

东方红中学当天下午召开了誓师大会，广大师生热情很高，决心把学习班搞好。

目前，各校广大师生，正在认真学习动员报告精神，用毛主席的教导，有针对性地解决各种活思想，进一步提高认识，端正态度。各校领导班子也和广大师生一道，带头革命，加强政治工作，及时分析、研究，深入实际，改进作风，为办好学习班，为深入开展大学习、大辩论、大批判，积极做好准备。

在我党的一切实际工作中，凡
屬正確的領导，必须是从羣众中来，
到羣众中去。

簡　报
第2期

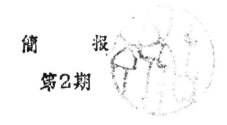

和平区文教局教育革命学习班秘书組　　一九七一年八月十一日

加強学习小組的領导，引导学习步步深入

十七中学教育革命学习班第一組遵照伟大领袖毛主席关于"研究任何过程，如果是存在着两个以上矛盾的复杂过程的話，就要用全力找出它的主要矛盾。掫住了这个主要矛盾，一切問题就迎刃而解了"的伟大教导，注意引导同志們在主要問题上"划綫"，从两条路綫斗爭的高度提高認識，收到了較好的学习效果。他們的做法是：

扫除障碍　　引导划綫

开始学习时，部分同志存在着"領导管綫，我們管干"的錯誤思想，不承認自己也有划綫定向的任务。他們請向文海同志生前挺友介紹了向文海忠誠党的教育事业的先進事迹，开展了憶、比、查活动：憶教育战綫上两条路綫斗爭的历史，同向文海同志比在两条路綫斗爭中的表現，查自己世界观上的問题。大量的經驗教訓使同志們加深了对毛主席关于"教改的問题，主要是教員問题"这一教导的理解，激发了阶级感情，調动了划綫、定向、改造世界观的自覺性。同志們說："教育革命，領导固然是关键，主要还靠教員干，为了捍卫毛主席无产阶级教育路綫，我们就是要同资产阶级世界观彻底决裂，做彻底的革命派。"

抓住关键　深入划綫

他们的做法是：

摆：发动羣众大摆在教育革命实践中碰到的模糊認識。

抓：对摆出来的大量問题进行分析，抓住主要矛盾，抓住解决一个就可弄通一串的关键問题。他们抓的是：什么是"智育第一"什么是"以学为主"？两者的本質区別是什么？

論：围繞这一重点問题，人人发表議論，要求論点鲜明，論据充分。他们特別注意抓住討論过程中表面上認識一致而实質有原則分歧的問题。

学：带着討論中的分歧意见認真讀书，有針对性地深入学习毛主席《論教育革命》，掌握划綫的标准和武器。

辩：围繞关键問题开展大辩論。这一步他们围繞一个中心出了几个若干思考小题，引导辩論步步深入。最后从为那个阶級的政治服务，培养什么样的人，走什么样的办学道路等几个方面初步划清了"以学为主"与"智育第一"的界限。

总：人人总結"划綫"、"改观"的收获，讲用汇报。小組总結对所討論的問题的规律性認識，从而加深理解，巩固收获，提高認識。

304

組長必須善于学习

通过前段試点，他們体会到，羣众学习的收获大小，組長很关鍵。当好組長，必須做到：

第一，組長要帶上自己的問題和小組討論中的各种問題帶头認眞讀书。对于所論的矛盾做到心中有数，才能取得引导学习的主动权。

第二，勤于动脑，善于分析。几个組長經常碰头，根据实际情况制定出切实可行的学习計划，使学习討論步步深入。

第三，虛心向羣众学习，充分发动羣众。要注意充分調动广大羣众的积极性，有事和羣众商量。要組織大家共同分析問題，抓主要矛盾，制定学习計划。

通知：各校編輯的《学习簡报》請当日送文教局教育革命学习班秘书組。以便互通情况，交流經驗。

簡 报

第二期

和平区文教局教育专业会議秘书組　　　一九七一年十月九日

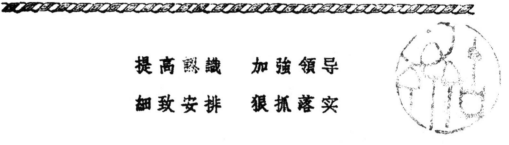

毛 主 席 語 录

要"抓紧"。就是说，党委对主要工作不但一定要
"抓"，而且一定要"抓紧"。什么东西只有抓得很紧，
毫不放松，才能抓住。抓而不紧，等于不抓。

提高認識　　加強領导

細致安排　　狠抓落实

自局党委七日召开传达、贯彻全国和天津市文教会議情神大会
之后，各单位纷纷行动起来，多数单位的领导認識高，决心大，行
动快，羣众热情高，精神振奋，斗志昂扬。大家一致表示：要以对
伟大領袖毛主席深厚无产阶级感情，認真学好《紀要》，彻底弄清
教育战綫两条路綫斗争的历史，以落实《紀要》的实际行动，迎接
教育革命的新高潮。

现将一中和六十一中当前的学习安排措施介绍如下：

一中在第一阶段根据局党委要求，結合本校具体情况，突出抓
好两点。第一，反复抓好动員。組織全校师生听好会議情神的传达
和局党委动員，做到不漏掉一人。第二，校领导深入到羣众中去，

摸准活思想做过細的工作。他們針对教师中存在的不求甚解、認为《紀要》不解渴，和为什么这次要重点討論十七年等活思想，深入进行思想发动。他們針对出現的活思想，支部先学一步。首先在領导班子里討論为什么要抓十七年这个重点，弄清意义吕的，准备給广大教师做学习輔导。其次，他們还发动群众献計献策。召开各种类型人員座談会，討論研究怎样学好《紀要》，启发大家摆出自己的想法和看法，通过学习討論加以解决。对学习安排讓大家出主意想办法，用自我教育的方法办好学习班。他們还准备把抓典型作为学好《紀要》的关鍵，領导深入小组亲自培养。一中党支部还号召党团員，申請入党积极分子要做到"三带头"，要发揮骨干作用，抓好活思想。他們計划在思想发动阶段后，集中精力抓好一个辯論会。圍繞对教育战綫十七年的估价，緊密結合本单位和每个学科的状况，及个人的思想实际进行辯論。提倡各抒己見，暢所欲言，通过摆事实講道理，眞正把思想統一到《紀要》上来。

六十一中在学习安排中突出了一个"深"字。强調在全面領会《紀要》精神基础上，重点抓住《紀要》对教育战綫十七年的估价，提高路綫斗争觉悟。他們准备从以下四点进行引导。

1.对十七年的估价，要人人談看法，人人亮思想。要敢字当先，提倡說眞話，反对說假話。

2.从文权与政权的关系看路綫，从自己的本职看权和綫与自己的关系。

3.从制度、方針、方法来划綫，看自己思想上有哪些資产阶级

307

的习慣勢力和传統偏見。

　　4.从两条路綫斗爭的尖銳性、长期性、复杂性看教育战綫两条路綫斗爭的特殊性，进一步認識改造世界观的重要性。

毛 主 席 語 录

掌握思想教育，是团結全党进行伟大政治斗争的中心环节。如果这个任务不解决，党的一切政治任务是不能完成的。

簡 报

第三期

天天读「毛先」

和平区文教局教育革命学习班秘书组　　　　一九七一年八月十一日

依靠群众，加强政治思想工作
是办好学习班的关键

南宁路小学二班，遵照毛主席关于"政治是统帅，是灵魂"的教导，在学习班中突出政治，发动群众，人人做思想工作，保证了学习班沿着正确的方向健康发展，收到了最好的效果。他们的主要措施是：

建立天天读制度

首先，他们认识到在学习班内"天天读"一定要雷打不动。这样才能做到：1不断解决活思想，让毛泽东思想统帅每天的学习，统帅每个人的头脑，充分发挥毛泽东思想的统帅作用；2利用天天读，认真学习毛主席关于教育革命的论述，认真读书。

在"天天读"时，认真贯彻林副主席的"三十字"方针，强调要"带着问题学""在'用'字上狠下功夫"。把选学毛主席的有关教导，解决不同时期的活思想，作为"天天读"第一位的内容。学习班初期针对信心不足的活思想，选学毛主席关于无产阶级教育革命的论述和人的因素第一的教导，帮助大家认清意义，树立信心；学习班中针对出现的左、右干扰，組織大家学习毛主席关于重要的問題在于学习的教导，引导大家認眞讀书，以临战的精力投入运动；学习班末期针对大功告成的活思想，組織大家学习毛主席关于戒驕戒躁繼續革命的論述，搞好大总結。

同时，他們根据学习班的进度安排，在"天天讀"时間里，强調認眞讀书，苦学深钻，力取弄懂弄通，掌握思想武器，为大辯論、大批判打好基础。

建立紅哨兵制度

紅哨兵每班二人，每班值勤二天。值勤的职責范围是：1.带領全班进行"天天讀"；2.講評一天的好人好事；3.配合連委做經常、深入的思想工作。值勤的同志都努力为毛主席革命路綫站好崗、放好哨。他們还抓住紅哨兵的好典型，大力进行表揚。使紅哨兵工作越搞越好，眞正成为活跃在学习班里做群众政治思想工作的紅尖兵。

建立日講評制度

他們遵照林副主席的指示："做政治工作要走群众路綫"。

坚持每天的最后一刻钟，田紅哨兵組織大家講評。这是群众做政治思想工作的一个集中体現。通过人人开口，人人講評，树立好人好事好思想，使它得到扶植发揚；批評不良傾向、不良作风，使它得到克服扭轉。

同时，講評也是群众不断帮助連委，給学习班"把关"、"定向"，使学习班沿着正確航向不断前进的好形式。

毛 主 席 語 录

我們不但要提出任务，而且要
解决完成任务的方法問題。……不
解决方法問題，任务也只是瞎說一
頓。

简　报

第十期

（此件可传閱各学习組）

和平区文教局教育革命学习班秘书組　一九七一年八月十六日

按：目前根据局党委部署，各校已进入第二阶段，即大学习、
大辩論、大批判阶段，这也是整个学习班的关鍵阶段。能否把
这个阶段搞好，直接关系到学习的成果，直接影响到划綫、定
向、肃毒、改观的目的的达到。抗大紅一中党支部，关于搞好
学、摆、辩的几点体会很好。现印发，供各校学习参考。

抓好关鍵阶段，将教育革命学习班切实办好
——搞好学、摆、辩的几点体会

我校《教革学习班》从八月十日开始轉入第二阶段。能否
把学习班眞正办成划綫、定向的战场，主要取决于能否眞正把
第二阶段切实搞好。我校党支部明確地提出了"学得进去，辩
得起来，批得深透，在划綫肃毒上下功夫"的口号。召开了学
习經驗交流会和大辩論的现场会。目前，整个学习班形势大好，
处处是大辩論的战场，学員中出现了"思想活跃大胆亮，围绕

311

……现"争着辩"的生动活泼的局面。如何抓好"关键阶段",我们的体会是:学好是根本,摆好是前提,辩好是关键。

一、学好是根本。

当学习班转入第二阶段以后,出现了不少的活思想。概括起来有三句话:敢不敢摆,摆什么,围绕谁来摆。敢不敢摆,就是有的同志怕摆错了,怕否定了当前教育革命的大好形势,怕学生议论讥笑。摆什么,就是抓不住主要矛盾。围绕谁来摆就是有一部分同志不理解"抓自己"的重要性。党支部及时组织革命师生带上问题,深入学习《放下包袱,开动机器》,并且亲自培养学习的好典型。这样很快在学习班中出现了"一放(放包袱)二抓(抓自己)三融恰(师生关系、领导和群众关系)的新局面。四组的孔庆捧同志通过学习,放下了"怕丑"怕议论讥笑的包袱,主动地挑起了狠抓自己、带头革命的重担,在大辩论现场会上,他第一个发了言。

如何突出学,我们的具体做法是:

第一,发动群众选准材。

在领导和群众一起分析活思想的基础上,发动群众自己选好学习材料。比如,面对"怕"字,由值勤的红哨兵选定《论持久战》一书中《战动性在战争中》和《放下包袱,开动机器》两节组织学员深入学习、讨论。发动群众选材的好处是:对症下药,切合实际,同时调动了群众的积极性。

第二，典型带路指导学。

我们在点上帮助学员总结了《学好是摆好的前提，摆好才能划线定向要围绕要害问题进行》的学习体会，及时在全学习班中进行推广，从而把二阶段的学、摆、辩几个环节都带动起来了。

第三，彼此谈心互相学。

红卫兵团一名负责同学平时积极学习毛主席著作，表现很好。但对"五·七"指示理解不够，认为"以学为主，就是以学习毛主席著作为主"。在会下辩论中，产生了活思想，怕辩不过别人。于是她就主动找同志们谈心，和同志们一起学习毛主席有关教导。通过谈心互相学，她打消了顾虑，在全校辩论现场会上争着第二个发了言。

第四，抓住要害深入学。

对于是否需要围绕自己亲摆，这是关系到路线教育的成效问题。在学习《放下包袱，开动机器》时，我们集中讨论了"摆在划线、定向中的地位"这个问题，从中深入领会了毛主席教导的精神实质，认识到划线、消毒、改观一定要狠抓内因，联系思想实际，因此不少同志亮出了第三线的东西。

二、摆好是前题。

通过学习，放下了包袱以后，还要解决一个"怎么摆"的问题。我们的具体做法是：

第一，围绕主要矛盾，集中摆。

根据局党委部署，结合我校情况，我们就引导群众集中围绕"以单头或骨干首第一次抓攻摆问题。这样做的好处是：抓住"牛鼻子"，关在要害问题上划线定向争取了时间。

第二，各级头头带头摆。

摆自己，还是摆别人，这是办班的方向问题。解决好这个方向要看带头人。我们领导班子从书记和委员在小组里学习时坚持两条：带头摆问题，带头摆自己的要害问题。这样激发了同志们的革命热情，个个都明确了这样一个道理：办好班有"窍门"，"窍门"就是抓自己。

三、辩好是关键。

搞好辩论十分重要，糊涂观念要经过辩论才能澄清，错误观点要通过辩论才能改正，正确的认识要经过深入争论才能明确。它在第二阶段中处于关键的地位。

搞好辩论，要抓好以下几个环节：

第一，抓"辩"要抓学，辩论才能有方向。

围绕辩论焦点，精学毛主席教导。我们在辩论什么是以学为主时，就是反复学习"五·七"指示，不引导同志们找更多的辅导材料。这样学，扣准题，学得深透，辩论起来，突出了中心。

第二，抓"辩"要抓活思想，辩好才能有保障。

大辩论是亮相的场所，思想活动比较激烈，不抓住这个"脉搏"，就谈不上辩论会的质量。有的老师认真准备参加辩论，但和一些同志交谈以后，产生了活思想，打算在辩论时不再坚持自己的看法了。支带发现了这个苗头以后，及时和这些同志谈心，使他们認識到，要划清定向首先要坚持积极参加辯論，在辯論中才能逐步分清是非。支部书記老华还用現身說法带头亮观点，参加辯論。增强了这些同志积极争辯的信心。

第三，抓"辩"，要抓对立面，綱上綫上分界限。

在辯論前要有計划地树立对立面，领导要发动羣众，鼓励自己的对立面找理論根据。比如王青山同学認为"以学为主就是以学好毛主席著作为主"。領导首先鼓励她說："你的問題提的好，值得争辯。"并引导她搞好学习，想法子充实自己的論点。我們鼓励学員都要具有敢于争辯的精神，不要"一风吹"。这样做的好处，就是为了巩固对立面，然后运用对立统一规律，通过辯論这个战场去达到解决矛盾的目的。

315

毛主席語录

分析的方法就是辩证的方法。
所谓分析，就是分析事物的矛盾。

简　报
第十一期

（此件传阅各学习小组）

口平区文教局教育革命学习班秘书组　　一九七一年八月十七日

按: 现将反修中学部分革命师生对"以学为主"与"兼学别样"的关系的看法介绍如下。

"以学为主"与"兼学别样"的关系

毛主席"五·七"指示中的"以学为主，兼学别样"八个金光闪闪的大字，充满了唯物辩证法，阐明了"主"与"兼"的对立统一关系。

我们认为"以学为主"，即使学生掌握毛泽东思想，学好社会主义文化科学知识。"兼学别样"即使学生到三大革命运动中，接受工农兵的再教育，学习阶级斗争和生产斗争的实践知识。

"以学为主"与"兼学别样"的关系是一对矛盾的关系，是辩证统一的关系，既矛盾又统一，既区别又联系，既互相对立又互相促进、互相渗透、互相补充。

没有"主"就无所谓"兼"，没有"兼"也无所谓"主"。"主"与"兼"是对立的统一体，缺一不可，是完整不可割裂的，在"主"与"兼"这对矛盾中，"以学为主"是矛盾的主要方面，决定事物的質，学生不"以学为主"就不成其为学生了。兼学是这对矛盾中的大方面，但不等于是不重要的方面。

"以学为主"与"兼学别样"的共性方面：

1 "主"与"兼"共处于一个统一体中，即处于学生这个统一体中，充一在"学"字上。"以学为主"与"兼学别样"都要突出一个"学"字。

2 "主"与"兼"的目的是一致的，统一的。"以学为主"与"兼学别样"都是为了转变学生的思想，为了培养有社会主义觉悟，有文化的劳动者。

3 "主"与"兼"都必须坚持为无产阶级政治服务，坚持与生产劳动相结合，都必须把用毛泽东思想教育人摆在第一位。

4 "主"与"兼"都必须坚持理论与实践的统一。不能认为"以学为主"是纯理论学习，"兼学别样"是单纯实践。

"以学为主"与"兼学别样"互相区别的方面：

在学习时间上，"以学为主"即学文时间占的多，"兼学别样"占的时间少。在学习内容上，"以学为主"侧重于理论知识的学习，而"兼学别样"侧重在三大革命实践中学。从施教者来看，"以学为主"侧重于教师，而"兼学别样"侧重于工农兵。这里所说的侧重不是排斥其它。如：兼学中侧重于干中学，但并不是以干代学，相反，要注意把实践知识上升为理论。在学文中，侧重于课堂教学，但不等于脱离社会课堂，闭门教学，相反，要求与社会课堂密切联系。在兼学中侧重于取工农兵为老师，但不等于排斥教师的正确领导，相反，要求教师与工农兵密切配合搞好"兼学别样"。由此可见，"主"与"兼"的区别不是割裂的，而是又联系又区别的。

"以学为主"与"兼学别样"互相补充，互相促进方面：

"以学为主"在理论上和文化知识上，为"兼学别样"打下了基础，准备了条件，在理论上学习了毛主席的基本观点，可以促使兼学中更好地学习工农兵的阶级立场、观点和感情。

在学习文化知识方面，学习的理性知识可以促进兼学中更快地接受实践知识，更快地掌握实践的技能、技巧，并能较好地借助于前人的实践经验，上升为理论知识，有所发明，有所提高。

"兼学别样"无论在政治思想上，还是在文化科学 识上都是"以学为主"的重要补充，起着促进作用。"兼学别样"的目的，首先是使学生在三大革命实践中学到工农兵的立场、观点和感情，这对"以学为主"是重要的补充，这是书本上所学不到的东西。"兼学别样"还可以促进理论和实践的统一，更学生掌握文化科学知识更牢固，更能为无产阶级政治服务，为三大革命实践服务。

"以学为主"与"兼学别样"互相渗透，但不能互相代替。"以学为主"中，侧重于理论知识的学习，但仍要到三大革命实践中去，不能脱离社会课堂，有兼学的内容；兼学中，侧重于实践知识的学习，但仍要把实践经验上升为理论知识，有主学的内容。"主"与"兼"二者互相渗透，不能割裂。

"以学为主"和"兼学别样"不能互相代替，不能偏废。如果认为委学当中有兼学内容就可以不要兼学，其结果必然导致"三脱离"的错误倾向，重蹈"智育第一"的复辙。反之，如果认为兼学中有主学的内容，就可以不要"以学为主"，那么又会出现以干代学的单纯单干观点，因此"主"与"兼"二者不能代替，不能取消任何一方。

以上所述，仅是我们现阶段的认识，有不当之处请批评指正。

这讲到自己的体会：

1. 识别你们的纸战，自觉地抵制毛泽东的路线纸线。

2. 防止来自左或右的干扰。

3. 帮助我们在实践中互相补充、互相促进。

毛主席語录 簡报

分析的方法就是辯証的方法。 第十五期

所謂分析，就是分析事物的矛盾。 （此件可传阅各学习組）

和平区文教局教育革命学习班秘书組 一九七一年八月二十日

按：现将哈密道小学部分教师，对"以学为主"和"兼学别样"的認識印发。供 参考。

对"以学为主，兼学别样"的認識

哈密道小学一、二連学习小組，学习了毛主席在光辉的"五·七"指示中，有关学生的一段指示，認为这是针对教育要革命提出来的，是为彻底破除"三脱离"的旧教育制度而提出来的。它是把教育同三大革命实践紧密結合起来，避免修正主义和教条主义，培养无产阶级革命事业接班人的一条唯一正確的道路。

"五·七"指示的实質，就是要突出无产阶级政治，以阶级斗爭为綱，用毛泽东思想統帅一切，把各行各业都办成毛泽东思想大学校。实行"以学为主，兼学别样"方針，就是要坚持突出无产阶级政治。无論是"以学为主"的"学"，还是"兼学别样"的"学"，都要用毛泽东思想来統帅，把阶级斗爭这根红綫，貫穿到学文、学工、学农、学军各項学习中去，使政治在百分之百的时間里起統帅作用。只有全面貫彻"五·七"指示，認眞执行"以学为主，兼学别样"的方針，才能彻底摧垮资产阶级旧的教育制度；才能从根本上破除"三脱离"的状态；才能落实毛主席的教育方针，培养出德、智、体全面发展的无产阶级革命事业接班人。

一、我们理解"以学为主"的含义，就是学生应以学习为主；就是使学生用大部时间上好社会主义文化课。毛主席在"五·七"指示中指出："学生也是这样，以学为主，兼学别样，即不但学文，也要学工、学农、学军……"首先指明了学生与工人、农民、解放军的区别。对于学生突出了一个"学"字。无论学文、学工、学农、学军都要立足一个"学"字，都要"以学为主"。因为他们是学生时期，不是社会上的某种职业者，对学生确立学，正是为了确立用。因此，学生在整个学习过程中，所参加的实践活动，例如学工、学农、学军，也是为了全面的学，不是为了增加劳动力或是创造财富。

"即不但学文""学文"就是学无产阶级文化，学习进行社会主义革命和社会主义建设所需要的文化，既包括阶级斗争知识，也包括生产斗争知识。总之"以学为主"就是保证学生用大部分时间上好社会主义文化课程。

二、我们理解"兼学别样"指的是"学工、学农、学军"。兼学的主要目的，是促进学生的思想革命化，使学生与工农兵相结合，接受工农兵的再教育，在三大革命运动中去锻炼，在实践中学习阶级斗争知识和生产斗争知识。

兼学中的"三学"，主要是突出政治上的要求，把政治放在第一位。"三学"主要是使学生在劳动中同工农兵打成一片，学习工农兵的无产阶级立场、观点、感情。学习解放军"一不怕苦，二不怕死"的彻底革命精神，学"三八作风"、"四个第一"，促使学生思想革命化，走与工农兵相结合的道路。学政治放在第一位，这也就进一步落实了教育方针中"有社会主义觉悟"的培养要求。兼学的"三学"必须是在实践中学，劳动中学，在工农兵中学。学生参加劳动，也必须学会一些劳动本领，但这是放在第二位的。如果将"兼学"的目的单放在学本领、或是验证课堂上的理论知识，必将导致"智育第一"的复辙。

三、我们理解"以学为主"和"兼学别样"是一个辩证统一的缺一不可的完整方针。

毛主席教导我们说："对于具体情况作具体分析，是马克思的最本質的东西，是马克思主义的活的灵魂。"要"以学为主，兼学别样"是针对学生的具体情况、适合学生的特点提出的。

主与兼是对立的统一，是互相促进、互相依赖、互相补充，有内在联系的统一体。"以学为主"里，即有"兼学别样"的内容，"兼学别样"又要贯彻"以学为主"的原则。它们之间但都必须统一在一个"学"字上。都体现了学生的特点，都是为了培养德、智、体全面发展，所不可缺少的相互依赖关系。

所謂主，就是把大部分时間放在主学內容上，但同时还必须兼学別样，把兼学放在一定的位置上。兼学的时間少，但从意义上講不見得小。

☆☆☆☆☆☆☆☆ 毛 主 席 語 录 ★★☆★☆★☆☆

进行一次思想和政治路綫方面的教育。

☆★☆★☆★☆★☆★☆★☆★☆★☆★☆★☆★☆★☆

关于传达貫彻全国和天津市

文教工作会議精神的安排意見

为了緊跟毛主席的伟大战略部署，認眞貫彻、堅决落实全国和天津市文教工作会議的精神，提出如下安排意見：

一、指导思想：

高举毛泽东思想伟大紅旗，突出无产阶級政治，以毛主席关于教育工作的指示为指針，以毛主席亲自批示"同意"的全国教育工作会議紀要（以下簡称紀要）为基本教材，認眞学好《紀要》，学好中央負責同志的指示和全国以及天津市文教工作会議的精神。发动全体党員、干部、共青团員和广大教职員工掀起一个对毛主席无产阶級教育路綫的大学习。对刘少奇修正主义教育路綫的大批判。对 　　　　　　 《紀要》的大落实的高潮。通过学习，使广大教职員工劃清一个界限（什么是毛主席的革命路綫，什么是反革命修正主义路綫）；回答一个問題（就是在无产阶級专政下，在教育战綫为什么资产阶級专了无产阶級的政）；明確一个方向（明確自覺改造世界观爭做无产阶級知識分子的方向）。提高执行、捍卫毛主席革命路綫的自覺性，加深理解弃进一步落实毛主席的无产阶級教育理論、路綫、方針、政策.（主要是党的干部政策和知識分子政策）。調动千軍万馬，把教育战綫的社会主义革命进行到底，夺取更大的胜利。

二、方法和步驟：

传达貫彻过程中，要由始至終突出路綫教育，狠抓重点，着重解决对解放十七年来教育战綫两条路綫斗争的認識。要由始至終狠抓革命大批判。革命大批判要联系工作和思想实际，达到定向、划綫、改观的目的。要由始至終放手发动羣众，坚持积极引导，自覺革命的原則。領导班子的学习要和羣众的学习緊密結合，有分有合，以合为主，班子的学习要早学一点，多学一点，学好一点。

传达貫彻大体分三个阶段。时間从十月四日至三十日。

第一阶段，准备阶段。着重解决領导和党員的思想認識及学习的指导思想問題。

参加区文教工作会議的各校領导干部，繼續集中两天半，着重研究教育专业会議的指导思想和要解决的重点問題 并 介紹学习的方法。

四日下午，由局党委負責同志向各校領导講明学好《紀要》的意义，布置学习《紀要》的安排意見。

五日上午着重討論学好《紀要》的意义和为什么要着重解决对十七年的認識。

五日下午試点单位介紹学习《紀要》的經驗、体会。

六日一天結合本单位前阶段学习討論《紀要》的情况，研究学好

325

《紀要》的方法、步驟和措施，制定本单位的学习計划。

为了在学习《紀要》中充分发揮党支部的战斗堡垒作用和党员的先
模范
鋒作用，党委在四日晚上召开全局系统的党员大会，进一步

講明学习的意义，向党员提出具体的要求。

第二阶段，发动羣众，深入学《紀要》。由七日至二十五日。

七日召开全区教职員工大会，传达毛主席亲自批示"同意"的全国
教育工作会議紀要以及中央首长和天津市負責同志的講話、天津市文教
工作会議紀要及附件精神。

从八日至二十五日左右，結合总理指示，在全面深入学习全国教育
工作会議紀要的基础上，重点学好《紀要》的第一部分，解决对文化大
革命前十七年，教育战綫两条路綫斗爭的認識問題。方法是：

学，就是学习毛主席历来教导的有关教育革命的指示。首先，要着
学习"工人阶級必須領导一切"、"教育必須为无产阶級政治服务，
必須同生产劳动相結合"、"我們的教育方針，应該使受教育者在德育、
智育、体育几方面都得到发展，成为有社会主义覺悟的有文化的劳动者"、
精神
《五·七 指示》、《七·二一 指示》深刻理解 实質，弄清什么
教育
毛主席的教育革命路綫，什么是 刘少奇反革命修正主义路綫，

划清无产阶級的教育制度、方針、方法与資产阶級教育制度、
方針、方法的根本界限。

摆，就是摆自己对十七年教育战线两条路线斗争的看法。原来的看法，现在的認識。摆这十七年自己教的是什么？是怎么教的？学是学的什么？是怎么学的？从教学的目的、内容、方法来看哪些是符合毛主席革命路線的，哪些是　　　　修正主义路線的？我們抵制了哪些坏影响，我們受了哪些毒害？是怎么受的害？摆，就是摆出路線是非，摆資产阶级专政的罪恶，摆我們受的什么毒，为什么受毒。摆，是自覚革命的前题条件，敢亮，敢摆，敢斗，就是敢于向修正主义教育路線开火，就是敢于同自己的旧思想决裂，就是肃清修正主义的余毒。通过摆，弄明白我們是怎么执行修正主义路線的？为什么会上当受騙？弄明白資产阶级知識分子是怎样统治我們学校的，毛主席的无产阶級教育路線为什么不能貫彻执行。

批，就是深入批判修正主义教育路線。学，摆是前题，批判是学、摆的繼續。批判时要对准靶子，对准刘少奇的反革命修正主义路線；批判要发动羣众，要人人动手，个个开口，口誅笔伐相结合，批判要紧密結合学校的实际，自己的思想实际，触及灵魂，批深批活；批判要注意培养典型，推广典型，通过典型把批判引向深入。

学，摆，批是紧密相联的几个步骤，不要截然分开。在学，摆，批的过程中，要允許有不同意見不同認識。要通过摆事实，講道理，开展大討論，把認識統一到毛主席的革命路線上来，即《紀要》的精神上来，进一步提高执行、捍卫毛主席革命路線的自覚性。

二十一日左右局里召开全区批判修正主义教育路线的大会。各校要組織力量寫好批判材料。

第三阶段：交流經驗，制定措施。从二十五日至三十日，学习《紀要》的第二部分，局里召开領导班子会議，学习、介紹加强領导、落实知識分子政策、貫彻"五·七"指示等方面的經驗，并討論研究局和各学校的落实措施。

三、加强領导。

1.在区委直接領导下，局党委常委和各党支部都要把抓全国和天津市文教工作会議的传达、貫彻做为十月份的中心任務。各級領导成員都要从思想上認識到，抓好会議精神的貫彻，落实就是緊跟毛主席的伟大战略部署。落实好会議精神是把文教战战斗、批、改推向深入的关鍵。要迅速掀起羣众性的学习、貫彻落实中央４４号文件的热潮。

2.各基层領导班子要在斗争中学，在斗争中提高。領导班子的学习，在十月份每周不少于三个整天两个晚上（每周二四六的白天和二四的晚上），教师学习也不少于二至三个半天加两个晚上。班子学习要和羣众的学习緊密結合，要和羣众一起学习一起討論，一起批判，一起斗戲，一起肃毒。領导要起带头作用，作到：領导与羣众緊密結合；認真讀书与調查研究緊密結合；理論与实际緊密結合；言传与身带緊密結合。要充分发揮党、团員的模范带头作用。

3.学习过程中要由始至終突出无产級政治，狠抓活思想，不断排除思想障碍，端正学习态度，要把羣众真正发动起来，要做好各个阶段不同类型人的思想工作。要特别注意做好受毒較深、觉悟敬損、思想顧慮較大这部分人的思想工作；对他們要誠恳耐心，要热心帮助。真正做到思想領先。教学工作要妥善安排，要处理好工、学矛盾，处理好中心工作与其它工作（如战备、一打三反等）的关系。注意克服坐不住、学不进，也注意克服教学工作大散手的现象。

4.加强宣传报导工作的領导，各学校要繼續办好学習簡报。要充分发撰簡报和其它宣传工具在交流思想、提高認識、互相学习、共同提高方面的战斗作用。

5.各单位要根据局党委的統一部署。做好本校的活动安排。

中央和平区文教局党委
一九七一年十月二日

晚间：领导班子。2.4.6.否大 2.4晚上。
　老师 。2.4. 半天 〃〃
宣传报导。

☆☆☆☆☆☆☆☆ 毛 主 席 語 录 ☆☆☆☆☆☆☆☆

进行一次思想和政治路綫方面的教育。

要准备打仗。

☆☆☆☆☆☆☆☆☆☆☆☆☆☆☆☆☆☆☆☆☆☆☆☆☆

文教局第四季度工作要点

四季度工作繼續以批修整风为綱，以传达貫彻中共中央４４号文件精神为中心，以战备为重点，用战备的观点观察一切，检查一切，落实一切。大兴讀书和調查研究之风，立即在我局系統掀起貫彻落实全国、天津市文教会議精神高潮，把文化、教育革命引向深入。同时繼續开展四好运动，抓紧一打三反运动，以战斗姿态，夺取新的更大的胜利。

具体安排意見：

一、突出政治，狠抓根本。

繼續抓好活学活用馬列主义、毛泽东思想的羣众运动。"認眞看书学习，弄通馬克思主义"。"进行一次思想和政治路綫方面的教育。"

第四季度各单位，要緊緊圍繞毛主席亲自批示"同意"的全国教育工作会議紀要，認眞学习毛主席关于教育革命的理論、路綫、方針和政策，深刻理解毛主席无产阶級教育路綫的实質，深入批判刘少奇反革命修正主义教育路綫。通过学、摆、批眞正从思想上划清一个界限：毛主席的无产阶級教育路綫与修正主义教育路綫的界限；回答一個問題：即为什么在无产阶级专政下，資产阶级会在教育战綫专了无产阶級的政；明確一个方向：即自覺改造世界观，明確爭做无产阶級知識分子的方向。提高执行、捍卫毛主席革命路綫的自覺性。为了传达貫彻好全国教育工作会議精神，党委要全神貫注的領导好学习，把貫彻这次会議的精神，当做一次硬仗来打，当做文教战綫一項基本建設来抓，坚决抓好，抓扎实。

認真学习毛主席的建党学說，搞好党的思想建設和組織建設。調查党支部的堡垒作用和党員先鋒作用的狀况。要抓好試点，为在全体党員中进行集中教育打下基础。

要繼續深学两个"决議"，以紅九連为榜样，以临战姿态提高創四好的新水平。第四季度举办基层領导干部参加的学习两个"决議"学习班，同时抓好四好总評試点，为全面开展总評做好准备，提供經驗。

要繼續抓好干部批修整风学习班的組織領导工作，不断巩固学习成果，把思想政治路綫教育經常化。

二、加強战备。

認真落实毛主席关于"要准备打仗"的一系列教导，針对文教系統特点深入进行战备教育，認清形势，搞好思想奄子，迅速落实战备措施，做好反侵略战争的一切准备。

要巩固、提高、調整民兵独立团，完成中学二年級組建，摸清兵源底数，搞好新兵征集工作，集訓民兵連队干部。

331

摸清基层掩体底数，制定三年人防工程計划，发动羣众备料，挖洞，落实各种专业队伍，制定防突袭的应急措施和行动予案，深入基层总結經驗。第四季度召开民兵武装干部講用会和民兵、战备經驗交流会，使战备工作不断推向新阶段，做出新成績。

三、抓紧一打三反运动。

繼續貫彻市里"九月打反工作会議精神"，以三大事件为重点，把清查大事件，清罪行，挖幕后操縱者为主攻方向，彻底清查黑班底在天津"三指向"的五·一六反革命罪行，要抓好重点单位，抓好分类指导，抓好政策落实。

有打反任务的单位，在清查五·一六的同时，繼續抓好打反运动。

四、做好其它日常工作。

学习毛主席《在延安文艺座談会上的講話》。第四季度举办全区文学、美术、戏剧、音乐創作学习班。配合战备，搞好文艺宣传。年底搞一次文艺演出和一次美展。加速阶級敎育展覽館的筹建工作。对文化单位现有活动埸地和工作人員适当进行調整。

繼續做好对领导班子的考察了解，調整充实工作。落实党的干部政策和党的知識分子政策，抓紧解决清队整党中遺留問題。

积极做好培养新生力量和发展新党員的工作。繼續抓好团的工作。

积极做好工资調整和临时工轉正工作。

积极做好学生的分配工作。

积极做好敎育經費的决算予算，总結自力更生勤儉办校的經驗。努力搞好敎学設备的供应。

李正中教授著作目錄

1. 《中國近代史簡明教程》（天津人民出版社出版）
2. 《中國近代史資料研究與介紹》（天津人民出版社出版）
3. 《管理倫理學》（天津市哲學社會科學研究「七五」規劃重點項目，天津人民出版社出版）
4. 《中國傳統美德與跨世紀青年》（天津市哲學社會科學研究「八五」規劃重點項目，天津人民出版社出版）
5. 《中國寶卷精粹》上中下（臺北‧蘭臺出版社出版）
6. 《21世紀商業行銷發展戰略》（天津市哲學社會科學研究「九五」規劃重點項目，天津科技出版社出版）
7. 《近代天津名人故居》（天津市哲學社會科學研究「十五」規劃重點項目，天津人民出版社出版）
8. 《企業家奮鬥之路》（天津社會科學院出版社出版）
9. 《幹部道德教程》（天津人民出版社出版）
10. 《天津口岸通商研究》（國家教委博士點社科資助項目，河北出版社出版）
11. 《南市文化風情》（天津市哲學社會科學規劃領導小組辦公室2002年委託項目，天津人民出版社出版）
12. 《中國唐三彩》（天津人民出版社出版）
13. 《中國紫砂壺》（天津人民出版社出版）
14. 《中國古瓷銘文》（天津人民出版社、臺北‧藝術圖書公司出版，入圍「德國法蘭克福國際書展」）
15. 《中國古瓷匯考》（天津人民出版社、臺北‧藝術圖書公司出版，入圍「德國法蘭克福國際書展」）
16. 《中國青花瓷》（天津人民出版社、臺北‧藝術圖書公司出版，入圍「德國法克福國際書展」）
17. 《天津老城回眸》（延邊大學出版社出版）
18. 《聞名遐邇的天津小白樓》（延邊大學出版社出版）
19. 《不敢踰矩文集》（臺北‧蘭臺出版社出版）
20. 《無奈的記憶—李正中回憶錄》（臺北‧蘭臺出版社出版）
21. 《中國大學名師講義》（1-4卷）（臺北‧蘭臺出版社出版）
22. 《中國善書寶卷叢書》（1-10卷）（臺北‧蘭臺出版社出版）

23.《文革史料叢刊第一輯》（共六冊）（臺北‧蘭臺出版社出版）

24.《中國近代知名工商業》圖書館必備圖書，（天津人民出版社）

25.《說文部首字源考》合編，（蘭臺出版社）

26.《黎元洪總統手札及其家書》（臺北‧蘭臺出版社出版）

27.《文革史料叢刊第二輯》（共三冊）（臺北‧蘭臺出版社出版）

《文革史料叢刊》第一輯六冊

李正中輯編 古月齋叢書3-5

第一輯共六冊，圓背精裝
ISBN：978-986-5633-03-5

第二輯共五冊，圓背精裝
ISBN：978-986-5633-30-1

第三輯共五冊，圓背精裝
ISBN：978-986-5633-48-6

文革史料叢刊　內容簡介

　　《文革史料叢刊第一輯》共六冊。文革事件在歷史長河裡，是不會被抹滅的，文革資料是重要的第一手歷史資料。其中主要的兩大類，一是黨的內部文宣品，另一是非黨的文宣品，本套叢書搜集了各種手寫稿，油印品，鉛印文字、照片或繪畫，或傳單、小報等等文革遺物，甚至造反隊的隊旗、臂標也多有收錄，相關整理經過多年努力，台灣蘭臺出版社，目前已出版至第三輯，還在陸續出版中。

蘭臺出版社書訊

第一輯－第三輯（三輯）目錄

文革史料叢刊第一輯

第一冊	頁數：758
第二冊	頁數：514
第三冊	頁數：474
第四冊	頁數：542
第五冊	頁數：434
第六冊	頁數：566

文革史料叢刊第二輯

第一冊	頁數：188
第二冊（一）	頁數：416
第二冊（二）	頁數：414
第二冊（三）	頁數：434
第三冊	頁數：470

文革史料叢刊第三輯

第一冊	頁數：239
第二冊	頁數：284
第三冊	頁數：372
第四冊（一）	頁數：368
第四冊（二）	頁數：336

9 789865 633035　30000
古月齋叢書 3 定價 30000元（再版）

9 789865 633301　20000
古月齋叢書 4 定價 20000元

9 789865 633486　25000
古月齋叢書 5 定價 25000元

書款請匯入以下兩種方式

銀行
戶名：蘭臺網路出版商務有限公司
土地銀行營業部（銀行代號005）
帳號：041-001-173756

劃撥帳號
戶名：蘭臺出版社
帳號：18995335

100 台北市中正區重慶南路1段121號8樓之14
TEL：（8862）2331-1675 FAX：（8862）2382-6225
E-mail：books5w@gmail.com
網址：http://bookstv.com.tw/

國家圖書館出版品預行編目資料

文革史料叢刊第三輯（四類，共五冊）/ 李正中　輯編.-- 初版.--
臺北市：蘭臺, 2016.08
面；　公分.--(古月齋叢書；5)
ISBN　978-986-5633-48-6 (全套：精裝)

1.文化大革命　2.史料
628.75　　　　　　　　　　　　　　　　　　　105011731

古月齋叢書5

文革史料叢刊第三輯（四類，共五冊）

編輯委員：李正中、張春津、張加君
美　　編：高雅婷、林育雯
封面設計：諶家玲
出　版　者：蘭臺出版社
發　　行：蘭臺出版社
地　　址：台北市中正區重慶南路 1 段 121 號 8 樓之 14
電　　話：(02)2331-1675 或(02)2331-1691
傳　　真：(02)2382-6225

E－MAIL：books5w@gmail.com 或 books5w@yahoo.com.tw
網路書店：http://bookstv.com.tw/、http://store.pchome.com.tw/yesbooks/、
　　　　　http://www.5w.com.tw、華文網路書店、三民書局
總 經 銷：成信文化事業股份有限公司
電　　話：(02)2219-2080　　傳　　真：(02)2219-2180
地　　址：台北市中正區重慶南路 1 段 121 號 5 樓之 11 室
劃撥戶名：蘭臺出版社　帳號：18995335
網路書店：博客來網路書店 http://www.books.com.tw
香港代理：香港聯合零售有限公司
地　　址：香港新界大蒲汀麗路 36 號中華商務印刷大樓
　　　　　C&C Building, 36,Ting, Lai, Road, Tai,Po, New,Territories
電　　話：(852)2150-2100　　傳　　真：(852)2356-0735
總 經 銷：廈門外圖集團有限公司
地　　址：廈門市湖裡區悅華路 8 號 4 樓
電　　話：(592)2230177　　傳　　真：(592)-5365089
出版日期：2016 年 8 月 初版
定　　價：新臺幣 25000 元整（全套精裝，不零售）
ISBN：978-986-5633-48-6